M. 1092
c.3A.1

Ⓒ.

16099

HISTOIRE
DE LA
GUERRE DE SEPT ANS
EN ALLEMAGNE,
de 1756 à 1763.
PAR
Mr. J. W. D'ARCHENHOLTZ,
ANCIEN CAPIT. AU SERVICE DE PRUSSE;

Traduite de l'Allemand, PAR MR. D'ARNEX.

Ornée du portrait du feu Roi de Prusse & d'une carte du théâtre de la Guerre.

BERNE, CHEZ E. HALLER, Libraire.
1789.

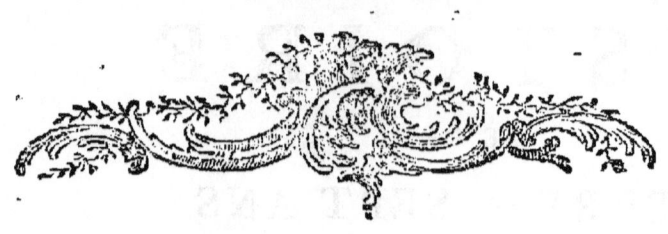

PREFACE DE L'AUTEUR.

Dans un tems où les Allemands font de toutes les nations de l'Europe celle où l'on voit paroître le plus de profonds écrits, on ne peut qu'être furpris, de ce qu'il nous manquoit encore une Hiftoire de la guerre de fept ans, d'une guerre auffi mémorable & auffi moderne, à la portée des perfonnes qui ne connoiffent point l'Etat militaire. Au milieu de cette abondance de matériaux, de cette quantité de Journaux écrits par des officiers de tout rang, & dans lefquels fe trouvent les détails des moindres efcarmouches, on s'en tenoit à des fragmens biographiques, ou à des ouvrages volumineux & sans système, que personne ne vouloit lire. Le guerrier ne trouvoit même nulle-part une histoire suivie & militaire de ces grands événemens. L'ouvrage instructif de Tielken ne contenoit même que des fragmens, propres seulement à jeter du jour sur quelques événemens isolés. Enfin, plus de vingt ans après la fin de cette guerre, Tempelhof publia son excellente Histoire à ce sujet. Cet ouvrage, où l'on voit développée toute la tactique des armées belligérantes, est instructif & agréable non-seulement pour les guerriers de tout rang, mais il le fera pour ceux de la postérité la plus reculée. Depuis les tems où l'on a fait des guerres, jamais les exploits & les plans militaires n'avoient été développés aussi clairement que l'a fait ce profond écrivain. Il manquoit cependant un livre peu volumineux pour les lecteurs de toutes les Classes de la Société, dans lequel tous les événemens, leurs causes & leurs effets, fussent rapportés d'une maniere simple & historique, & qui caractérisât cependant, par des faits, l'esprit des nations en guerre, comme celui de notre siecle.

Préface.

En voici un essai. Il étoit tems de rassembler de tels matériaux; la génération des hommes qui furent témoins d'événemens auſſi extraordinaires, commençant inſenſiblement à diſparoître. Si jamais une Hiſtoire peut mériter d'être répandue parmi toutes les claſſes de la nation Allemande, ce ſera aſſurément celle de cette guerre, qui fait tant d'honneur à l'Allemagne, & qui peut élever l'eſprit de tout un peuple à un degré ſublime. Les bornes que je me ſuis preſcrites, m'ont contraint de reſtreindre le cercle de mes narrations; & ces bornes, ſans exclure d'ingénieux ornemens que je dois à de grands Maîtres, étoient néceſſaires pour exciter l'attention de perſonnes peu inſtruites. Il paroîtra donc, dans le terme d'une année, une autre Hiſtoire de cette guerre, pour laquelle la plupart des matériaux ſont déja préparés. Je prie mes lecteurs de ne jamais perdre de vue les bornes étroites où l'Auteur s'eſt vu reſtreint, non plus que ſon plan qui embraſſoit toujours un vaſte Tout.

Il est aussi nécessaire de les prévenir, que ce ne sont pas les compagnes de FRÉDERIC, mais l'histoire de cette guerre en général, que j'ai entrepris d'écrire. Je ne parois point ici pour faire l'éloge de ce grand Monarque, puisque l'exposé fidelle de ses exploits rend toutes les louanges superflues. Mais le brillant coloris qu'offre le tableau de ses actions, ne pouvoit guere exister sans quelque ombre. Ces ombres ne pourront déplaire qu'à ceux qui, ignorant les loix de la nature, voudroient appercevoir par-tout une lumiere sans taches. La grandeur d'ame de FRÉDERIC pouvoit-elle être méconnue par un écrivain, qui, entraîné fréquemment par son enthousiasme, trouvoit sa Langue trop pauvre pour exprimer ses sentimens? L'Historien ne doit point passer sous silence des remarques concernant les foiblesses de l'humanité, lorsqu'elles sont fondées sur des faits réels, quel qu'en puisse être l'objet, fût-il même le héros de son siecle; mais sur-tout lorsqu'elles appartiennent à l'histoire, & qu'elles sont nécessaires pour jeter de la clarté sur l'enſemble. Il doit encore moins les taire, lorſque ſon hiſtoire eſt pleine d'actions héroïques & ſurprenantes. Alors le lecteur ne forme aucun ſoupçon ſur ſa véracité : ſes récits obtiennent plutôt, lorſqu'ils rapportent avec franchiſe les foibleſſes auxquelles les plus grands des mortels ſont expoſés comme les derniers des hommes, une créance plus complette, puiſqu'ils ſont marqués alors au coin de l'impartialité.

Encore quelques mots ſur ce qui m'a porté à entreprendre d'écrire cette hiſtoire. Dès le mois de Décembre 1758, j'ai ſervi, pendant cette guerre, dans l'armée que FRÉDERIC commandoit en perſonne. Quoiqu'alors fort-jeune, & par-conſéquent incapable encore de porter des jugemens ſolides, vu le manque d'expérience, j'écoutois néanmoins, animé du plus grand deſir de m'inſtruire, les jugemens d'anciens guerriers, que je diſcutai enſuite dans un âge plus mûr. Sans penſer encore à compoſer une pareille Hiſtoire, j'ai raſſemblé dans mes voyages beaucoup de nouvelles relatives à cette guerre ; nouvelles qui ne pouvoient qu'intéreffer mon cœur, puifqu'elles illuftroient une époque confidérable de ma jeuneffe, & qu'à mefure que j'étudiois les annales des nations, la guerre de fept ans me paroiffoit de plus en plus remarquable.

Hambourg, le 4. Janvier, 1788.

D'ARCHENHOLTZ.

HISTOIRE
DE LA
GUERRE DE SEPT ANS, EN ALLEMAGNE,
de 1756 à 1763.

1756. La paix d'Aix-la-Chapelle avoit rendu la tranquillité à tous les peuples de l'Europe, épuisés par une longue guerre : les arts, amis de la paix, recommençoient à fleurir, & l'on regardoit comme encore éloigné, le renouvellement des scenes sanglantes qui avoient si long-tems désolé cette partie du globe. C'étoit cependant alors, que ses plus puissans Souverains nourrissoient des desseins tendans à replonger les peuples dans des maux dont le souvenir étoit encore si récent ; & jamais les Cabinets ne s'étoient occupés avec plus d'ardeur, pour offrir de nouvelles victimes au démon infernal de la guerre. Leurs vues ne furent que trop bien remplies.

Il fut formé des alliances, fondées moins sur les maximes d'une saine politique, que sur des passions privées. La soif des conquêtes & le desir de s'aggrandir y eurent moins de part que l'animosité & la vengeance. Deux Princesses, Souveraines chacune de peuples nombreux, se croyoient offensées personnellement par un Monarque sur qui se fixoient les regards de tous les peuples, & qui avoit terminé deux guerres, où il avoit recueilli des lauriers; par un Prince dont les grands talens en tout genre avoient excité une admiration universelle, & que ses vertus royales faisoient regarder comme le modele de tous les Rois. Ce fut pour l'abaisser, ou plutôt pour anéantir son existence politique, que furent arrêtés les plans les mieux concertés.

Telle fut la source d'une guerre, que la quantité des armées diverses, le nombre des peuples qui y furent enveloppés, celui des Généraux & de leurs exploits, la tactique perfectionnée qui y fut déployée, les batailles sanglantes qui se donnerent sur terre & sur mer, la diversité singuliere des événemens, & son extension à toutes les parties du globe, rangent parmi les guerres les plus extraordinaires qui jamais aient ensanglanté sa surface.

L'Impératrice-Reine, MARIE-THÉRESE, ne pouvoit se consoler de la perte de la Silésie, belle province, peuplée d'habitans industrieux, dont FRÉDERIC II s'étoit emparé peu après son avénement au trône, & dans la possession de laquelle il s'étoit maintenu, les armes à la main, par les traités de Breslau & de Dresde. Elle s'étoit vue contrainte de la céder à un vainqueur, qui de tous les Princes ses ennemis, avoit été le premier à lui faire la guerre & à former à sa charge des prétentions inattendues. On n'avoit connu la valeur de cette conquéte, qu'après que FRÉDERIC II eut montré le parti qu'il savoit en tirer d'une maniere propre à lui seul. Il parut facile de la lui arracher par de formidables alliances. AUGUSTE III, Roi de Pologne & Electeur de Saxe, que ce puissant Voisin avoit déja chassé une fois de sa résidence, & qui espéroit trouver, dans son abaissement, sa sûreté pour l'avenir & l'acquisition de nouvelles provinces, entra le premier dans cette ligue. ELIZABETH, Impératrice de Russie, y accéda, par ressentiment de ce que FRÉDERIC avoit tenu sur son caractere des propos dont elle se trouvoit offensée: elle fut suivie de LOUIS XV, Roi de France, & enfin de la Suede, que des subsides rendoient entiérement dépendante de la Cour de Versailles.

Cette alliance entre l'Autriche & la France, qui étonna toute l'Europe, & qu'on regarda comme un chef-d'œuvre de politique, ne fut que l'effet d'un concours de circonstances amenées par un pur hazard. Jamais la France ne desira sérieusement d'anéantir la puissance de la Prusse. Les vues principales de la Cour de Versailles avoient l'Angleterre pour objet. La France desiroit la conquête du pays d'Hannovre, afin d'effectuer en Amérique des desseins plus importans. L'alliance avec l'Autriche lui fournissoit un prétexte pour faire entrer ses troupes en Allemagne. Elle lui promit donc vingt mille hommes de troupes auxiliaires. Diverses conjonctures, de nouveaux principes, des plans changés, diverses intrigues de Cour &

les événemens de la guerre firent enfuite porter ces fecours à plus de 200 mille hommes.

La perte de FRÉDÉRIC, qu'il fut prévenir par les grandes reſſources de ſon eſprit, & par ſon bonheur, auroit été inévitable, ſi la trahiſon ne l'eût inſtruit d'une ligue auſſi dangereuſe. Ses provinces iſolées & pour la plupart ouvertes de tous côtés, ſa fécurité, tout invitoit les Alliés à commencer des hoſtilités, qui, au lieu d'une guerre onéreuſe, leur offroient la perſpective d'une ſuite de triomphes faciles. Mais la découverte de ces trames politiques diminua beaucoup le danger d'un Prince toujours préparé à la guerre d'une maniere dont on n'avoit encore pas vu d'exemples; d'un Prince, qui poſſédoit dans un rare degré les talens d'un grand Général, & qui, avec des grands tréſors, avoit à ſa diſpoſition une armée de 200 mille hommes. Son puiſſant génie ſut tirer parti de ces avantages; & la Cour de Vienne ayant refuſé de lui donner les aſſurances qu'il demandoit ſur ſes diſpoſitions pacifiques, il fut le premier à prendre promtement les armes.

Les Puiſſances liguées avoient alors à peine commencé leurs préparatifs: l'argent, ce nerf de la guerre, manquoit à toutes; & les troupes deſtinées à effectuer leurs funeſtes deſſeins étoient éparſes dans leurs garniſons, depuis les Pyrénées juſqu'aux bords de la Baltique, lorſque le Roi de Pruſſe, au mois d'Août 1756, entra en lice comme un géant, & tomba ſur la Saxe avec 60000 hommes. Pour pouvoir pénétrer en Boheme, il falloit que ce

Prince eût préalablement occupé cet Electorat. Il n'avoit alors d'autre Allié que le Roi d'Angleterre, GEORGE II, qui craignant pour son pays d'Hannovre, avoit conclu avec FRÉDERIC une alliance dont les avantages éventuels ne se montroient encore que de loin. Le salut du Monarque Prussien dépendoit donc uniquement de la célérité & de l'énergie de ses opérations de guerre. L'entrée en Saxe se fit sur trois colonnes, ayant à leur tête le Roi, le Prince FERDINAND de Brunswick & le Duc de Bevern : elles devoient se réunir près de Dresde.

La nouvelle de l'invasion de FRÉDERIC plongea la Cour dans une extrême consternation. On tint des Conseils privés, que présidoit le Comte de Brühl, Ministre dont la grandeur ne consistoit point dans une profonde politique, mais dans le talent de mener un train de Roi, pour gouverner son Maitre avec un pouvoir absolu.

Dans cette situation critique, on prit les plus ineptes de toutes les mesures : on rassembla en toute hâte les troupes de l'Electorat qui pouvoient se monter à 14000 hommes, & dont on forma un camp près de Pirna, sur les frontieres de la Boheme. Son assiete étoit forte, & l'art y déploya toutes ses ressources pour le rendre inexpugnable. Mais en songeant à se garantir contre le fer des Prussiens, l'on oublia un autre ennemi bien plus formidable, qui depuis un si grand nombre de siecles a triomphé de tant d'armées, fait fuir tant de grands Généraux, arraché souvent le fruit des plus brillantes victoires, & terminé subitement les plus longues guerres. Le mot de *famine*, & les terribles effets de ce fléau, ne pouvoient qu'être ignorés d'un Ministre accoutumé à un luxe Asiatique, & qui ne savoit prévoir aucune disette. Il prit les mesures les moins suffisantes pour l'entretien de ses braves troupes. Toutefois, dans la situation déplorable où elles se virent réduites, il ne laissa pas d'avoir une table magnifiquement servie.

L'armée Saxonne n'avoit cependant que pour quinze jours de vivres. On s'étoit pourvu de palissades, & l'on avoit négligé de faire provision de pain. On se sioit sur les troupes Impériales, qui se rassembloient en grande hâte dans la Bohême, sous les ordres du Feld-Maréchal Comte de Brown.

FRÉDÉRIC, qui dans cet intervalle avoit pénétré en Saxe, prit toutes les mesures nécessaires pour se maintenir dans la possession de cette province, sous l'assurance qu'il ne vouloit la prendre qu'en dépôt; invention d'une politique moderne, pour ôter à une démarche de cette nature les dehors d'une invasion hostile, mais que des ennemis ne manquent ordinairement pas d'appeler de son vrai nom. On exigea, pour l'entretien de l'armée Prussienne, de grandes livraisons en grains, en bétail & en fourrages. La ville de Torgau fut fortifiée & garnie des mêmes canons qu'on avoit trouvés dans les diverses places de l'Electorat. Quelques milliers de bourgeois & de paysans durent travailler à ces fortifications; travaux pour lesquels, dans les commencemens, on leur accorda quelque salaire. Ce fut aussi dans cette ville que furent établis le Commissariat de guerre avec la caisse militaire, & que toutes les contributions du pays durent être délivrées.

Le 10 Septembre, le Roi de Prusse, sans éprouver aucune résistance, entra lui-même dans Dresde, alors dépourvue de toute espece de troupes. Il en garnit la ville & le palais Royal. Dans ces circonstances, sa conduite & celle de ses soldats caractériserent l'esprit de notre siecle, où dans la guerre, parmi les humiliations les plus dures, dans les scenes les plus navrantes & même les plus terribles, l'on s'efforce de manifester une sensibilité délicate, des mœurs raffinées & de la politesse. FRÉDERIC prit son quartier dans un jardin du faux-bourg, près duquel campoit son armée. On prit toutes les mesures pour adoucir l'image effrayante de la guerre, aux yeux des Saxons encore étourdis, & pour leur faire connoître leur nouveau Maître sous des dehors plus attrayans & plus aimables. Il vouloit être envisagé comme ami, comme un Allié futur & comme un hôte. En conséquence, il se comporta de la maniere la plus gracieuse : il donna, aux Ambassadeurs étrangers, des audiences assaisonnées de badinage & de gaité. Presque toutes les personnes de condition, qui se trouvoient à Dresde, allerent lui faire leur cour ; ce que fit aussi le magistrat de la ville. Tous furent reçus au mieux. Le Roi tenoit table ouverte, & les Saxons venoient en foule assister à ce spectacle. Il fit complimenter la Famille Royale, qui poussa la politesse à son égard, jusqu'à l'inviter à sa table, & à lui offrir des Chambellans pour le

A 4

servir : offres qui cependant ne furent point acceptées. Malgré ces politesses, les chancelleries, dans Dresde, furent mises sous les sceaux; quelques officiers civils furent congédiés ; les salles des colleges & départemens furent fermées ; toute l'artillerie avec les munitions fut transportée de l'arsenal de cette ville à Magdebourg, & l'on séquestra, dans tout le pays, les caisses électorales. On arrêta aussi toute communication entre Dresde & le camp des Saxons, dont la route ne fut plus ouverte qu'aux chariots chargés de provisions pour la table du Roi de Pologne, ainsi qu'aux couriers & aux trompettes que les deux Souverains s'envoyoient réciproquement.

La ligne projettée pour perdre le Roi de Prusse avoit bien été découverte à ce Monarque, qui avoit en mains les copies de plusieurs papiers importans concernant ces négociations secrettes. Divers points cependant étoient demeurés couverts d'obscurité. La connoissance exacte de ces plans étoit extrêmement nécessaire à sa conservation. À cette circonstance se joignoit encore l'obligation établie en politique, de justifier, par les documens les plus authentiques, son invasion en Saxe, qui avoit surpris toutes les Puissances Européennes. Ces considérations imposèrent au Roi la nécessité de s'emparer des archives de la Cour de Dresde. Comme on avoit prévu cette résolution, on les avoit transportés dans l'appartement de la Reine de Pologne. Elle seule en avoit la clef, & veilloit sur ce dépôt comme sur le trésor le plus précieux. Cette Princesse, ennemie déclarée de FRÉDERIC, refusa donc nettement la demande que lui fit faire le Monarque Prussien, de le lui délivrer. Le Général Winterfeld, aussi excellent guerrier que délié courtisan, fut envoyé auprès d'elle. Toutes ses représentations furent inutiles: la Reine persista obstinément dans sa résolution, quoique Winterfeld se fût jeté à ses genoux pour l'engager à satisfaire la volonté de son Maître. Enfin il se retira. Bientôt après se présenterent d'autres députés, qui en agirent plus à la militaire, &, avec des instrumens, voulurent forcer l'armoire. La Reine se flatta que son corps seroit pour ce dépôt une sauve-garde suffisante : elle se mit devant l'armoire, en étendant ses bras. Cette fermeté ne servit qu'à lui attirer de nouvelles humiliations : on l'arracha de cette situation, sans égard à ses cris ni à sa résistance, & FRÉDERIC eut les papiers qu'il desiroit.

Quoique les circonstances concourussent toutes à justifier entiérement ce manque de respect, ou ces prétendus attentats sur la personne d'une Reine, on les envisagea néanmoins comme une dureté dont on avoit vu peu d'exemples. Les parties offensées firent part de cet événement à toutes les Cours étrangeres, en y ajoutant de grandes exagérations; & la conduite de FRÉDERIC en Saxe, dépeinte sous les plus noires couleurs, ne contribua pas peu à augmenter le nombre de ses adversaires, & à refroidir à son égard plusieurs de ses amis. On sait que feue Madame la Dauphine, mere du Roi actuel, se jeta en larmes aux pieds de LOUIS XV, implorant son secours, pour sauver avec sa patrie les auteurs de fa naiffance. Dès-lors on oublia à la Cour de Verfailles les principes fondamentaux de la politique, & la France commença à prendre férieufement, à cette guerre, une part auffi contraire à fes intérêts d'état, & que jufqu'alors elle n'avoit envifagé que comme une farce politique.

On travailloit cependant avec ardeur à pofer les fondemens d'une paix entre les Rois de Pruffe & de Pologne. Les Miniftres d'Angleterre & de Hollande, le Lord Stormont & Mr. Calkœn, d'éployoient tous leurs efforts pour parvenir à ce but falutaire. FRÉDÉRIC exigeoit, de la part du Roi de Pologne, la plus ftricte neutralité, pour fûreté de laquelle les troupes Saxonnes devoient fe féparer & rentrer dans leurs quartiers. AUGUSTE promettoit de demeurer neutre; mais il refufa de confirmer fes affurances par des effets. Il fomma fes troupes, par un manifefte, de fauver l'honneur de leur Roi, & de fe défendre jufqu'à la derniere goutte de leur fang. Les fidelles Saxons, dont un des traits caractériftiques eft d'aimer avec paffion leurs Souverains, quels qu'ils puiffent être, montrerent combien ils étoient portés à remplir l'attente d'AUGUSTE. La difette néanmoins régnoit dans leur camp, au point qu'on fut obligé de retrancher un tiers de la nourriture des hommes & des chevaux. Malgré cette détreffe, leur courage ne laiffa pas d'augmenter, quand ils eurent appris l'approche d'une armée Autrichienne raffemblée dans la Boheme, & forte déja de plus de foixante & dix mille hommes.

Brown avoit reçu, de sa Cour, les ordres les plus précis de tout hazarder pour délivrer les Saxons. La réunion des deux armées, sous un Général aussi expérimenté, auroit donné une autre tournure à la guerre. FRÉDERIC en étoit convaincu, & il redoubla d'ardeur & de vigilance pour bloquer encore plus étroitement le camp des Saxons, & couper tout secours aux troupes qui s'y trouvoient renfermées. Pour atteindre d'autant mieux ce but, il ordonna au Feld-Maréchal Keith de marcher en Boheme avec un corps de troupes considérable, afin d'observer les mouvemens des Autrichiens. Le Feld-Maréchal, Comte de Schwerin, avoit déja pénétré de la Silésie en Boheme, avec une armée de trente-cinq mille hommes, & s'étoit campé non loin de Königsgrätz. Selon le plan de FRÉDERIC, ces deux armées Prussiennes devoient tellement occuper les ennemis dans leur propre pays, qu'ils n'eussent pas le temps de penser aux Saxons. Lui-même pressoit chaque jour leur reddition, avant laquelle il craignoit de s'avancer dans la Boheme où il n'avoit point de magazins: d'ailleurs ce mouvement auroit rendu les Saxons maîtres de l'Elbe, & il les auroit eus en dos. Il manquoit en outre d'un nombre suffisant de chariots & de bateaux pour le transport des vivres; & les défilés terribles qui défendent de toutes parts l'entrée de ce royaume, l'obligeoient encore à prendre divers autres arrangemens.

Afin de délivrer les Saxons, il falloit que Brown passât d'abord l'Eger; mais il n'avoit point encore de pontons. Ceux-ci n'arriverent dans son camp, avec l'artillerie néceffaire, que le 30 de Septembre ; & il fe mit auffi-tôt en mouvement. FRÉDERIC forma alors le deffein de le forcer, par une bataille, à la retraite. Il fe mit donc en marche, le 30 Septembre, au jour même où Brown avoit paffé l'Eger. Le lendemain matin, d'abord après la pointe du jour, les deux armées fe rencontrerent non loin de Lowofitz, qui eft un village de Boheme. Celle d'Autriche, forte de cinquante-deux bataillons & de foixante & douze efcadrons, menoit avec elle quatre-vingts dix-huit canons. L'armée de Pruffe, confiftant en vingt-fix bataillons & cinquante-fix efcadrons, avoit un train d'artillerie de cent & deux canons. Il faifoit un brouillard fi épais, qu'on ne pouvoit appercevoir les objets qu'à peu de pas de diftance. Brown avoit négligé de garnir les hauteurs de Lobofch & de Radoftiz : cette circonftance fit conjecturer à FRÉDERIC, que les Autrichiens avoient paffé l'Elbe, & qu'il n'avoit devant lui que leur arriere-garde. Quelques milliers de Croates & d'infanterie Hongroife, poftés dans des vignes aux pieds de la montagne de Lobofch, en faifant un feu perdu fur les Pruffiens qui s'avançoient, confirmerent le Roi dans cette opinion ; l'ufage des Autrichiens étant de couvrir leurs marches par de pareilles troupes légeres. La Cavalerie Impériale, qui s'expofa au feu de l'artillerie des Pruffiens, & qui tint ferme, comme fi elle vouloit effectuer par là d'autres deffeins, acheva de le tromper. On combattoit dans l'obfcurité du brouillard, fans fe voir. Le Roi cependant avoit fait garnir les fufdites hauteurs.

La pofition de Brown étoit affurée contre toute attaque, vers le centre de fa ligne & fur fon aile gauche, par des marais & d'autres obftacles infurmontables. Il avoit porté toute fon attention vers le village de Lowofitz, qui couvroit fon aile droite, & où il avoit pofté fa meilleure infanterie, avec une grande quantité d'artillerie : il avoit même élevé, devant ce village, une forte batterie & des redoutes.

Vers l'heure de midi, le brouillard s'étant diffipé, les deux armées purent fe voir réciproquement. Alors la cavalerie Pruffienne forma une attaque régulicre : elle renverfa celle d'Autriche ; mais comme elle la pourfuivit avec trop d'ardeur jufques fous le canon de Lowofitz, le feu violent des canons ennemis qui y étoient braqués, la repouffa avec une grande perte. L'opération la plus preffée des Pruffiens fut alors de chaffer les Croates hors des vignes, dont les haies & les murailles leur fervoient de retranchemens. Cela fut effectué, quoiqu'avec beaucoup de peine.

Brown fit alors attaquer les hauteurs par fa meilleure infanterie ; mais les Pruffiens, qui y étoient poftés, fe défendirent comme des lions, & quelques-uns de leurs régimens ayant tiré toutes leurs cartouches, ils tomberent, la bayonnete au bout du fufil, fur les affaillans, & combattirent de la croffe comme avec une maffue. Cette mêlée épouvantable ne difcontinua que lorfque les Pruffiens eurent chaffé les ennemis vers le bas de la montagne, & jufques dans Lowofitz. Ils profiterent du désordre des Autrichiens, pour mettre le feu au village, & en chasser, dans la confusion qui en résulta, les troupes ennemies. Cela décida enfin du sort de la journée. Brown fit une retraite digne du plus grand maître: il abandonna au Roi le champ de bataille, sans néanmoins lui céder ses prétentions à la victoire. Elle n'étoit cependant pas douteuse, comme les suites le prouverent; quoique l'armée Prussienne eût souffert une plus grande perte en soldats, & que les deux parties eussent fait des prisonniers.

Tel est le tableau de la premiere bataille qui se donna dans cette guerre mémorable, & qui dura depuis sept heures du matin jusqu'à trois heures après midi. Elle fut comme un échantillon de la bravoure Prussienne pour les batailles suivantes. La perte des vainqueurs, en morts, blessés & prisonniers, fut de trois mille, trois cents hommes: les Autrichiens perdirent quelques centaines de soldats de moins.

Brown se vit alors obligé de se retirer en deça de l'Eger, & de changer entièrement ses plans pour délivrer les Saxons. Il fut résolu, que, dans la nuit du 11 Octobre, ces alliés opprimés passeroient l'Eger près de Königstein, sur quoi l'on attaqueroit les Prussiens des deux côtés à la fois. Mais un temps extraordinairement pluvieux & orageux retarda ce passage, qui fut différé de deux jours. FRÉDÉRIC profita d'un délai aussi précieux, pour fortifier ses postes sur l'Elbe, & les munir par des retranchemens & des abattis. Sur la droite de ce fleuve, près de Pirna & de Königstein, le sol est plein de hautes montagnes, couvertes de bois épais. Les profondeurs qui les séparent n'offrent qu'un terrein impraticable pour la marche d'une armée, surtout lorsqu'un ennemi puissant se trouve dans le voisinage, & qu'il est maître des hauteurs. Les Saxons, quand ils eurent passé l'Elbe, se flatterent d'apprendre au moins l'approche des Autrichiens ; mais ils n'apperçurent aucune trace de leurs Alliés, qu'un corps de troupes Prussiennes empêchoit de s'avancer. Au contraire, ils virent les Prussiens maîtres des défilés par lesquels ils devoient passer pour atteindre la Boheme. Ils tenterent néanmoins de se former au pied de la montagne de Lilienstein ; mais ils en furent empêchés par les bornes étroites du terrein. Ils se camperent enfin, sans ordre & dans le plus grand découragement, pleins de cette inquiétude que leur donnoit l'attente de leur triste sort. Leur position devenue maintenant plus fâcheuse, provenoit uniquement de ce que ni les Autrichiens, ni même les Saxons, ne connoissoient le local, & qu'ainsi ils formoient des plans purement au hazard.

Le camp de Pirna, abandonné des Saxons, fut d'abord envahi par les Prussiens, qui tomberent encore sur leur arriere-garde. On la fit prisonniere, & l'on s'empara de la plus grande partie du bagage & de l'artillerie. C'étoit un transport important, qui cependant n'auroit pu joindre les troupes, parce que le pont étoit rompu.

Jamais armée bien disciplinée, jamais les défenseurs d'un brave peuple, ne s'étoient vus dans une plus trifte fituation. C'étoit le renouvellement du fpectacle de Caudinum, & fi l'on n'y vit point les fourches des Samnites, on en fut redevable à ces principes & à ces fentimens, qui, depuis vingt-deux fiecles, ont fi fouvent varié parmi les hommes. La faim faifoit des ravages dans les troupes Saxonnes : à ce fléau fe joignirent le froid, dans une faifon rigoureufe, & la perte de leurs bagages. Elles furent fous les armes pendant trois jours & trois nuits confécutifs, fans prendre aucune nourriture : elles manquoient même de poudre & de munitions : enfin elles fe voyoient maintenant en plein air, entourées d'ennemis vigilans, fans aucun moyen de fe fauver, & denuées de toute efpérance. Leur fort dépendoit donc de la difcrétion du vainqueur, à qui, du confentement d'AUGUSTE, elles offrirent enfin une capitulation. Les conditions qui y furent ftipulées, étoient dures, tant pour les troupes de Saxe que pour leur Roi. Toute l'armée fut obligée de mettre bas les armes. Les officiers furent congédiés. Quant aux bas-officiers & foldats, on ne leur laiffa aucun choix : on les contraignit de prêter au Roi de Pruffe le ferment de fidélité.

Le Roi de Pologne effuya alors une humiliation, telle que depuis des fiecles entiers aucun Monarque Européen n'en avoit éprouvé de femblable. En un moment, il perdit fon armée entiere de Saxons, dont la fidélité pour lui étoit à toute épreuve, & à peine lui refta-t-il une couple de fes gardes-du-corps, qui, avec une fort-petite fuite, fe trouvoient auprès de lui à Königftein. Tous fes efforts, pour

obtenir

obtenir de vainqueur des conditions plus favorables, furent inutiles. FRÉDÉRIC donna lui-même les réponses aux articles de cette convention remarquable. Quelques-unes d'entre elles, qui avoient pour objet les premiers besoins de l'armée, sont tout-à-fait laconiques, & marquées seulement du mot *Bon* ; mais toutes dénotent le ton du vainqueur, qui croit accorder plus qu'on n'a droit d'attendre de lui. AUGUSTE demanda avec instances, qu'on lui laissât au moins sa garde, qui étoit un corps d'excellents soldats. Mais la réponse de FRÉDÉRIC fut humiliante à l'excès, & caractérisoit le droit du plus fort d'une maniere palpable. Elle portoit, ,, que cette ,, garde devoit avoir le même sort que les autres ,, troupes, parce qu'on ne vouloit pas se donner ,, la peine de la prendre une seconde fois. ,,

Dix régimens d'infanterie Saxonne demeurerent rassemblés, avec la seule différence, qu'avec des uniformes Prussiens, on leur donna des drapeaux & des commandans. Le reste, avec toute la cavallerie, fut incorporé dans des régimens de Prusse.

Cette conduite de FRÉDÉRIC, qui contraignoit une armée entiere de passer, en cohortes toutes formées, au service de son vainqueur, est peut-être sans exemple dans l'histoire. On compta trop tant sur l'incapacité où se trouvoit alors AUGUSTE d'entretenir une armée, que sur les besoins de ces troupes qui se voyoient maintenant sans maitre. On ne considéra point l'amour naturel des Saxons pour leur Prince & pour leur patrie. Il se manifesta cependant bientôt, au grand étonnement de FRÉ-

B

DERIC. On avoit prévu qu'il fe trouveroit des déserteurs parmi des troupes ainfi contraintes ; mais l'on ne s'étoit point attendu à voir des régimens entiers fe retirer avec fermeté & ordre. La plupart partirent dans l'ordre le plus régulier, avec tous les honneurs de la guerre, & ils marcherent en Pologne, ou allerent joindre l'armée Françoife. Le Roi de Pruffe avoit élevé plufieurs bas-officiers Saxons au grade d'officier, afin de les attacher à fon fervice. Mais cette mefure fut infuffifante. Ces bons & vrais patriotes furent eux-mêmes les auteurs de la mutinerie ; & les autres officiers, qui ne voulurent pas fuivre, furent contraints de s'éloigner.

La forterefſe de Königftein fut déclarée neutre pour tout le tems de la guerre, & le Roi de Pologne, qui, retiré fur ce rocher, attendoit fon fort, obtint pour lui & pour fa fuite des paffeports pour fe rendre en fûreté à Varfovie. Il fe mit en route fans délai. Ce Monarque étoit extrêmement accablé de fes malheurs. Il écrivit, le 14 Octobre, à fon Feld-Maréchal Comte Rutowsky : „ Il faut fe fou-
„ mettre à la Providence. Je fuis un Roi libre :
„ je veux vivre & mourir tel. Je vous abandonne
„ le fort de mon armée. Votre Confeil de guerre
„ peut décider fi l'on doit fe rendre ou préférer la
„ mort, que ce foit par la faim ou par le fer. „

Pendant fon féjour à Königftein, il avoit foutenu une correfpondance fréquente avec le Monarque Pruffien, qui, de la propofition d'une neutralité, vint à lui faire celle d'un alliance. Enfin, voyant qu'AUGUSTE demeuroit inébranlable, FRÉDÉRIC lui

écrivit, le 18 Octobre, une lettre de congé fort.
polie. Le titre que fe donnoient réciproquement
les deux Monarques, dans toutes leurs lettres,
étoit *Monſieur, mon frere*; dénomination tendre,
qui, dans de telles circonſtances, mérite aſſurément
une place dans l'hiſtoire. On rendit au Monarque,
à ſon départ, les plus grands reſpects : même toutes
les troupes furent écartées de ſa route, afin d'é-
pargner à ce malheureux Prince la vue d'objets auſſi
déſagréables.

La campagne étoit maintenant finie. L'armée
d'Autriche s'enfonça plus avant dans la Boheme ;
& les Pruſſiens prirent leurs quartiers d'hyver en
Saxe & en Siléſie. FRÉDERIC paſſa l'hyver à Dresde;
& traita maintenant ſon *dépôt* comme une province
conquiſe dans toutes les formes. Il donna de fré-
quentes audiences aux Miniſtres Saxons, pour leur
remettre des ordres ſur tous les objets d'adminiſtration. Il exigea encore, des États du Pays, dix-mille
recrues.

1757. Les armemens que faiſoient toutes les
Puiſſances impliquées dans cette guerre, pour la
campagne prochaine, étoient immenſes. François,
Suédois, Tranſilvains, Milanois, Wallons, Coſaques & Calmoucs, ſe mirent en mouvement ; &
comme, malgré la meilleure volonté, l'argent manquoit preſque de toutes parts, on employa tous les
moyens poſſibles, tant pour faire des emprunts en
argent, que pour engager les capitaliſtes à faire des
livraiſons par maniere d'avances. Le Roi de Pruſſe
avoit cependant, ſur tous ſes ennemis, l'avantage

de pouvoir fe paffer de telles reffources. Ses tréfors remplis, & fon riche *dépôt*, mirent les troupes Pruffiennes à même d'ouvrir la campagne prochaine, pourvues abondamment de tous les objets neceffaires. Les Saxons de tout rang & de tout état, que la conformité de religion, de dialecte, de mœurs & de fentimens portoit plus pour les Pruffiens que pour les Autrichiens, auroient defiré, puifqu'il falloit être en guerre, que leur Souverain s'alliât avec les premiers. On ne les traitoit encore avec aucune dureté. Des livraifons pour l'armée, qui cependant n'étoient point oppreffives; des repas, que, chaque femaine, ils donnoient aux foldats en quartiers chez eux, & d'autres petits défagrémens étoient encore alors les feules charges de la guerre qu'ils connuffent. Pour le refte, ils vivoient avec les Pruffiens d'une maniere tout-à-fait amicale. A Dresde, l'on donnoit des fpectacles, des bals, des mafcarades & des concerts, dans lefquels ce Monarque, menacé de toutes parts par de fi puiffans ennemis, accompagnoit les muficiens de fa flûte.

Cette tranquillité d'ame, qui vraifemblablement étoit un effet de fes fentimens philofophiques & de la connoiffance de fes forces, fut cependant troublée en différentes manieres. Il fe paffa entre autres, dans le courant de cet hyver, un événement dont les circonftances particulieres ne font connues que de fort-peu de monde, & qu'avant le dix-neuvieme fiecle aucun Hiftorien Allemand ne fe permettroit peut-être de transmettre à la poftérité. L'on devoit empoifonner FRÉDÉRIC. Un laquais de la chambre, nommé Glafau, qui poffédoit tellement fa faveur, qu'il le faifoit fouvent coucher dans fon cabinet, fut loué pour faire périr ce Monarque. Un petit nombre de perfonnes avoient connoiffance de cette trame ; & il n'avoit aucunement à craindre qu'elles le décélaffent. Mais un hazard découvrit au Roi, à l'heure même de l'exécution, qu'on avoit formé un complot contre fa vie. Glafau embraffa fes genoux, en implorant un pardon qui ne pouvoit cependant lui être accordé. Il fut arrêté, interrogé judiciairement en préfence du Monarque, & conduit, le lendemain, enchaîné à Spandau. Là, féparé, dans un cachot, de toute créature humaine, il ne tarda pas à terminer miférablement fa vie. Le Roi parut mettre une fi grande importance à la confervation de ce fecret, qu'il ne voulut pas même permettre à un médecin de fecourir ce malheureux dans fes dernieres heures.

Cette modération, que le Roi de Pruffe obfervoit encore en Saxe, provenoit de l'efpoir qu'il n'avoit pas encore perdu, d'engager AUGUSTE à une paix pour laquelle il lui tendoit les mains. Mais la bleffure étoit trop profonde, & l'alliance de ce Prince avec l'Autriche & la Ruffie, trop étroite : l'attente qu'il avoit d'une heureufe révolution étoit trop grande, pour qu'il pût écouter les propofitions de la Pruffe. D'un autre côté, les plaintes de fes Ambaffadeurs à la Diete de Ratisbonne & à toutes les Cours de l'Europe, appuyées de fes puiffans Alliés n'avoient point de bornes. L'animofité écartoit tout raifonnement, & affoibliffoit fi fort le jugement d'un grand nombre d'écrivains & de gens de lettres, que dans plufieurs écrits politiques, on repréfenta l'invafion de la Saxe comme une entreprife fans exemple. Auffi les vues de fes ennemis eurent-elles un plein fuccès. Toutes les Cours liguées redoublerent d'ardeur dans leurs puiffans armemens, & la Diete de la République Germanique reprit fes foudres oubliées depuis plufieurs générations, pour les lancer fur le Roi de Pruffe. Il fut mis formellement au ban de l'Empire, & déclaré privé de toutes fes provinces & dignités. Pour appuyer ce jugement des Amphictions de l'Allemagne, malgré toutes les contradictions des amis de la Pruffe, dont toutes les affemblées retentiffoient, on leva une armée, ramaffée de toutes les provinces de l'Empire, laquelle, fous le nom impofant d'armée d'exécution de l'Empire, devoit donner l'appui néceffaire au décrêt de la majorité. Ainfi une nouvelle armée fe joignit aux nombreufes cohortes qui devoient opérer la perte de FRÉDERIC; & déja l'on commençoit à déterminer l'époque prochaine, où la guerre feroit finie.

FRÉDERIC, à qui il ne reftoit maintenant d'autre reffource que celle de faire front de tous côtés à l'orage, par l'emploi le plus actif de fes armes, procéda d'une maniere plus efficace à fes opérations de finances en Saxe. Les appointemens de tous les officiers de l'Electeur furent diminués ou même entiérement fupprimés. Jufqu'alors, l'entretien des Tribunaux & Chancelleries, avoit coûté cent quatre-vingt-dix mille rifdales. Cette fomme fut réduite à trente mille. On ne s'en tint pas là. Cette réforme dans les finances s'étendit à tout. Le Confeffeur de la Reine, & le Directeur de l'opéra, avoient été jufqu'alors des perfonnages importans à la Cour de Dresde: le premier jouiffoit d'une penfion de douze mille écus; l'autre de quinze mille: mais ils furent contraints de fe contenter chacun de deux mille écus. L'immenfe quantité de porcelaine qu'on trouve tant à Dresde que dans la Mifnie, fut vendue, comme étant de bonne prife, pour le compte des Pruffiens. Un marchand Saxon en fit l'acquifition pour la fomme de deux-cents mille florins, & pofa ainfi les premiers fondemens de fes richeffes immenfes, au point qu'en peu d'années il devint un Crefus. Il s'éleva jufqu'au rang d'un Miniftre d'Etat en Danemark, & mourut en fe voyant le plus riche particulier, qui jamais eût vécu dans aucun Royaume du Nord.

FRÉDÉRIC ne toucha cependant point au palais royal de Dresde: il vit fouvent la fuberbe gallerie de tableaux, fans toutefois s'en rien approprier. Cette modération l'abandonna néanmoins entiérement à l'égard du Comte de Brühl, qu'il envifageoit comme l'auteur de l'alliance qui avoit attaché la Saxe à fes ennemis. Le magnifique palais de ce Miniftre, ainfi que fon jardin que l'on comptoit parmi les principaux ornemens de la ville, & qui étoit ouvert au public, furent dévaftés; & encore aujourd'hui, les ruines d'un fuperbe pavillon offrent les monumens d'une vengeance qu'on n'auroit point attendue de la part d'un philofophe couronné. Il fallut alors fournir les recrues Saxonnes pour le service de Prusse. Le Prince Electoral de Saxe eut beau faire des représentations pressantes. Fréderic, dans sa réponse, le pria de ne point s'ingérer dans des affaires de cette nature.

Dans toutes les provinces de l'Allemagne, il régnoit une activité guerriere, telle que depuis plusieurs siecles on n'y en avoit pas vu d'aussi générale. Pendant toutes les guerres des tems modernes, même lorsque, sous Charles V & sous Gustave-Adolphe, les Germains se massacroient par zele de religion, il ne s'étoit point fait d'armemens aussi formidables qu'à cette époque, où tous les peuples de l'Allemagne, tant grands que petits, prenoient en mains les armes pour combattre sous l'Aigle double, ou sous l'Aigle simple. On fit rassembler l'armée de l'Empire, dont nous avons fait mention, & qui représenta cette confédération germanique, d'ailleurs si imposante, sous un jour bien ridicule. Ces troupes ne ressembloient peut-être pas mal aux anciens Croisés. Excepté les contingens de la Baviere, du Palatinat, du Wirtemberg & de quelques autres Etats de l'Empire, le reste de cette armée étoit un ramas de hordes indisciplinées, divisées en corps qui formoient un tout ridiculement bigarré. Dans la Suabe & la Franconie, divers Etats ne fournissoient qu'un seul homme. Quelques-uns devoient entretenir un Lieutenant sans soldats ; & souvent cet officier étoit un paysan enlevé de la charrue. D'autres livroient un tambour, à qui ils donnoient une caisse trouvée ans quelque antique arsenal. Des porchers fur en élevés au rang de fifres, & de vieux chevaux de trait furent deſtinés à porter des dragons. Les Prélats de l'Empire, fiers de ſe voir les Alliés de ſi grands Monarques, envoyerent à l'armée les domeſtiques qui les ſervoient dans le couvent, après leur avoir fait dépouiller leur ſouquenille. Armes, habillemens, bagages, en un mot rien n'étoit uniforme dans ces troupes d'hommes ramaſſés de toutes parts, à qui l'on donnoit le nom de ſoldats, & de qui l'on attendoit les plus grands exploits.

L'on prit cependant, du côté des Pruſſiens, les meſures les plus efficaces pour ouvrir de bonne heure la campagne, & pour prévenir tant d'ennemis ligués. Les plus formidables de ceux-ci étoient les Autrichiens. Ce fut donc ſur eux que FRÉDERIC réſolut de tomber avec toutes ſes forces réunies, avant que les armées des autres Puiſſances puſſent l'atteindre. La Cour Impériale embraſſa un ſyſtême oppoſé : elle vouloit ſe borner à la défenſive, juſqu'à ce que, jointe avec tous les Alliés, elle pût attaquer de toutes parts le Roi de Pruſſe, & l'anéantir entiérement. En conſéquence, Brown partagea ſon armée en quatre grands corps, afin de couvrir la Boheme. Malgré cela, FRÉDERIC pénétra dans ce Royaume, ſur quatre colonnes. Le Prince de Bevern en commandoit une, forte de ſeize mille hommes : il rencontra bientôt un corps ennemi de vingt mille hommes, qui s'étoit retranché près de Reichenberg, ſous les ordres du Comte de Königſegg. Les Autrichiens furent auſſi-tôt attaqués, & repouſſés avec perte de mille hommes, tant morts, que bleſſés

& prisonniers. Après le combat, le Duc continua d'avancer, & se joignit bientôt après avec l'armée du Feld-Maréchal Schwerin, qui avoit pénétré sur Trautenau dans la Boheme.

Peu de tems après, le Roi de Prusse passa la Moldau à la vue de l'ennemi, qui avoit rassemblé toutes ses forces, & qui manqua alors le moment précieux d'attaquer avec un avantage prépondérant la petite armée séparée de FRÉDERIC. Il régnoit, parmi les principaux Généraux des troupes Impériales, une inimitié qui se manifestoit de clairement en différentes manieres. Brown étoit alors soumis aux ordres du Prince CHARLES de Lorraine, qui commandoit en chef.

Le 6 de May, au matin, toutes les armées Prussiennes, fortes de plus de cent mille hommes, étoient rassemblées dans les environs de Prague. Elles se réunirent aussi dans la proximité de cette capitale, à l'exception des corps commandés par Keith & par Maurice, qui demeurerent de l'autre côté de la Moldau; & peu d'heures après commença l'une des batailles les plus mémorables qui soient marquées dans les annales des guerres. L'armée Prussienne, qui vint effectivement au combat, étoit forte de soixante-huit mille hommes; & celle d'Autriche, de soixante & seize-mille. Cette derniere étoit postée sur des montagnes retranchées, dont les abords n'étoient que des prairies marécageuses, des étangs desséchés dont le fond étoit plein de limon & rempli d'herbages; des digues étroites, & même des sentiers sur lesquels les soldats ne pouvoient avancer qu'un à un. L'infanterie Autrichienne se tenoit tranquille dans ce camp retranché, & la cavalerie étoit au fourrage, lorsque FREDERIC s'avança. Le Prince CHARLES rappella alors en toute hâte ses fourrageurs, qui combattirent en partie avec leurs souquenilles contre les Prussiens. Malgré l'extrême désavantage du terrein, l'infanterie Prussienne attaqua avec le courage le plus admirable & le plus digne d'éloges. Les soldats ne pouvoient passer que par pelotons par-dessus les digues étroites, & ceux qui traversoient les prés enfonçoient à chaque pas dans la bourbe. Quelques régimens même s'enfoncerent dans le marais jusqu'aux genoux, & ce ne fut qu'avec une grande peine qu'ils réussirent à s'en dégager. L'un aidoit à l'autre, & tous s'encourageoient réciproquement. Dans ces circonstances, plusieurs bataillons furent obligés d'abandonner leurs canons, quelque besoin pressant qu'ils en eussent d'ailleurs. À une heure après midi, tous ces obstacles étoient surmontés, & les Prussiens commencerent à se ranger en ordre de bataille. Sans se remettre préalablement de leurs terribles fatigues, ils tomberent avec impétuosité sur l'ennemi, qui les reçut avec un feu épouvantable de son artillerie. Le Roi avoit ordonné d'attaquer d'abord la bayonnette au bout du fusil, sans faire aucun feu de mousquéterie; mais le feu les canons Autrichiens, chargés à mitrailles, & qui renversoit à terre des bandes entieres, étoit si meurtrier, qu'à l'aspect d'une mort manifestement certaine, l'humanité mit un terme à la bravoure. Les Prussiens lâcherent pied.

La cavalerie des deux armées en étoit cependant aussi venue aux mains. Le Prince de Schöneich, qui commandoit celle de Prusse, attaqua avec une partie de celle-ci toute la cavalerie Autrichienne. Mais il perdit beaucoup par la nudité de ses deux flancs, & fut repoussé par la seconde ligne de l'ennemi. La cavalerie Prussienne se forma cependant de nouveau : elle reçut du renfort & tomba derechef sur l'ennemi. Alors l'attaque fut décisive. La cavalerie Autrichienne fut tout-à-fait dispersée, & jettée sur sa propre infanterie qu'elle mit en désordre. Les hussards Prussiens saisirent ce moment pour l'assaillir & augmenter la confusion.

Dans cet intervalle, le Feld-Maréchal Schwerin s'occupoit avec ardeur à faire former de nouveau l'infanterie repoussée, & il la fit avancer vers l'ennemi. Il se mit lui-même à la tête de son régiment, monta à cheval, & se saisit d'un drapeau, qui, dans sa main, devoit marquer le chemin de la victoire. Les Prussiens le trouverent aussi, ce chemin ; mais le noble guide qu'ils avoient à leur tête tomba percé de trois balles *). La Banniere de son Roi lui servit

---

*) On a comparé la mort de ce Général avec le dévouement de Decius. Sans vouloir rien ôter de l'action héroïque de Schwerin, il est manifeste que cette comparaison n'est pas juste. Malgré le péril où il s'exposa, le Général Allemand n'étoit pas sans espoir d'y survivre. D'ailleurs, les soldats qui l'accompagnoient le partageoient avec lui. Mais le Général Romain, en se précipitant au milieu des ennemis, s'étoit dévoué, sans aucun espoir, à la mort à laquelle il ne vouloit ni ne pouvoit échapper.

de couverture. Plufieurs Généraux Pruffiens imite‑
rent cet exemple, & menerent à pied leurs brigades
au combat. Le Prince HENRI de Pruffe fauta à bas
de fon cheval, & efcalada, à la tête des fiens,
une batterie ennemie. Alors le fort de l'armée Pruf‑
fienne fe précipita fur les Autrichiens, qui fe trou‑
voient dans un grand défordre, & dont les ailes
étoient un peu féparées les unes des autres. FRÉ‑
DERIC profita fans délai de cet avantage: il avança
dans l'ouverture, & alors la féparation fut entiere.
L'armée des Autrichiens formoit maintenant deux
armées, dont l'une prit la fuite dans la campagne,
l'autre fe jeta dans Prague. Ce lieu de réfuge fut
choifi dans la précipitation, fans qu'on en eût pefé
les fuites. On comprit cependant, dès les premieres
heures, tout ce que cette pofition avoit d'effrayant.
Auffi, dans le même jour, il fut fait des tentatives
pour s'en tirer; mais les Pruffiens avoient déja garni
toutes les iffues de la ville, & ils contraignirent les
Autrichiens à retourner dans leur prifon.

 Tels font les événemens de cette journée mé‑
morable, qui n'eut pas peu de conformité avec la
bataille de Cannes, tant pour la quantité du fang qui
y fut répandu, que pour la valeur qu'y déployerent
les deux armées, & par la confternation des vain‑
cus après leur défaite. Cette bataille avoit décidé
du fort de toute l'Italie, excepté de Rome. Celle
de Prague eût fixé le fort de toute cette guerre, fi
une circonftance fort‑minucieufe en elle‑même, le
manque d'une couple de pontons, n'eût influé fur
le deftin de tant de différens peuples. L'armée de

Prince MAURICE de Deſſau ſe trouvoit en-deſſus de Prague, ſur la rive oppoſée de la Moldau, où l'on vouloit établir un pont, afin de prendre l'ennemi en dos. Cette riviere ſe trouva enflée. On n'avoit pas prévu cette circonſtance, & il ne manqua que quelques bateaux pour pouvoir achever le pont. Ainſi ces braves Pruſſiens demeurerent, dans l'éloignement, ſimples ſpectateurs de la bataille. Une couple de pontons de plus, & la deſtruction totale de l'armée Autrichienne n'étoit plus douteuſe : cette journée eût été immortelle dans l'Hiſtoire : on n'eût point vu les batailles de Collin, & de Hochkirch ; en un mot, les relations de cette guerre ſeroient tout autres qu'on ne les lira dans les annales du dix-huitieme ſiecle. Dans une ſituation auſſi affligeante pour un héros, tout ce que put faire MAURICE, fut de canonner ceux des Autrichiens vaincus qui ſe retiroient vers l'armée de Daun.

La perte des Pruſſiens, dans cette journée, fut de onze mille hommes tués & bleſſés : quinze-cents cinquante avoient été faits priſonniers. Les Autrichiens compterent douze mille morts & bleſſés : ils perdirent en outre huit mille hommes, tombés au pouvoir des vainqueurs, avec ſoixante canons, la caiſſe militaire, & beaucoup de bagages. Encore ſur le champ de bataille, le Roi écrivit à ſa mere : ,, Je me porte bien avec mes freres. La cam-
,, pagne eſt perdue pour les Autrichiens, & j'ai les
,, mains libres avec cent cinquante mille hommes.
,, Nous ſommes maîtres d'un royaume qui nous four-
,, nira de l'argent & des hommes. J'enverrai une

„ partie de mes troupes faire un compliment aux
„ François. Je pourſuivrai les Autrichiens avec le
„ reſte. ”

Quelque ſanglante néanmoins qu'ait été cette bataille, & quelque grande que fût l'attente de toute l'Europe, ſur les conſéquences qu'elle entraineroit, l'événement n'y répondit point. Cette terrible défaite eſt remarquable ſur-tout pour les ſuites qu'elle n'eut pas. Tout le monde croyoit, que l'armée fugitive des Autrichiens ſeroit pourſuivie & anéantie, & que le feu & la faim contraindroient celle qui étoit renfermée dans Prague à ſe rendre. Mais la Fortune fit bientôt évanouir les eſpérances des Pruſſiens, & ranima le courage de leurs ennemis.

Dans la bataille de Prague, chaque armée perdit un excellent Général. FRÉDERIC eut à regretter la mort de Schwerin, ſon Maitre dans l'art de la guerre, & à qui, après la paix, il fit élever à Berlin une ſtatue. Le Feld-Maréchal Brown mourut des bleſſures qu'il avoit reçues en combattant: il eut la douleur, avant d'expirer, d'être le témoin des ſcenes déplorables dont Prague devenoit le théatre.

Cette grande ville renfermoit alors, dans l'enceinte de ſes murs, une armée entiere. Outre ſa garniſon, il s'y trouvoit cinquante mille hommes, avec tous les principaux Généraux Autrichiens; ainſi que les Princes de Saxe, le Duc de Modene & même le Prince CHARLES de Lorraine. Depuis le ſiege d'Alexie, on n'avoit jamais vu d'auſſi grandes forces raſſemblées dans aucune ville de l'Europe. Toutes les nations de l'Européennes, Alliées ou neutres, s'attendoient aux ſcenes les plus terribles.

FRÉDERIC fit inveſtir ſans délai cette ville immenſe, qui a preſque deux miles d'Allemagne de circuit, & garnir de batteries toutes ſes iſſues. On crut d'abord à Vienne, qu'une armée auſſi puiſſante que l'étoit celle de l'Impératrice, romproit bientôt les verroux de ſa priſon. Mais les tentatives les plus vigoureuſes, ſouvent réitérées, concertées ſagement & exécutées avec le courage qu'inſpire le déſespoir, furent toutes infructueuſes. Les Autrichiens, repouſſés par de nombreuſes batteries, ſe virent obligés de rentrer dans leur priſon, où de la chair de cheval leur ſervoit d'aliments. Telle fut, déja dans les premieres ſemaines de ce ſiege, la nourriture de toute leur armée renfermée dans Prague. Les chevaux de l'artillerie & ceux de la cavalerie furent tués, & chaque livre de cette viande ſe vendit d'abord pour deux & enſuite pour quatre Kreutzers. On ne s'étoit point préparé à des événemens auſſi extraordinaires: les magazins de la ville étoient mal pourvus: les troupes manquoient de tout; & les habitans, au nombre de quatre-vingt-mille, ſe voyoient en danger de périr de faim.

Prague fut aſſiégée dans les formes, & reſſerrée toujours plus étroitement. On jeta dans la ville des bombes & des boulets rouges, qui mirent pluſieurs maiſons en feu, & qui y entretenoient un incendie perpétuel. Pendant la nuit, les Pruſſiens pouvoient diſtinctement entendre les gémiſſements & les cris des habitans.

Douze mille furent expulſés de la ville, afin d'y diminuer la famine; mais les boulets des aſſiégeans

les

les y rechafferent. Après trois femaines de fiege, toute la ville-neuve, ainfi que le quartier des Juifs, étoient réduits en cendres : quelques magazins avoient également été confumés par le feu, avec les vivres qu'ils renfermoient. Un grand nombre d'hommes, de vieillards, de femmes & d'enfans furent tués par les bombes, ou écrafés fous les ruines de leurs maifons.

L'anxiété, dans cette malheureufe ville, étoit donc extrême. Toutes les rues fe trouvoient obftruées de chevaux & de chariots. Les églifes étoient remplies de bleffés & de malades; & la mort enlevoit les hommes & le bétail comme au plus fort d'une pefte. Le clergé, le magiftrat, la bourgeoifie, tous imploroient du Prince CHARLES une pitié que reffentoit fon cœur, mais dont il ne pouvoit cependant point faire éprouver les effets falutaires. Il chercha à capituler, & demanda une libre retraite pour fes troupes. FRÉDÉRIC ne voulut point y entendre, & propofa de fon côté des conditions qu'on crut ne pouvoir accepter. L'efpoir qu'avoient eu les Autrichiens, de fe frayer par la force une iffue hors de la ville, étoit évanoui; & leur confiance dans l'armée de Daun, poftée à Collin, ne pouvoit être que très-foible. Il ne reftoit donc aux affiégés d'autre parti que celui de s'abandonner à leur fort.

Telle étoit la fituation critique de MARIE-THÉRESE. Elle voyoit les Pruffiens en poffeffion de tous les paffages de la Boheme dans la Luface, le Voigtland, la Saxe & la Siléfie: la fleur de fon

C

armée, & ſes principaux Généraux, étoient renfermés dans Prague, & le reſte de ſes troupes, vaincues, découragées, & diſperſées en petits corps, manquoient de ſubſiſtances même dans le propre territoire de leur Souveraine. Prague étoit réduite à l'extrémité par la faim & par le feu de l'ennemi: l'armée qui devoit la défendre, ſe voyoit ſur le point de ſe rendre priſonniere de guerre, & le royaume entier, avec les provinces adjacentes, au moment de ſe ſoumettre à la diſcrétion du vainqueur. Tout ſecours de la Saxe étoit coupé: tous les Etats-héréditaires de l'Impératrice alloient être ouverts & expoſés à l'ennemi: Vienne même n'étoit point à l'abri d'un ſiege. On regardoit comme invincibles les Pruſſiens, qui, depuis 1741, avoient triomphé dans huit batailles: l'on croyoit qu'il n'y avoit rien dont leur Roi ne pût venir à bout. La conſternation, dans cette réſidence de tant d'Empereurs, étoit inexprimable: déja on croyoit voir le vainqueur à ſes portes, & l'on penſoit à lui offrir les plus grands ſacrifices.

Cette ſituation favorable de FRÉDÉRIC, il la rendit lui-même infructueuſe par une réſolution précipitée, que le danger qui le menaçoit pouvoit ſeul excuſer. Le ſiege de Prague duroit plus qu'il ne s'y étoit attendu: il ſavoit que les Ruſſes, les Suédois, les François & l'armée de l'Empire s'approchoient de tous côtés vers ſes Etats. Chaque jour lui devenoit précieux. N'ayant jamais encore été vaincu en champ de bataille, à peine préſumoit-il la poſſibilité d'une défaite. Il laiſſa devant

Prague la plus grande partie de son armée, pour en continuer le siege, & se mit en marche avec trente-deux mille hommes, afin d'attaquer le Feld-Maréchal Daun, & faire évanouir ainsi toutes les espérances des assiégés.

Ce Général s'étoit avancé de la Moravie, avec une armée nombreuse, dans le dessein de se joindre à la grande armée de l'Impératrice. Le jour de la bataille de Prague, il n'étoit éloigné de cette ville que de quatre lieues. Cette proximité lui facilita les moyens de recueillir les Autrichiens fugitifs. Il les attira à lui, & se campa ensuite, fort de soixante mille hommes, sur les montagnes de Kollin, où il se retrancha avec soin. La circonspection qui caractérisoit ce Général, & ses talens bornés pour une guerre offensive, devoient faire présumer avec beaucoup vraisemblance qu'il n'entreprendroit rien de *grand*, du moins rien de décisif pour la délivrance des assiégés. D'ailleurs ses troupes étoient découragées, & le nom de PRUSSIENS suffisoit seul pour leur en imposer. Le Duc de Bevern, qui avoit été envoyé au devant de lui avec vingt mille hommes, se prévalut de ces avantages, & s'empara, pour ainsi dire à la vue de Daun, de quelques magazins considérables. Le Roi, à la tête d'un corps nombreux de ses meilleures troupes, joignit enfin l'armée du Prince de Bevern; &, le 18 Juin, il marcha à l'ennemi.

Daun avoit cependant changé sa position. Une de ses lignes étoit postée sur la pente des montagnes, les autres sur leur sommet. Le front de son armée étoit couvert par des villages, des ravins, & des hauteurs escarpées, sur la plupart desquelles on ne pouvoit gravir. Une artillerie nombreuse, qui faisoit un feu terrible, paroissoit devoir faire renoncer à toute attaque. On la hazarda cependant, après que le Roi eût tourné ce poste, avec un courage qui étonna les ennemis, & qui ne fut jamais surpassé par aucun peuple de la terre.

Ce grand jour fut, à tous égards, digne du nom *Prussien*. Peut-être que depuis la bataille d'Arbele, où la tactique des Grecs décida, dans les champs de la Perse, du sort de tant de royaumes, jamais héroïsme ne s'étoit montré réuni étroitement avec d'aussi savantes manœuvres. Les Prussiens attaquerent sept fois l'ennemi dans un poste extrêmement avantageux; & lorsqu'une grêle effroyable de boulets renversoit tout sur son passage, & qu'en écrasant, pour ainsi dire, les bataillons, elle les forçoit à s'éloigner, ce n'étoient point des retraites, mais des mouvemens rétrogressifs qu'ils faisoient pour se rallier & renouveller leurs attaques. Animés d'un courage intrépide, ils franchissoient des collines de morts, comme si c'eussent été des monceaux de terre.

Ce ne furent ni la bravoure, ni la tactique, mais des événemens fortuits qui déciderent l'issue de cette mémorable journée. Les Prussiens avoient obtenu divers avantages considérables: l'aile droite de l'ennemi étoit battue; sa cavalerie, postée du même côté, étoit renversée, & déja Daun pensoit à la retraite. Ses aides-de-camp voloient d'aile en aile avec des ordres relatifs à ce deſſein, lorſque la balance où ſe peſent les deſtins des hommes & des Etats, ſe pencha inopinément au déſavantage de Fréderic. Les ſages diſpoſitions du Roi ne furent pas ſuivies: emporté par une ardeur guerriere, un de ſes Généraux rompit la ligne; & avec ſes cohortes qui brûloient du deſir d'en venir aux mains, il fit halte au tems même où ſans combattre il devoit continuer à ſe mouvoir tranquillement, dans un parfait concert avec le reſte de l'armée. Par-là il ſe fit une ouverture dans l'armée Pruſſienne, qui ſe trouva dans une fauſſe direction. Quelques régimens de cavalerie Saxonne, incorporés dans l'armée de Daun, & qui brûloient de ſe meſurer de près avec les Pruſſiens, s'ébranlerent ſans en avoir reçu l'ordre, & tomberent ſur l'ennemi.

Quand la cavalerie réuſſit à pénétrer dans de l'infanterie, il ne reſte à celle-ci d'autre parti que la fuite, au défaut de quoi elle ne peut éviter la mort ou d'être priſe. C'avoit été un axiome chez toutes les nations guerrieres, juſqu'à la bataille de Kollin, où la ſublime diſcipline des Pruſſiens égala leur bravoure. On laiſſa pénétrer des eſcadrons entiers de cavalerie Saxonne; & au milieu de cette quantité d'hommes & de chevaux qui menaçoient de la mort, des bataillons entiers de Pruſſiens, avec la préſence d'eſprit la plus rare, formerent des quarrés étroitement ſerrés, & chargerent l'ennemi par pelotons, avec un ordre admirable, comme s'ils euſſent été ſur un champ d'exercice. Renfermés dans ces murailles vivantes qui répandoient le trépas devant elles, hommes & chevaux tomboient les uns fur les autres, & formoient des tas de cadavres au milieu de cette enceinte. Ces braves cavaliers, au milieu de ce cercle, où ils s'étoient pour ainſi dire enfermés eux-mêmes, ne voyoient aucune poſſibilité d'échapper à ce danger.

Mais il vint de l'autre cavalerie à leur ſecours : elle attaqua les Pruſſiens en même tems en front & en dos, deſorte qu'enfin ces derniers durent ſuccomber dans un combat auſſi inégal. Les Dragons de Saxe ne reſpiroient que la vengeance. La défaite que, réunis aux Autrichiens, ils avoient eſſuyée douze ans auparavant en Siléſie, & où le fort des Saxons avoit été funeſte, étoit encore préſente à la mémoire de ces guerriers. Auſſi, à chaque coup de leurs ſabres meurtriers, on les entendoit dire à leurs victimes : *c'eſt là pour Strigau*. Tout ce que cette cavalerie put atteindre, fut maſſacré ou pris. Les gardes du corps de FRÉDÉRIC, qui conſiſtoient en mille des plus beaux hommes, étrangers pour la plupart, mais formés tous dans l'école militaire de Potzdam, & animés de ce point d'honneur qui regne dans les armées, eurent ce premier ſort. Le point d'honneur leur tenoit lieu de patriotiſme : ils combattirent juſqu'au dernier ſoupir, & couvrirent de leurs beaux corps, étendus chacun dans ſon rang & au poſte qu'il avoit occupé, le champ de bataille inondé de ſang. Tel après avoir combattu pour la premiere fois les légions de Rome, PYRRHUS conſidéroit avec étonnement les Romains maſſacrés ; ainſi les Généraux de MARIE-THÉRESE virent les gardes du Roi de Prusse. Il n'y en eut que fort peu qui survécurent à cette journée.

Les Prussiens céderent aux Autrichiens le champ de bataille. Le soir étoit venu ; & déja cette partie de l'armée Prussienne, qui avoit vaincu l'ennemi, se préparoit à camper & à tirer en signe de victoire : quelques régimens de cavalerie alloient même déja desseller leurs chevaux, lorsqu'ils apprirent la terrible nouvelle que la bataille étoit perdue, & qu'il falloit se retirer. Cette retraite de FREDERIC, en emmenant tous ses bagages & ses canons, se fit avec une prudence & un ordre qui couronnerent les grands exploits de cette journée. Les ennemis, à qui la retraite des Prussiens hors du champ de bataille offroit un spectacle tout-à-fait nouveau, furent les témoins tranquilles de cette scene inattendue ; desorte que FRÉDERIC put se retirer en ordre, & sans être inquiété. Sa perte, dans cette journée, fut de onze mille hommes: les Autrichiens en comptoient neuf mille, tant morts que blessés ; & ils ne s'étoient emparés que de quarante-trois canons.

Bientôt après cette victoire, FRÉDERIC écrivit au Lord-Maréchal une lettre remarquable, qui montre les sentimens qu'il éprouvoit alors. Il y dit:
„ La fortune, mon cher Lord, nous inspire sou-
„ vent une confiance nuisible. Vingt-trois batail-
„ lons ne suffisoient pas, pour chasser soixante
„ mille hommes hors d'un poste avantageux. Une
„ autre fois nous ferons mieux nos affaires. La
„ fortune m'a tourné le dos, ce jour-là. J'aurois

,, dû m'y attendre : c'est une femme, & je ne suis
,, pas galant. Elle s'est déclarée pour les Dames
,, qui me font la guerre. Que dites-vous de cette
,, alliance contre le Marquis de Brandenbourg ?
,, Quel seroit l'étonnement du grand FRÉDÉRIC-
,, GUILLAUME, s'il voyoit son arriere-petit-fils
,, aux prises avec les Russes, les Autrichiens, pres-
,, que toute l'Allemagne, & cent mille François !
,, J'ignore s'il y aura pour moi de la honte à suc-
,, comber ; mais je sais qu'il n'y aura pas d'hon-
,, neur à me vaincre. "

Ces sentimens philosophiques, dans ce changement de fortune, désarmerent les critiques & augmenterent le nombre de ses admirateurs. Par cette seule journée, sa position étoit devenue effrayante : ses grandes espérances pour l'avenir s'étoient tout d'un coup évanouies, & sa perte paroissoit maintenant inévitable.

La bataille de Kollin décida du sort de Prague. Le siege de cette ville fut aussi-tôt levé ; mais la retraite se fit avec beaucoup d'ordre, & à découvert. On abandonna, le matin, tambours battans & enseignes déployées, quoique non sans perte, les tranchées & les postes fortifiés. Un nombre de soldats blessés & quelques pieces de canons furent laissés aux ennemis, qui se hâtant de sortir de leur prison, tomberent sur les Prussiens dans leur retraite. Mais la fâcheuse situation de ces derniers fut beaucoup améliorée par les sages dispositions de FRÉDÉRIC. Ce Prince divisa très-sagement ses forces en plusieurs corps séparés, &

mit ainsi l'ennemi dans l'incertitude. Cette disposition facilita sur-tout l'évacuation de la Bohême, qui est un pays montagneux.

Les vues du Roi furent dirigées dès-lors sur ses propres provinces, qu'il s'agissoit de couvrir; car Kollin avoit été, pour les François, les Russes, les Suédois & les troupes de l'Empire, comme le signal d'attaquer avec toute l'ardeur possible les Etats de ce Monarque, contre qui le Ban de l'Empire fut publié formellement par le Conseil Aulique. Les François, commandés par le Maréchal d'Etrées, prirent possession de la Westphalie, & repoussèrent les Hannovriens que commandoit le Duc de Cumberland. Plus de cent mille Russes pénétrèrent dans le royaume de Prusse, que le Feld-Maréchal Lehwald tenta de défendre avec trente mille hommes. Le Prince de Soubise, avec une autre armée Françoise, joignit les troupes de l'Empire, afin de pénétrer en Saxe; & les Suédois traverserent la Baltique, pour tomber sur la Poméranie.

Brown étoit mort; & les troupes Autrichiennes se trouvoient sous les ordres du Prince CHARLES & de Daun. Les deux Généraux pénétrèrent dans la Lusace. Le corps du Prince de Bevern, qui devoit couvrir cette province, étoit trop foible contre de pareilles forces, & il se voyoit contraint de se retirer sans cesse. Les Autrichiens suivirent de près cette partie de l'armée Prussienne, en traversant la Lusace & la Silésie, jusqu'aux portes de Breslau. Une autre armée Impériale assiégeoit cependant Zittau, une des villes manufacturieres les plus floriſſantes de l'Allemagne. La rage des ennemis alla au point, qu'afin de s'emparer de ce lieu ouvert & défendu ſeulement par quelques bataillons Pruſſiens, ils jeterent dans la ville quantité de bombes & de boulets rouges, deſorte qu'en pe d'heures elle n'offrit plus qu'un monceau de cendres; barbarie à laquelle ils furent excités même par le Prince XAVIER de Saxe, qui ſe trouvoit à leur armée. La garniſon Pruſſienne ſe fit jour à travers l'ennemi qui l'environnoit: ſeulement un petit nombre de cette troupe fut fait priſonnier.

Déja au printems de cette année, il s'étoit formé dans la partie la plus ſeptentrionale de l'Allemagne, une armée d'obſervation compoſée d'Hannovriens, de Heſſois, Brunswickois & de divers bataillons de troupes de Saxe-Gotha & de Buckebourg. Ils furent joints par quelques bataillons de Pruſſiens; deſorte que cette armée étoit forte d'environ cinquante mille hommes. Elle étoit cependant encore trop foible, pour tenir tête aux nombreuſes troupes de la France. Après que celles-ci eurent paſſé la Weſer, pris Emboden & mis Hannovre à contribution, il ſe donna une bataille près de Haſtenbeck, entre le Maréchal d'Eſtrées & le Duc de Cumberland qui fut battu. La victoire étoit cependant peu importante en elle-même, & n'eût pas entraîné des ſuites funeſtes, ſi la crainte qu'on eut de perdre les archives d'Hannovre & d'autres objets précieux qui avoient été mis en ſureté à Stade, n'eût engagé le Duc à ſe porter avec ſon armée plus au Nord, afin de couvrir cette ville.

Mais il se vit bientôt renfermé par les François, privé de toute communication avec l'Elbe, & mis dans une situation où il ne lui restoit de ressource que dans une capitulation. Elle fut signée le 8 Septembre, près de Closter-Seeven, sous la garantie du Roi de Danemarc. Le principal article de cette convention portoit, que toutes les troupes, tant Hannovriens, que Hessois & Brunswickois, se sépareroient; ce qui fut exécuté. Les soldats retournerent chez eux, & leur chef partit pour l'Angleterre. Ainsi FRÉDÉRIC perdit en une fois une armée auxiliaire, qui jusqu'alors avoit occupé les François; & ceux-ci, qui depuis long-tems avoient pris possession de la ville de Wesel abandonnée par les Prussiens, & qui s'y étoient établis & fortifiés, purent tourner toutes leurs forces contre lui seul.

Outre le pays d'Hannovre, ils avoient aussi pris possession du celui de Hesse. À Cassel, leur Commissaire de guerre, Foulon, dirigeoit tout comme un Grand-Visir Ottoman. Le Landgrave, afin de n'être point témoin de cette tyrannie exercée dans sa propre résidence, s'étoit rendu à Hambourg, où il séjourna pendant la plus grande partie de la guerre.

Les procédés des François furent cependant encore modérés, tant qu'ils eurent le Maréchal d'Estrées à leur tête. En toutes les occasions, il montra autant de générosité que de talens pour la guerre. L'Université de Göttingue lui demanda sa protection. La réponse de ce Maréchal mérite une place dans l'histoire. La voici:

Messieurs !

„ L'Université de Göttingue est trop célebre,
„ par la quantité des grands hommes qu'elle a
„ produits, & qui ont mis le sceau à sa gloire,
„ pour que je ne saisisse pas cette occasion de lui
„ témoigner mon estime particuliere. Elle peut se
„ tranquilliser sur les désagrémens que la guerre
„ entraîne avec elle. Je les en éloignerai autant
„ qu'il dépendra de moi. Je n'ignore pas combien
„ ils sont préjudiciables aux Sciences ; & j'aurai
„ soin que la marche des troupes ne trouble point
„ une Université aussi célebre & aussi excellente.
„ C'est dans ces sentimens sinceres que je suis vé-
„ ritablement, „

     Messieurs,

Holzmünden,
le 16 Juillet 1757. Votre très-dévoué serviteur,
        le Maréchal d'Etrées.

Encore dans le même mois, d'Etrées reçut de Versailles une lettre du Roi, qui lui ordonnoit de remettre le commandement au Duc de Richelieu, créature de la Marquise de Pompadour. Il y étoit dit cependant, que S. M. verroit avec plaisir que le Maréchal demeurât dans l'armée. D'Etrées obéit aux ordres du Monarque, sans se conformer à ses desirs. Il partit immédiatement après l'arrivée de son successeur.

Richelieu recueillit ainsi les fruits de la sage conduite de son prédécesseur, en forçant les Alliés, dont la situation étoit sans ressource, à la capitulation dont nous avons parlé. Il avoit alors pris formellement le commandement de la grande armée Françoise, & jeté des troupes dans Brunſwick. Delà il envoya une grande partie de ſes meilleures troupes, parmi leſquelles ſe trouvoient auſſi les Gendarmes, à l'armée du Prince de Soubiſe, qui, réunie à celle de l'Empire, s'avançoit vers la Saxe. Richelieu lui-même, avec le reſte de ſes forces, fit une invaſion dans les provinces de Pruſſe: il en fit piller & dévaſter les villes & les villages, où il menaçoit de mettre tout à feu & à ſang, afin d'extorquer, leurs ces habitans ſans défenſe, des contributions intolérables. Ces excès exercés par les François, étoient tels, qu'ils approchoient des horreurs que commettent les Coſaques. Sur les ordres exprès des officiers, on abimoit de coups de riches particuliers, afin de les contraindre à payer des contributions pour les autres citoyens: on violoit les femmes & les filles, & l'on ſe jouoit, pour ainſi dire, de la vie des hommes. Rien n'étoit plus ordinaire, parmi ces troupes, que de faire pendre des perſonnes innocentes, ſur de prétendus ſoupçons dénués de la plus légere ombre de preuves, comme ſi c'euſſent été des eſpions. Pluſieurs centaines d'Allemands, ſans égard pour leur rang, leur âge & leurs relations, eurent ce malheureux ſort pendant le cours de cette guerre.

La deviſe du nouveau Général François étoit, *extorſions*; moins pour le ſervice de ſon Roi, que pour ſon propre avantage. Fier de la protection de la maitreſſe du Roi, il ſe permettoit les actions les plus basses, & ordonnoit des opérations de guerre, telles que son intérêt particulier les demandoit. De tous les Généraux qui commanderent dans cette guerre, de quelque nation qu'ils fussent, aucun ne s'est autant enrichi que Richelieu. Il s'en cachoit lui-même si peu, qu'encore avant la fin de la guerre, il fit bâtir dans la capitale de la France un superbe hôtel que les Parisiens appellerent le *pavillon d'Hannovre*.

FRÉDÉRIC partagea maintenant ses troupes en plusieurs corps, pour arrêter les diverses armées ennemies qui de tous côtés s'avançoient vers la Saxe & vers le centre de ses Etats. Il ne se borna cependant pas à une simple défensive ; mais il agissoit offensivement, toutes les fois qu'il s'en présentoit quelque occasion favorable. Le Colonel Mayer fit une invasion dans le Palatinat, leva des contributions, traversa rapidement le Cercle de Franconie, & menaça Nuremberg. Cette ville, dans son angoisse, recourut à l'Assemblée du Cercle, & lui demanda sa protection. L'Aréopage de Franconie fit montre en cette occasion de sa sagesse. On demanda au Colonel Mayer, qu'il eût à se justifier de son invasion dans le Cercle, & à réparer tout le dommage qu'il avoit causé. Le Commandant Prussien, qui n'étoit point pourvu de parchemins, mais bien de poudre & de boulets, & qu'accompagnoient des guerriers avides de butin, les montra en souriant aux députés, & leur demanda s'ils desiroient encore une meilleure justification. Il rétrograda enfin, après avoir rempli les vues qu'il s'étoit proposées ; mais en se retirant de la Franconie, il emmena avec lui des ôtages, parmi lesquels se trouvoient aussi deux Patriciens Nurembergeois.

Les troupes Autrichiennes profiterent de la dispersion de celles de Prusse, & le Général Haddick se hazarda, avec quatre mille hommes, jusques sous les portes de Berlin. Cette capitale, dénuée de remparts, &, en quelques endroits, de murailles, n'avoit pour garnison que deux mille hommes de milices, avec quelques centaines de recrues & de soldats. Sur la premiere nouvelle de l'approche des ennemis, la Famille Royale s'étoit d'abord retirée à Spandau. Dans cette situation, l'on n'avoit donc rien à craindre d'un corps volant, à qui manquoient tous les moyens d'alarmer cette capitale, & qui devoit continuellement craindre d'être coupé. Haddick fit sommer la ville, & attaqua presque en même tems les portes de Cöpenick & de Cottbuss. Les palissades qui défendoient la premiere furent abattues à coups de canon ; sur quoi les Autrichiens entrerent par troupes dans le faux-bourg qui y aboutit. Les habitans se montrerent dignes du nom de Brandebourgeois. Des corps-de-métiers entiers voulurent se réunir, & s'offrirent à repousser les ennemis. Mais la pusillanimité du Général Rochau, Commandant de la ville, ne lui permit pas de consentir à aucune tentative de cette nature. Il y eut seulement, dans le faux-bourg de Cöpenick, entre un petit corps de soldats Prussiens & Autrichiens, une escarmouche légere qui ne fut point décisive. La nouvelle de l'approche du Prince MAURICE d'Anhalt-Dessau inquiétoit toutefois extrêmement les ennemis. Haddick, qui connoissoit le danger de tout délai, fut modéré dans ses demandes, qui lui furent enfin accordées, moins par un effet de la crainte qu'on avoit de lui, que pour ne pas troubler l'ordre & rétablir entièrement la tranquillité parmi les habitans. On paya deux-cents mille écus aux ennemis, qui se retirerent dans la plus grande hâte.

Le théatre de la guerre avoit cependant été ouvert dans le royaume de Prusse. Les Russes, sous les ordres du Général Apraxin, & forts de plus de cent mille hommes, y étoient entrés & avoient pris Memel. Leurs troupes légeres, tant Cosaques, Calmoues, que Tartares, dévastoient en même tems le pays avec le fer & avec le feu, & cela d'une maniere qu'on n'avoit pas vue en Europe depuis le tems des Huns. Ces monstres massacroient ou mutiloient les habitans désarmés de ce malheureux royaume, sealement pour se procurer des récréations infernales. On pendoit ces malheureux à des arbres: on coupoit aux uns le nez & les oreilles: à d'autres les jambes; on leur ouvroit ensuite le ventre, pour leur arracher le cœur. Les tombeaux furent détruits, & les ossemens qu'ils renfermoient dispersés: des gentilshommes & des ecclésiastiques furent déchirés à coups de Knout, mis nuds sur des charbons ardens, & tourmentés de toutes les manieres imaginables. On enlevoit les enfans aux peres, ou on les massacroit devant leurs yeux.

Filles

Filles & femmes furent violées : nombre des perfonnes du fexe mirent elles-mêmes fin à leur vie, afin d'échapper à la brutalité de ces bourreaux: quantité de perfonnes fe retirerent à Dantzig, où l'on avoit aulli tranfporté, de Königsberg, les archives du royaume.

Le Feld-Maréchal Pruffien, Lehwald, ne pouvoit oppofer aux ennemis que trente mille hommes, avec lefquels il les attaqua, le 30 Août, dans leurs retranchemens près du Grand-Jägersdorf. La fortune fe déclara d'abord pour l'armée la moins nombreufe, qui combattoit alors non pour contenter l'ambition d'un Monarque, mais contre des peuples barbares, pour fes propres foyers, pour fa vie & pour fon falut. Déja les Pruffiens s'étoient emparés de plufieurs canons des Ruffes ; la cavalerie ennemie étoit renverfée ; une aile de l'armée fe trouvoit totalement défaite, lorfque la victoire leur fut fubitement arrachée. Les Ruffes avoient mis le feu à quelques villages fitués fur le champ de bataille : la fumée fit égarer les Pruffiens ; la confufion fe mit parmi eux, & alors les ailes de l'armée ennemie purent les prendre en flanc. Lehwald eut le même bonheur que FRÉDÉRIC à Kollin : on ne le troubla point dans fa retraite. Sa perte étoit de cinq mille, fept cents morts & bleffés ; les Ruffes en comptoient fept mille. Mais leur victoire ne leur fut d'aucune utilité. Ils ne voyoient aucun efpoir de trouver des fubfiftances, pour leur immenfe armée, dans un pays réduit en défert. Apraxin ne laiffa donc que dix mille hommes pour garder

Memel; & peu de jours après la bataille, il s'éloigna avec tout le reste de ses troupes. Cette retraite eut tous les dehors d'une fuite, & elle se fit avec tant de précipitation, qu'il fut obligé de laisser en arriere quinze mille blessés & malades, avec quatre-vingts canons, & beaucoup de munitions de guerre. La marche des Russes se fit sur deux colonnes, dont chacune laissa les traces de sa route marquées, par le fer, le feu & par toutes les cruautés imaginables. Les villes, bourgs & villages, par-où ces bandes infernales passerent, furent la proie des flammes. Les chemins publics étoient couverts de cadavres d'hommes & de chevaux. Les habitans des campagnes, réduits au dernier désespoir, se mirent en défense contre ces barbares, & aggraverent ainsi leur malheureux sort. Les Prussiens, qui avoient été battus, mais non vaincus, poursuivirent les ennemis jusqu'aux extrémités des Etats de FRÉDÉRIC.

Lors de cette retraite, il arriva un événement singulier. Le Roi de Prusse obtint inopinément un Allié, qui le débarrassa entiérement de quelques milliers de Calmoucs. Cet Allié actif fut la petite-vérole. Les Calmoucs, dans le pays desquels ce terrible fléau étoit inconnu, apprirent ici, à leur grande surprise, à le connoître. Il se manifesta parmi eux, & un grand nombre en furent la victime. Leur chef même en fut attaqué. Rien alors ne put les retenir plus long-temps. La horde entiere de cette peuplade barbare reprit la route de son pays, sans avoir jamais mis le pied sur le territoire de l'Allemagne.

Les Généraux Russes les laisserent partir tranquillement, & furent bien-aises de se voir débarrassés de ces sauvages pires que les Cosaques, & que rien ne pouvoit tenir en bride. Il n'y eut que peu de Calmoucs, en qui la soif du pillage étouffa toute autre considération, & qui se séparerent de leurs compatriotes, pour demeurer dans l'armée de Russie.

Ce peuple, qui portoit alors pour la premiere fois les armes contre des Germains, étoit le plus sauvage de tous les ennemis de FRÉDÉRIC ; également indigne de combattre une nation civilisée, & d'appuyer une armée mieux disciplinée, à qui il étoit incapable de faciliter la victoire par la force des armes. L'armée Russe souffroit au contraire beaucoup de ses ravages, & voyoit rejaillir sur elle la honte qui résultoit de toutes ces horreurs.

Ces hordes tiennent de l'état des sauvages, plus que de celui des autres peuples barbares. Les Calmoucs habitent les bords de la mer Caspienne & de la Wolga. Ils forment un peuple libre ; mais ils vivent sous la protection de la Russie, pour laquelle, lorsque les Souverains de cet Empire l'exigent, ils doivent prendre les armes. Ils ne reçoivent d'autre paie qu'une rouble par an, & une peau de mouton. Ce sont proprement des peuples Nomades, qui n'ont ni villes, ni villages. Leurs habitations sont des tentes de feûtre ; avec lesquelles ils errent continuellement, selon qu'ils trouvent de la nourriture pour leurs bestiaux qui sont toutes leurs richeſſes. Ils ſont extrêmement hideux, & ſe reſſemblent tous au point qu'il eſt très-difficile de les diſtinguer les uns des autres. Leur viſage eſt fort-plat, & preſque quarré: leurs yeux, qui reſſemblent à ceux des Chinois, ſont petits & enfoncés dans la tête: ils ont le nez large & plat; la bouche & les oreilles extraordinairement groſſes; ces dernieres écartées de la tête. Ils portent des arcs & des flêches, avec leſquels ils tirent extrêmement vite & à coup ſûr. Leur religion eſt la Payenne.

FRÉDERIC rappella alors Lehwald de la Pruſſe, avec ordre de marcher contre les Suédois. Ces Alliés de la Couronne de France étoient alors arrivés en Poméranie, forts de vingt-deux mille hommes, dont quatre mille de cavalerie. Le courage de ce peuple guerrier menaçoit les Pruſſiens d'un redoutable ennemi. Mais jamais on ne ſe joua, de propos delibéré, de l'honneur d'une couronne & de la gloire de braves troupes, autant que dans cette occaſion. L'équippement de l'armée Suédoiſe, telle qu'elle arriva en Allemagne, étoit une vraie ſatyre de notre tactique & de nos principes modernes de l'art militaire. On avoit des ſoldats placés dans leurs rangs, bien exercés & brûlant de l'ardeur de combattre; mais tout le reſte leur manquoit. Point de Commiſſariat de campagne; point de boulangerie; point de magazins; point de pontons; point de troupes légeres; point de ſubordination. Ajoutez à cela, que les chefs, quoiqu'expérimentés dans l'art de la guerre, recevoient du Sénat de

Suede, pour chaque pas, chaque mouvement, des ordres contradictoires, & qu'à chaque entreprise qu'ils ofoient former, on les menaçoit de les rendre responsables des événemens. C'est ainsi qu'on peut concevoir, comment les guerriers d'un peuple dont les armes déciderent plus d'une fois du fort de l'Allemagne, & qui, dans la paix de Westphalie, donna la loi à l'Europe entiere, sans avoir rien perdu de leur ancienne valeur, retournerent chez eux après cinq campagnes, sans gloire & hués de de leurs Alliés, comme de leurs ennemis & de leurs concitoyens.

Le manque de troupes légeres obligea souvent ces Suédois de renoncer aux plans les mieux concertés. Car avec une poignée de monde, les Prussiens les harceloient de tous côtés, & leur coupoient continuellement les convois qui leur amenoient leurs subsistances. Le défaut de magazins & de pontons les empêcha de pénétrer dans les Etats Prussiens; & tant d'obstacles s'opposerent à leur réunion avec les armées Françoise, Russe, ou Autrichienne, à laquelle on travailla toujours, qu'on ne tenta pas une seule fois de l'effectuer. Le théatre de la guerre contre la Suede fut donc restreint à un petit coin du Nord de l'Allemagne. Ces troupes se morfondirent dans la Poméranie & dans une partie de la Marche, sans jamais rien entreprendre de grand. Il en fut ainsi pendant tout le cours de la guerre.

Le Roi chercha alors à engager une bataille avec les François, réunis aux troupes de l'Empire;

& il dirigea sa marche contre eux. Sa situation étoit effectivement effrayante. Il voyoit de près & de loin des ennemis, dont le nombre augmentoit chaque jour. Ses victoires lui etoient inutiles ; il trouvoit en eux une hydre toujours renaissante. Avoit-il battu une armée, il s'en avançoit deux autres contre lui. Un décret de l'Empire l'avoit déclaré privé de toutes ses provinces, déchu même de sa dignité électorale. L'ardeur de ses ennemis, pour l'opprimer, étoit extrême, & les forces qu'ils avoient en mains leur inspiroient la plus ferme confiance. Aussi jamais les espérances de ce Prince ne furent-elles plus foibles que dans cette crise. Ce fut cependant alors, qu'il eut assez de tranquillité d'esprit, pour faire son testament en vers François. Quelque fondée que fût sa crainte de succomber enfin sous le nombre, il prit néanmoins toutes les mesures pour vaincre. Son armée affoiblie par tant de batailles n'étoit plus que de vingt-deux mille hommes, & celle des ennemis en comptoit soixante mille. Ils avoient déja éprouvé, près de Gotha, des prémices de l'activité des Prussiens. Les Généraux François, dont Soubise étoit le chef, avoient mis huit mille hommes dans cette ville dont ils avoient fait choix pour un lieu de récréations, où ils pussent se remettre un peu des fatigues de la guerre. Il y avoit grande Cour au palais du Duc, & l'on y avoit fait de très-grands préparatifs pour bien traiter ces illustres hôtes armés. C'étoit précisément l'heure du diner : déja les tables étoient servies, & les Généraux François annonçoient le meilleur appétit, lorsque le Général Prusfien, Seidlitz, parut devant les portes de la ville, avec quinze cents cavaliers. Les huit mille François ne fongerent à aucune réfiftance : ils abandonnerent le régal, & fe hâterent de fortir de la ville. On ne fit prifonniers qu'un petit nombre de leurs foldats, mais par contre d'autant plus de valets de chambre, laquais, cuifiniers, frifeurs, maitreffes, aumôniers de régimens, & comédiens, objets effentiels dans toute armée Françoife. Les Pruffiens s'emparerent des équipages de plufieurs Généraux, où l'on trouva des caiffes entieres d'effences & pommades odoriférantes, ainfi que quantité de poudroirs, bourfes à cheveux, parefols, robes de chambre & perroquets. Seidlitz abandonna à fes huffards ce butin de toilette : quant à la troupe galante, il la renvoya fans rançon.

Les François furent auffi contens que s'ils euffent obtenu une victoire, en fe voyant de nouveau en poffeffion d'un objet fi néceffaire pour eux, & qu'ils avoient cru perdu. Leur ardeur de combattre augmenta finguliérement, & leur feule inquiétude étoit que le Roi ne vint à leur échapper. Quelques-unes de fes marches, & diverfes pofitions qu'il avoit prifes fucceffivement, confirmerent ce foupçon. Ils ne connoiffoient la promptitude de fes mouvemens, de fes manœuvres, & fa tactique en général, que par de fimples rapports. Mais ces rapports mêmes avoient fait fi peu d'impreffion fur eux, qu'ils fe hazarderent à l'attaquer dans un terrein où il pouvoit faire ufage de toute fa tactique. Leur efpérance étoit, non feulement de le battre, mais d'enlever toute son armée. On éleva la question, dans le camp des François, s'il pouvoit y avoir de l'honneur, à combattre une aussi petite troupe. Jamais présomption dans des guerriers ne fut accompagnée de plus de ridicules, & jamais elle ne fut mieux punie.

Ce fut le 5 de Novembre, près du village de Rosbach en Saxe, à une lieue de Lützen où le Grand GUSTAVE-ADOLPHE étoit mort en combattant pour la liberté de l'Allemagne, que se donna une des batailles les plus singulieres en son genre. Le Roi, par un mouvement rétrogressif, attira les François hors de leur position avantageuse. Dans l'idée où ils étoient qu'il cherchoit à leur échapper, ils s'efforcerent de lui tomber dans le dos. FRÉDERIC, qui s'étoit campé de nouveau, se confiant en la célérité avec laquelle ses troupes pouvoient être rangées en ordre de bataille, fut le tranquille témoin des mouvemens des ennemis, & ne fit pas seulement avancer ses lignes. Le camp des Prussiens demeura donc immobile ; & comme c'étoit l'heure de midi, la plupart des soldats prenoient alors leur repas. Les François, qui s'en apperçurent de loin, purent à peine en croire leurs yeux : ils crurent que c'étoit l'effet d'un morne désespoir, où l'on renonce même à toute défense. Cette attente, portée au plus haut degré, ne contribua pas peu à la foible résistance & à cette terreur panique qui rendirent ce jour si mémorable. Le Général Seidlitz, avec la cavalerie Prussienne, survint tout à coup de derriere un vallon ; & en faisant de savantes mamœuvres, il se précipita comme la foudre sur les ennemis qui étoient ivres d'un fol espoir. Ce qu'on n'avoit jamais vu sur un champ de bataille, eut lieu ici. La cavalerie légere attaqua & renversa la cavalerie pesamment armée : les hussards furent assez téméraires pour attaquer la gendarmerie Françoise. Ni le courage qui distinguoit ce noble corps, ni ses chevaux semblables à des colosses, ne purent rien décider. Tout fut renversé. Soubise fit avancer le corps de réserve ; mais à peine se fut-il montré, qu'il se vit également repoussé. Dans le même tems s'avança, en ordre de bataille, l'infanterie Prussienne naguere si tranquille, & qui salua les François d'une terrible canonnade. Elle fut suivie d'un feu de mousquéterie régulier, comme dans des revues. L'infanterie de France se vit alors abandonnée par sa cavalerie, & attaquée en flanc par l'ennemi. En vain Soubise eut recours à la tactique Françoise : ses colonnes à la Folard furent facilement dispersées, & il ne resta d'autre parti que celui d'une fuite générale. Les François, comme les troupes de l'Empire, jetterent leurs armes afin de pouvoir fuir d'autant plus promptement. Il n'y eut que quelques régimens Suisses qui combattirent encore pendant quelque tems, & qui demeurerent les derniers sur le champ de bataille. Cette victoire fut si promptement décidée, que les vaincus ne prétendirent pas même à l'honneur d'une vive résistance. Ils s'excuserent en alléguant la terreur panique qui s'étoit répandue parmi eux. Les François ne manquerent cependant pas de rejetter la cause de leur défaite, entiérement fur les troupes de l'Empire.

Schwerin étoit mort quelques mois trop tôt, & n'eut pas le bonheur d'être témoin de ce triomphe des armes de Prusse. Selon l'opinion qu'il avoit souvent témoignée, il n'y avoit qu'une victoire sur les François qui pût mettre le sceau à la gloire militaire des Prussiens.

Plusieurs traits particuliers contribuerent à rendre cette journée plus remarquable. Le Roi trouva, sur le champ de bataille, un grenadier François qui se défendoit comme un furieux contre trois cavaliers Prussiens, auxquels il refusoit de se rendre. Un ordre de FRÉDERIC mit fin à ce combat inégal. Il demanda au grenadier s'il se croyoit invincible. *Oui, Sire*, répondit-il, *sous votre conduite*. Le Roi parcourut le champ de bataille, en confolant les officiers François qui étoient blessés : ceux-ci, touchés de cette popularité, le saluerent comme le conquérant le plus parfait, qui, non content d'être maitre de leurs perfonnes, venoit de le devenir encore de leurs cœurs. Les Prussiens firent un grand butin : leurs hussards s'emparerent, entre autres, d'un grand nombre de croix de St. Louis. Soixante & douze canons, & vingt-deux drapeaux furent pris : le nombre des prisonniers fut de 6220. Les armées combinées eurent 3560 morts & blessés, & les Prussiens seulement trois cents. Parmi les blessés, se trouverent le Prince HENRI de Prusse & le Général Seidlitz.

Une victoire aussi facile, & cependant si complette, contre un peuple aussi guerrier, n'a pas d'exemple dans l'hiſtoire moderne. La briéveté de la journée, dans une ſaiſon auſſi avancée, ſauva l'armée fugitive d'une ruine totale; car ce n'étoit point une retraite, mais une déroute & une fuite dans tout le déſordre poſſible.

Tous les peuples de l'Allemagne, nombreux ou peu conſidérables, ſans égard au parti qu'ils avoient embraſſé, ni au ban de l'Empire ou à leur propres intérêts, virent avec ſatisfaction cette victoire qu'on regardoit comme un triomphe national. Ces ſentimens ſe manifeſterent par-tout, même ſur le champ de bataille. Un cavalier Pruſſien, au moment de faire un François priſonnier, & de porter la main ſur lui, apperçut derriere lui un cuiraſſier Autrichien qui levoit déja le ſabre ſur ſa tête. *Frere Allemand*, lui cria le Pruſſien, *laiſſe moi ce François. Prends-le*, répondit l'Autrichien, en s'éloignant à toute bride.

De toutes les actions humaines, aucune n'eſt aſſurément plus ſérieuſe qu'une bataille, où des hommes ſe maſſacrent par milliers: d'ailleurs, tous les peuples civiliſés ont appris à ne conſidérer qu'avec modération les échecs & les malheureux ſuccès dans la guerre, dont ni les plus excellens-Généraux, ni les plus braves troupes ne peuvent ſe croire à l'abri. Mais amis & ennemis regarderent la bataille de Rosbach, comme une farce militaire; & en cela les Pariſiens eux-mêmes ne furent pas les derniers. Soubiſe fut hué en public; & les plaiſans de Paris ne ceſſoient de répandre à ſon ſujet des chanſons & des épigrammes. Cependant, dans cette capitale, où l'on ne soupire qu'après de nouveaux objets, d'autres événemens adoucirent le sort des Généraux humiliés. On oublia insensiblement, dans Paris, cette ridicule défaite ; mais elle fut toujours récente dans le souvenir des Allemands ; & des bords de la Baltique, jusqu'aux Alpes, le mot de *Rosbach* retentissoit aux oreilles de tous les François qu'on vouloit mortifier, sans égard pour leur rang ni pour leur & condition.

La grande prédilection de FRÉDERIC pour ce peuple, qui se manifesta aussi en cette occasion, ne put mettre un frein à ces risées. Quelques centaines d'officiers François avoient été pris, & on leur avoit assigné Berlin pour le lieu de leur demeure. Là il leur étoit permis de venir à la Cour. Il n'y en avoit que fort-peu parmi eux qui eussent connu de près la Cour de Versailles : ainsi la plupart se trouvoient au palais royal de Berlin, dans une région qui leur étoit tout-à-fait étrangere. À cela se joignoit l'idée d'un *Marquis de Brandebourg*, à qui, selon l'expression des Parisiens, l'on accordoit l'honneur *de faire une espece de guerre*. Cela fit oublier, aux officiers François, & Rosbach & leur prison, & ils s'y conduisirent avec tant d'indécence, qu'on fut bientôt obligé de les en éloigner. Ils furent conduits à Magdebourg.

C'est ici le lieu de rapporter le trait suivant : Une Dame de la Cour de Prusse, entretenant un Colonel François dans l'antichambre de la Reine, lui demanda ce qu'il pensoit de Berlin. Sa réponse fut : *Je le regarde comme un grand village.* La

Dame, offensée d'une grossiéreté aussi inattendue, eut assez de présence d'esprit pour lui faire cette excellente répartie : *Vous avez bien raison, Monsieur : depuis que les paysans François sont à Berlin, il ressemble beaucoup à un village. D'ailleurs, c'est une fort bonne ville.*

La nouvelle de la bataille de Rosbach fit une telle impression sur la Reine de Pologne, dont l'esprit étoit rongé des passions les plus véhementes, qu'on la trouva morte le lendemain. Dès long-tems sa santé étoit affoiblie, mais non au point qu'on dût s'attendre à une fin prochaine. La veille, plongée dans le plus profond chagrin, elle avoit renvoyé ses courtisans ; & lorsque ceux-ci se présenterent de nouveau le lendemain matin, elle n'étoit déja plus. FRÉDERIC perdit en elle une ennemie irréconciliable, qui, égarée par de faux principes de religion, eût volontiers sacrifié tout à son fanatisme, & qui n'avoit pas peu contribué à allumer cette guerre qui plongea ses sujets dans de si grands malheurs.

En Saxe, ainsi que dans les provinces contiguës, il ne restoit plus aucun vestige des armées battues de France & de l'Empire. Elles détruisirent tous les ponts, afin de n'être pas poursuivies ; & néanmoins elles se disperserent au point que plusieurs troupes de ces fugitifs ne firent halte que près du Rhin, se croyant toujours poursuivies par le Roi. Mais les progrès des Autrichiens appellerent ce Prince en Silésie. Il laissa, il est vrai, l'armée Françoise aux ordres du Maréchal de Richelieu, fur les frontieres de fes Etats; mais c'étoit dans l'efpérance d'arrêter bientôt fes opérations, au moyen d'une autre armée, qui contre toute attente commençoit à fe former.

Les François avoient eux-mêmes donné au Roi GEORGE II, les meilleurs prétextes pour rompre la capitulation de Clofter-Seeven. D'après cette convention, l'on s'étoit flatté à Hannovre d'une efpece de neutralité; mais on fe trouva trompé cruellement. Ce pays fut traité comme une province conquife, & envifagé comme tel dans les édits du Roi de France. Non feulement Richelieu extorquoit, pour fes troupes, de grandes contributions & des livraifons de toute efpece, & pour lui-même d'immenfes fommes d'argent; mais on envoya encore, de Paris, un fermier général pour affermer, à la maniere Françoife, & pour piller méthodiquement tout l'Electorat d'Hannovre. Ce fermier étoit encore deftiné à diriger les fermes des autres provinces d'Allemagne qu'on fe flattoit de conquérir. Ce fut un édit fingulier du Roi de France, en date du 18 Octobre 1757, qui indiqua ce deffein; & en conféquence de cette détermination du Cabinet de Verfailles, un François, nommé Gautier, établit à Hannovre un bureau pour la ferme. Toutes ces circonftances réduifirent les Hannovriens prefqu'au défefpoir. GEORGE aimoit fon Electorat plus que fes royaumes: la magnanimité du Parlement Britannique vint à fon fecours, & l'on prit des réfolutions vigoureufes. On regardoit en Angleterre la convention de Clofter-Seeven comme rompue, &

la bataille de Rosbach acheva de déterminer la Cour. On raſſembla les troupes Hannovriennes, qui juſqu'alors avoient été diſperſées. Le Landgrave de Heſſe, à qui les François donnoient d'extrêmes ſujets de plaintes, ſe laiſſa facilement engager à leur joindre ſon armée. D'abord il voulut s'en tenir fidélement à la teneur des articles de la capitulation, & il rappella ſes troupes. La marche qu'elles devoient tenir étoit déja déſignée ; mais Richelieu changea de réſolution. Il voulut abſolument qu'elles fuſſent déſarmées, & ſans cette condition, il refuſa de leur permettre le paſſage. En vain le Landgrave proteſta que ſes ſoldats, étant libres, armés, & pourvus de tout ce qui eſt néceſſaire à des troupes libres, ils ne devoient pas être regardés comme des priſonniers de guerre, à qui l'on pouvoit arbitrairement ôter les armes. Le Duc de Cumberland écrivit auſſi à ce ſujet au Général François ; & l'Ambaſſadeur de Danemarc, Comte de Lynar, ſous la médiation de qui la dite convention avoit été conclue, ſe rendit lui-même à ſon quartier général. Il propoſa, qu'afin d'ôter toute inquiétude à la Cour de France, les troupes de Heſſe fuſſent cantonnées dans le Duché de Holſtein. Le Landgrave y donnoit les mains, & Richelieu écrivit à Verſailles. Mais les Miniſtres de cette Cour rejeterent formellement cette propoſition, & inſiſterent ſur ce que les Heſſois fuſſent déſarmés.

La Cour de Londres mit fin à ces altercations, en déclarant qu'elle ne ſe croiroit plus obligée de pourvoir déſormais à l'entretien des troupes Heſſoifes, fi le Landgrave refufoit de les laiffer à la difpofition immédiate du Roi de la Grande-Brétagne. Ce Prince alors ne balança plus : il laiffa fes 12000 Heffois à la difpofition de GEORGE, & s'expofa ainfi à toute la fureur des François. Il lui fut envoyé, de leur quartier-général, un courier avec les menaces les plus terribles. On lui difoit, ,, que ,, l'on feroit fauter fon palais à Caffel, où il fai- ,, foit fa réfidence ; que la ville feroit mife en cen- ,, dres, & tout le pays dévafté par le fer & par ,, la flamme, au point que pendant des fiecles en- ,, tiers il n'offriroit plus qu'un défert. ,,

Le Landgrave méprifa ces menaces, & s'éloigna. Alors commencerent les extorfions les plus épouvantables. Ce qu'il y eut encore d'étrange, fut qu'un Commiffaire Autrichien, nommé Chriftiani, arriva à Caffel, afin d'y partager les contributions avec les commiffaires François. Il fut ordonné, qu'en 24 heures de tems, chaque particulier eût à livrer tout l'or & l'argent monnoyés qu'il pouvoit poffeder. On vuida les arfenaux, & l'on brûla les drapeaux, timballes & autres trophées dont les braves Heffois s'étoient emparés dans des guerres précédentes.

L'armée des Alliés fe formoit néanmoins. Leurs troupes furent jointes par celles de Brunswick, qui demeurerent auprès d'elles, d'abord contre le gré du Duc qui craignoit pour fon pays, & enfuite de fon confentement. Le nombre de la cavalerie n'étant point proportionné à celui de l'infanterie, elle fut groffie encore de quelques régimens de cavalerie

lerie Prussienne. FRÉDERIC ne pouvoit fournir à cette armée qu'un petit nombre de soldats ; mais il lui donna un chef qui seul valoit toute une armée. C'étoit le Duc FERDINAND de Brunswick, un de ces hommes qui réunissent à un rare degré des talens sublimes, de la magnanimité & un cœur généreux, & qui sont nés, si je puis m'exprimer ainsi, pour annoblir le genre humain. En vain Richelieu menaça de changer tout le pays d'Hannovre en un tas de décombres, & de détruire même les palais des Rois, si l'on commettoit la moindre hostilité. FERDINAND répondit laconiquement, *qu'il en attendroit les suites, & qu'à la tête de son armée il lui donneroit d'ultérieures explications.*

Les opérations des Alliés commencerent immédiatement après. Deux corps de troupes Françoises furent attaqués & mis en fuite. Richelieu, à ces nouvelles, entra en fureur ; il ordonna de piller la ville de Zell, & de mettre le feu à ses fauxbourgs. En vain on le supplia d'épargner la maison des orphelins : elle fut réduite en cendres. La rigueur de la saison contraignit ensuite les deux armées de prendre leurs quartiers d'hyver.

FRÉDERIC cependant étoit accouru en Silésie. Le Duc de Bevern, qui, avec 25000 hommes, avoit cherché à couvrir cette possession, étoit hors d'état de résister à toutes les forces de la Maison d'Autriche, réunies pour la conquête de cette province. Un corps de Prussiens, au moyen duquel le Général Winterfeld entretenoit la communication entre la Saxe & la Silésie, après un combat fort-vif, avoit abandonné fon pofte & s'étoit vu contraint de fe retirer. Ce qui aggrava encore ce malheur, fut la bleffure mortelle qu'y reçut ce généreux commandant. C'étoit le favori de FREDERIC & un officier de talens rares. Il joignoit, à ces qualités, le cœur le plus noble. Son ami couronné, l'armée & tout le pays regarderent fa mort comme une perte nationale.

Le Général Autrichien Nadafti vint maintenant attaquer Schweidnitz ; & après feize jours de fiege, il prit d'affaut cette fortereffe, que le Prince de Bevern ne put délivrer. La garnifon, qui étoit de fix mille hommes, fut faite prifonniere ; & l'ennemi y trouva en outre une grande quantité de munitions de guerre & de bouche, d'artillerie, avec 200 mille florins en argent comptant. Cette conquête facilita aux Autrichiens leur communication avec la Boheme ; & Nadafti joignit leur grande armée près de Breslau, où les Pruffiens s'étoient campés.

Les Généraux Autrichiens crurent devoir les y attaquer avant l'arrivée de leur Roi, qui s'approchoit avec fon armée victorieufe. La bataille fe donna le 22 de Novembre. Le camp retranché des Pruffiens fut canonné, comme une fortereffe, avec la groffe artillerie dont on s'étoit emparé à Schweidnitz, & attaqué à cinq endroits à la fois. On combattit, de part & d'autre, avec beaucoup de valeur : la nuit furvint, & le fort de la journée n'étoit pas décidé. Le Duc s'attendoit, avec l'aurore, à de nouvelles attaques, fur l'iffue defquelles la grande supériorité de l'ennemi lui donnoit de justes inquiétudes. Il traversa donc, pendant la nuit, la ville de Breslau, en abandonnant ainsi inopinément le champ de bataille au Prince CHARLES de Lorraine, qui commandoit les Autrichiens. L'Armée de ce dernier étoit forte, le jour du combat, de quatre-vingt-mille hommes : celle des Prussiens n'étoit que de vingt-cinq mille. Les derniers avoient eu six mille deux cents morts & blessés, & les Autrichiens cinq mille huit cents : trois mille six cents Prussiens avoient été pris. Deux jours après, le Duc de Bevern fut pris lui-même en allant reconnoître l'ennemi. Il n'avoit alors point d'escorte ; c'est pourquoi il est encore soupçonné de s'être attiré volontairement ce sort, afin de se soustraire à toute responsabilité concernant ce qui s'étoit passé.

Le Général Zieten se chargea alors du commandement, & conduisit au devant du Roi le reste de l'armée battue. La suite de cette retraite fut la prise de Breslau : cette ville se rendit sans défense, & la garnison Prussienne, forte de trois mille hommes, obtint de pouvoir se retirer. Frédéric fut si mécontent de la conduite du Commandant, Général Lestwitz, qu'il le punit en l'envoyant prisonnier dans une forteresse. Les Autrichiens firent encore ici un butin très-considérable en vivres, en artillerie & surtout en munitions.

La Silésie parut alors perdue pour le Roi de Prusse, & les Autrichiens se crurent en droit de former les plus grandes espérances. Ils avoient gagné une bataille, pris deux forteresses : ils étoient en poffeffion de la capitale de cette province : Ils avoient une armée immenfe pour fe maintenir dans la poffeffion de leurs conquêtes, & par conféquent la perfpective la plus favorable de terminer la guerre dans peu de tems, & au gré de leurs defirs. Telle étoit leur heureufe fituation vers la fin du mois de Novembre. L'hyver, qui s'étoit fait fentir, paroiffoit devoir mettre un terme à toutes les opérations ultérieures, & déja l'on penfoit à mettre les troupes en quartiers d'hyver, lorfqu'à l'étonnement de l'Europe la fcene changea fubitement. On regardoit la marche de FREDERIC, comme la dernicre tentative impuiffante d'un défefpéré, & l'on défignoit fa petite armée du nom de *Garde de Berlin*. Les Siléfiens attachés à la Pruffe étoient fans efpérance ; ceux qui étoient portés pour l'Autriche n'avoient plus aucune inquiétude.

Schafgotfch, Evêque de Breslau, donna lui-même un exemple bien frappant de cette opinion populaire. FREDERIC avoit élevé cet eccléfiaftique au rang de Prince : il l'avoit nommé Evêque, &, en général, il l'avoit comblé de bienfaits. Il s'étoit vû très-fouvent admis, à Potzdam, dans la compagnie du Roi, de qui il avoit reçu le cordon de l'Ordre de l'Aigle-Noir, dont FREDERIC, dès les premiers années de fon regne jufqu'à fa mort, ne fut rien moins que libéral. Tous ces bienfaits furent oubliés par cet ingrat, qui, croyant fon bienfaiteur entiérement perdu, chercha à faire fa cour à fes ennemis. Il tint des propos injurieux pour le Roi ; il s'arracha les marques de l'Ordre, & les foula à fes pieds ; action qui révolta même les Généraux Autrichiens, & qui lui attira les reproches les plus humilians. Il s'enfuit bientôt après dans les montagnes de Boheme, pour y cacher sa honte. Ensuite il se rendit à Vienne, où les Grands le traiterent avec mépris, & où MARIE-THERESE, ainsi que l'Empereur François I, qui l'un & l'autre désapprouvoient au plus haut degré sa conduite, lui refuserent même une audience. À Rome, où ses mœurs libres l'avoient fait haïr depuis longtems, il ne trouva ni protection ni pitié. Il traine maintenant encore, en exil, dans la Boheme, une vie chargée d'opprobre.

Déja les conquérans avoient rendu plusieurs ordonnances relatives au gouvernement de la province, & un grand nombre de gens en charge avoit prêté serment de fidélité à MARIE-THERESE, lorsque la prétendue *Garde de Berlin* s'approcha de la capitale de la Silésie. FRÉDERIC avoit attiré à lui l'armée fugitive du Duc de Bevern; mais il la faisoit camper séparément à quelque distance de la sienne, afin de ne pas affoiblir le courage de ses cohortes victorieuses. Celles-ci s'avançoient toujours plus vers l'ennemi, qui s'étoit retranché près de Breslau. Le Roi convoqua alors les Généraux & les officiers de l'état-major, & leur fit un discours concis, mais fort énergique. Il leur exposa sa malheureuse situation: il leur rappella la valeur de leurs ancêtres, le sang des guerriers, leurs compatriotes, qu'ils avoient à venger, & enfin la gloire du nom Prussien. Il leur témoigna en même tems sa ferme confiance dans leur courage, dans leur zele pour son service & dans leur patriotifme, au moment où il alloit attaquer l'ennemi, & lui arracher les avantages qu'il avoit obtenus. Ce difcours enflamma l'efprit de ces guerriers jufqu'à l'enthoufiafme : quelques-uns verferent des larmes, tous furent attendris. Les principaux Généraux répondirent au nom de cette troupe de héros, & promirent au Roi de vaincre ou de mourir. Le même efprit fe répandit bientôt dans toute l'armée Pruffienne ; & quand on y eut appris que les Autrichiens avoient abandonné leur pofition avantageufe, & qu'ils marchoient aux Pruffiens, on regarda déja l'ennemi comme vaincu.

Ce fut le 5 de Décembre, près du village de Leuthen, que fe donna cette bataille, une des plus grandes que notre fiecle ait vues. Les deux armées différoient à tous égards l'une de l'autre. Les Pruffiens étoient forts de trente mille hommes ; les Autrichiens de quatre-vingts-dix mille : ces derniers, pleins de confiance dans leur nombre prodigieux, dans leurs alliances coloffales, & dans la poffeffion de la Siléfie déja à moitié conquife ; mais les premiers fe repofant entiérement fur leur favante tactique, & fur le grand héros qu'ils avoient à leur tête. Dans l'une des armées, qui tiroit librement fes convois de la Boheme, régnoit la plus grande abondance : l'autre manquoit de beaucoup d'objets néceffaires. La premiere avoit joui d'un long repos ; l'autre étoit épuifée de fatigues, par une marche forcée & longue. Les Autrichiens, dans ce jour mémorable, n'étoient animés que de leur courage ordinaire ; mais chez les Pruffiens, il étoit porté jufqu'au plus haut degré d'enthoufiafme.

C'est ainsi que se rencontrerent les deux armées, dans une plaine telle que FRÉDERIC n'eût pu en desirer une plus avantageuse pour ses manœuvres. Les Autrichiens étoient postés sur des lignes dont l'œil ne pouvoit appercevoir les extrémités ; & à peine purent-ils en croire leurs sens, lorsqu'ils virent la petite armée des Prussiens s'avancer pour les attaquer. Mais ce fut alors que se montra le grand génie de FRÉDERIC : il choisit cet ordre de bataille oblique, qui procura tant de victoires aux Grecs, & au moyen duquel Epaminondas vainquit les indomptables Spartiates. Cette position, qui est du nombre des chefs-d'œuvres de l'art de la guerre, a pour principe fondamental, de porter, sur le principal point d'attaque, plus de soldats que n'en a l'ennemi, & pour ainsi dire, de lui arracher par-là la victoire. FRÉDERIC fit des mouvemens simulés contre l'aile droite Autrichienne, tandis que ses desseins effectifs étoient dirigés contre l'aile gauche. Il ordonna, à cet effet, une manœuvre particuliere, qu'on a bien imitée depuis parmi d'autres troupes, mais que jusqu'à nos jours les Prussiens seuls ont pu exécuter avec l'ordre & la célérité nécessaires. Ce genre d'évolution consiste à diviser une ligne en plusieurs pelotons, à les rapprocher fort-près les uns des autres, & à faire mouvoir cette masse d'hommes ainsi amoncelés. FRÉDERIC est l'inventeur de cette manœuvre : c'étoit une imitation de la phalange Macédonienne, qui marchoit & combattoit divisée en seize rangs, & qui, pendant plusieurs siecles, fut regardée comme invincible, jusqu'à ce qu'elle fut détruite par le fer des légions Romaines, & qu'il ne resta plus d'elle que le nom. Un corps de soldats ainsi rangés n'occupe à proportion de son nombre qu'un petit espace de terrein, & n'offre à l'œil, dans l'éloignement, qu'un amas d'hommes rassemblés sans aucun ordre. Mais au moindre signe du chef, cette foule se déploie dans le plus grand ordre, & avec la rapidité d'un torrent.

C'est ainsi que FRÉDÉRIC attaqua & renversa l'aile gauche des Autrichiens. Des régimens de troupes fraîches venoient continuellement au secours de ceux qui avoient été repoussés ; mais on ne leur laissoit pas même le tems de se former : à peine se montroient-ils, qu'ils étoient aussi-tôt mis en fuite. Un régiment Autrichien se pressoit sur d'autres : leur ligne fut rompue, & le désordre inexprimable. Plusieurs milliers des Impériaux ne purent tirer un seul coup de fusil. La plus forte résistance se fit dans le village de Leuthen, qui étoit garni de beaucoup de troupes & d'artillerie. À elles se joignit encore le grand nombre des fugitifs, qui remplissoient toutes les maisons & les recoins du lieu. Enfin ils furent contraints de céder. Quelque terrible cependant que fût le désordre dans l'armée vaincue, ses meilleures troupes tentèrent encore une fois de tenir ferme dans un terrein avantageux ; mais l'artillerie Prussienne les mit bientôt en fuite, & leur cavalerie, qui pénétroit dans les deux ailes, ne cessoit de faire des milliers de prisonniers. À Kollin, ce n'avoient été ni de savantes manœuvres, ni la bravoure, mais des bouches à feu placées sur des hauteurs insurmontables, qui avoient décidé du fort de la journée : à Leuthen, la tactique & la valeur déciderent seules de la victoire. On fit, sur le champ de bataille, 21,500 prisonniers : cinq mille Autrichiens étoient morts ou blessés, & après la bataille six mille déserteurs passerent du côté du vainqueur. Les Prussiens perdirent 5000 morts & blessés.

Une suite immédiate de cette victoire fut le siege de Breslau, que l'armée vaincue abandonna à son fort, après y avoir mis une forte garnison. On y éleva des gibets pour ceux qui parleroient de se rendre ; néanmoins, quinze jours après, cette ville capitula, lorsque les Prussiens avoient déja tout préparé pour l'assaut. La garnison, qui étoit composée de treize Généraux, sept cens officiers & dix-huit mille hommes, fut obligée de mettre bas les armes. On y trouva un magazin considérable, une quantité de chariots de munitions, & une caisse militaire de 144000 florins. Le Général Zieten, qui poursuivoit les ennemis, avoit fait encore deux mille prisonniers, & pris trois mille chariots. Ainsi, dans une couple de semaines, les Autrichiens avoient perdu près de soixante mille hommes ; & le reste d'une armée naguere aussi prodigieuse, n'offrit plus qu'un corps de fugitifs, sans canons, sans drapeaux & sans bagages, & qui, opprimés par la disette, gelés par le froid, retournoient chez eux en traversant les montagnes de la Boheme.

Le principal talent du Roi de Prusse étoit de réparer ses fautes, & de tirer le plus grand parti de ses avantages. La conquête de la Silésie, qu'il avoit à peu près perdue, & plus de 40 mille prisonniers de guerre qu'il venoit de faire, n'eussent donc pas satisfait ce Prince infatiguable, & il ne se seroit point arrêté dans le cours de ses victoires, si l'hyver qui étoit déja fort avancé, & les grandes neiges, n'eussent mis un obstacle insurmontable à des entreprises ultérieures. Il fallut même différer le siege de Schweidnitz jusqu'au printems prochain. Sa derniere opération, dans cette campagne, fut la reprise de Liegnitz. La garnison de cette place, forte de 3500 hommes, obtint une libre retraite ; mais les Prussiens y trouverent un grand magazin de vivres, & quantité de munitions.

A la fin de cette campagne, FRÉDERIC eut la satisfaction de voir presque tous ses Etats abandonnés de ses ennemis. Les Autrichiens s'empresserent de rentrer dans les Etats-héréditaires de l'Impératrice-Reine, afin de se refaire de leur terrible défaite. Les armées de Russie avoient abandonné le Royaume de Prusse : les François étoient éloignés des frontieres du Brandenbourg, & n'avoient plus en leur possession que quelques provinces éparses dans le Cercle de Westphalie. Les troupes de l'Empire avoient été renvoyées chez elles, & le Général Lehwald avoit chassé les Suédois de la Poméranie Prussienne. La Poméranie Suédoise étoit même entre les mains des troupes du Roi, qui s'emparerent enfin du Duché de Mecklenbourg, & prirent tranquillement leurs quartiers d'hyver dans la Saxe.

Ainsi se termina une campagne qui étoit encore sans exemple dans l'Histoire. Dans cette seule année, il fut livré fept grandes batailles, & de nombreux & fanglants combats, dont plufieurs, dans les fiecles précédens, euffent été regardés comme des actions générales. De grands Généraux, qu'on peut compter parmi les plus rares productions de la nature, FRÉDERIC, FERDINAND, avoient paru en un même tems fur le théatre de cette guerre, & inftruit par leurs actions les guerriers des tems futurs. D'autres, tels que HENRI, le Prince-héréditaire de Brunfwick, Laudon, y avoient développé les germes de leurs fublimes talens: d'autres enfin, quoique moins grands, mais qui dans une autre époque auroient été capables de fonder, feuls, près de la poftérité, la gloire guerriere d'un peuple entier; Seidlitz, Keith, Fouquet, le Prince de Bevern, d'Etrées, Broglio, Haddick, Romanzow, Wunfch, Zieten, Werner, & plufieurs autres célebres Commandans de tant d'armées, avoient trouvé l'occafion de faire connoitre leur rare capacité. Trois Généraux, célebres chacun par leurs trophées, & dont les noms feront immortels dans les annales de la guerre, Schwerin, Brown & Winterfeld, avoient péri dans cette campagne à jamais mémorable, & fcellé de leur fang généreux leurs nobles exploits. Plus de 700,000 guerriers avoient été fous les armes. Et de quelles nations! Ce n'étoient point de ces mous Afiatiques, qui de tout tems avoient couvert les campagnes de leurs armées innombrables, & procuré aux Grecs, aux Romains & aux Anglois des triomphes d'autant plus furprenans. Ce n'étoient poins de ces amas de

Croifés, dont les immenfes effaims, femblables à des nuées de fauterelles, inondoient des provinces entieres, combattoient fans aucune tactique, & maffacroient leurs femblables par l'effet d'un zele fanatique. Non! c'étoient toutes des nations guerrieres, qui combattoient fur le fol de l'Allemagne, & dont aucune n'étoit indigne du haut degré de civilifation qui caractérife le dix-huitieme fiecle: quelques-unes d'entre elles égaloient même les peuples de l'antiquité, & plus d'une étoit capable d'impofer, feule, par la force des armes, des loix à une autre partie du globe.

Les révolutions extraordinaires qui eurent lieu dans la courte époque de cette feule campagne, confondirent toute prévoyance humaine & l'expérience des tems paffés, & parurent s'écarter entiérement du cours ordinaire des chofes. On vit, au commencement de cette année, le Roi de Pruffe triomphant, la puiffance de l'Autriche prefque anéantie, une grande armée renfermée dans une ville, & fur le point de fe rendre: la réfidence de tant d'Empereurs étoit menacée, & MARIE-THERESE avoit même perdu prefque tout efpoir. Subitement, la balance de l'Autriche l'emporte de nouveau: les Autrichiens vainquent, gagnent des batailles & font des conquêtes. D'un autre côté, FRÉDERIC eft battu, chaffé de la Boheme, abandonné de fes Alliés, & de toutes parts environné d'ennemis. Il fe voit fur le bord de l'abîme. Mais bientôt il fe releve pour triompher plus que jamais. Les armées des Ruffes, des Suédois, les troupes de l'Empire, les François, les Autrichiens, sont ou chassés, ou battus, ou détruits. Des corps d'armées sont faits prisonniers de guerre, & au milieu de l'hyver, la Siléfie à moitié conquise est recouvrée dans un seul combat. Les Russes sont victorieux en Prusse, & fuient : ils laissent en arriere plusieurs milliers de malades & de blessés ; & les Prussiens qu'ils ont vaincus les poursuivent jusques sur les frontieres de Pologne. À leur arrivée en Poméranie, les Suédois belliqueux ne trouvent aucun ennemi: leurs soldats soupirent après les dangers, & leurs chefs après la gloire : le sort de Berlin dépend entiérement d'eux. Ils ne font rien, & sont bientôt contraints de chercher leur salut sous les canons de Stralsund. La principale armée de France possede tranquillement toutes les provinces situées entre l'Elbe & la Weser : les Hannovriens prennent les armes : FERDINAND se met à leur tête ; & ces puissans ennemis prennent la fuite, abandonnent des magazins considérables, & se voient enfin repoussés dans un coin du Nord de l'Allemagne.

 Les Anglois, jusqu'alors, n'avoient voulu entendre à aucune guerre de terre Mais le pays d'Hannovre, souffrant pour la cause de la Grande-Brétagne, & les grandes actions de FRÉDERIC, que nulle part on n'apprécioit autant que chez ce peuple magnanime, changerent tout-à-fait ces premiers idées. Le Roi de Prusse devint l'idole des Anglois : ils célébrerent le jour anniversaire de sa naissance, comme celui du plus cher de leurs Rois. Le Parlement lui accorda un subside annuel de

670,000 mille liv. Sterling : il fut réfolu d'envoyer des troupes Angloifes en Allemagne, & le grand Pitt, qui bientôt après prit en main le gouvernail de l'Etat, & qui, par la force de fon génie, gouverna l'Angleterre en Dictateur, établit le principe qu'il falloit conquérir l'Amérique en Allemagne.

1758. Les Puiffances belligérantes des deux partis avoient conçu de nouvelles efpérances, de nouveaux plans : elles avoient raffemblé de nouvelles forces, & la campagne de 1758 fut ouverte. Les Ruffes parurent les premiers fur le théatre de la guerre. Apraxin étoit rappellé, & Fermor avoit le commandement, avec les ordres les plus précis de prendre poffeffion de la Pruffe ; ce qui fut exécuté encore au milieu de l'hyver. FRÉDÉRIC, qui ne doutoit point que cet ennemi ne s'avançât davantage vers le centre de fes provinces, & dont l'armée, diminuée par tant de batailles, fe trouvoit derechef dans le meilleur état, & pourvue abondamment de tous les objets néceffaires, voulut, avant de tourner fes armes contre eux, exécuter quelque entreprife décifive contre les Autrichiens. En conféquence, il tourna fes vues fur la Moravie. Il avoit commencé fes opérations par le fiege de Schweidnitz. Cette fortereffe, défendue par 5200 hommes, & qu'on avoit tenu bloquée pendant tout l'hyver, s'étoit rendue aux Pruffiens après une réfiftance de feize jours. Le tour d'être affiégée vint maintenant à Olmütz. Cette place étoit pourvue d'une forte garnifon, & de tout ce qui étoit néceffaire pour foutenir un long fiege. Outre ces avantages, elle avoit celui d'avoir, dans le Général Marſchall, un Commandant expérimenté, plein de courage & de réſolution. On devoit donc s'attendre à une vigoureuſe défenſe.

Les nombreuſes difficultés qu'entrainoit une invaſion en Moravie, étoient encore augmentées, en ce que les plus proches magazins des Pruſſiens étoient éloignés de 18 miles d'Olmütz. Tous ces obſtacles furent néanmoins ſurmontés. Le Roi trompa l'ennemi, en faiſant mine de marcher en Boheme, & il pénétra dans la Moravie. On repouſſa les corps Autrichiens qui voulurent s'oppoſer à cette entrepriſe, & le ſiege fut commencé dans les formes. Le Commandant prit les meſures les plus efficaces pour ſa défenſe : il répara avec célérité les fortifications de la place confiée à ſes ſoins : il augmenta ſes proviſions de vivres, fit ſortir les bouches inutiles, & abattre les faux-bourgs. Le Feld-Maréchal Keith commandoit le corps deſtiné à former ce ſiege. Mais dès les commencemens, les premieres meſures des aſſiégeans en préſagerent le mauvais ſuccès. L'Ingénieur en chef des Pruſſiens, Balby, François de naiſſance, & qui dirigeoit les attaques, commit les fautes les plus étranges, qui firent perdre beaucoup de tems. La premiere tranchée des aſſiégeans étoit à 1500 pas de la place; éloignement qui rendoit inutile tout le feu de leur artillerie. Inſenſiblement on s'en approcha davantage, malgré les ſorties & le feu vif des aſſiégés ; & l'on canonna la ville de quatre-vingt bouches à feu.

Selon la maniere actuelle de faire la guerre, les objets néceſſaires pour commencer un ſiege & pour le continuer, ſont immenſes. Celui d'Olmütz conſumoit chaque jour pluſieurs centaines de chariots de poudre & de boulets. Les approviſionnemens néceſſaires aux Pruſſiens leur venoient journellement par des tranſports plus ou moins conſidérables. Presque tous arrivoient heureuſement; mais ils ne ſuffiſoient pas. Tout dépendoit donc de l'arrivée d'un grand convoi de plus de 3000 chariots chargés de vivres & de munitions de guerre, & qu'on attendoit de Siléſie ſur Troppau. L'objet principal de Daun étoit d'intercepter ce convoi: il vouloit ſauver Olmütz ſans livrer bataille au Roi; ce à quoi le portoit très-rarement ſon caractere précautionné. Il ſe prévalut de la force de ſon armée, pour en détacher divers corps, qu'il répandit ſur les routes & dans les environs où le convoi devoit paſſer. Il ſe donna pluſieurs eſcarmouches conſidérables, où la fortune favoriſoit tantôt l'un, tantôt l'autre parti, ſans qu'il y eût jamais un événement déciſif.

FRÉDERIC employa tous les moyens que ſa ſituation comme aſſiégeant, & la foibleſſe de ſon armée pouvoient lui permettre, pour avoir bientôt dans ſon camp un tranſport d'une importance auſſi déciſive. Le Colonel Moſel, officier expérimenté, en commandoit l'eſcorte. Elle étoit forte de 9000 hommes, avec leſquels il ſe mit en marche; mais, vu l'immenſité de ce train, il ne put avancer que fort-lentement & avec beaucoup de difficultés. D'ailleurs

leurs les chemins qui menoient à l'armée Prussienne étoient tellement gâtés par les transports continuels & par les pluies qui étoient survenues, que les chariots y enfonçoient à tout moment, & que le train fut interrompu & séparé. Mosel se vit donc obligé de faire halte à diverses reprises ; & néanmoins le tiers des chariots resta en arriere. Ne pouvant les attendre, il continua sa route, à travers des défilés & sous le canon de batteries ennemies. C'étoit là que l'attendoit Laudon. Ses Croates, postés dans un bois, attaquerent les Prussiens avec beaucoup de vigueur ; mais ceux-ci pénétrerent dans le bois, repousserent l'ennemi, & firent sur lui quelques centaines de prisonniers.

Cependant, durant ce combat, le convoi lui-même étoit tombé dans la plus grande confusion. Les premiers coups de canon avoient tellement effrayé les paysans qui conduisoient les chariots, qu'ils abandonnerent le tout & se disperserent : plusieurs détellerent leurs chevaux, & prirent la fuite, & un grand nombre d'entre eux ne parurent plus, mais s'enfuirent directement chez eux : même beaucoup de chariots rebrousserent pour retourner à Troppau. Mosel répara ce cruel désordre aussi bien qu'il lui fut possible, & continua sa marche. Le Roi envoya au-devant de lui le Général Ziethen, qui le joignit heureusement. Mais déja la moitié des chariots ne se trouvoient plus, & plusieurs de ceux qui restoient ne pouvoient avancer manque de conducteurs. Il fallut absolument faire encore halte. Les Autrichiens employerent ce tems précieux, pour

F

poſter 25000 hommes de troupes choiſies dans les brouſſailles près de Darmſtädtel. Laudon & Ziskowitz étoient à leur tête. À peine le convoi eut-il atteint les défilés ſitués entre les montagnes, qu'il fut attaqué de tous côtés. On faiſoit feu, avec les canons, ſur les chariots : on tuoit les chevaux à coups de fuſil : on faiſoit ſauter en l'air les barils de poudre : tout fut mis dans la confuſion la plus effroyable.

Les Pruſſiens ne perdirent cependant point courage ; mais ils ſe défendirent durant plus de deux heures, dans la poſition la plus déſavantageuſe. Afin de couvrir le convoi, ils étoient diviſés en pluſieurs corps, & en outre diſperſés. L'ennemi qui pouvoit manœuvrer à volonté, les attaqua formé en colonnes entières. Par ce moyen, les Pruſſiens furent enfin accablés ſous le nombre, & tout le convoi fut diſperſé. Ziethen fut coupé avec une partie de l'eſcorte, & contraint de ſe retirer à Troppau, en livrant des combats continuels. Le Général Krokow raſſembla le reſte des troupes & 250 chariots, avec leſquels il arriva heureuſement au camp du Roi. Parmi ceux-ci, il s'en trouva, trente-ſept chargés d'argent monnoyé ; & aucun de ces derniers n'étoit tombé entre les mains de l'ennemi.

Dans un combat auſſi inégal, toute la bravoure des Pruſſiens avoit été infructueuſe ; car il n'étoit pas difficile de diſperſer un convoi, qui formoit une ligne de chariots de trois à quatre miles d'Allemagne de long, & où les troupes qui l'eſcortoient étoient séparées les unes des autres par des distances d'une heure de chemin. Dans cette situation, les Prussiens firent tout ce qu'on pouvoit attendre des plus braves guerriers. Ce convoi étoit encore accompagné d'une quantité de recrues : c'étoient, pour la plupart, de jeunes gens de dix-huit à vingt ans, levés dans les cantons militaires de la Marche & de la Poméranie. Jamais ils n'avoient vu d'ennemi, & néanmoins ils combattirent en vrais Romains. De 900 qu'ils étoient, il n'en fut pris que soixante-cinq : quelques-uns furent blessés ; les autres couvrirent de leurs corps le champ de bataille.

La suite immédiate de cette perte fut la levée du siege d'Olmütz. Le Feld-Maréchal Keith exécuta cette opération avec beaucoup d'habileté & de sagesse : desorte que, sans en être empêché, il emmena toute son artillerie, ses chariots de vivres & même les malades, dont trente-six seulement furent abandonnés à la générosité de l'ennemi. FRÉDERIC fit connoitre derechef à ses Généraux, par un discours qu'il leur tint, ce que sa situation avoit de critique ; & il leur témoigna sa ferme confiance dans la bravoure de ses troupes, dont il espéroit qu'elles repousseroient l'ennemi, fût-il posté sur les plus hautes montagnes, ou enfoncé derriere les batteries les plus formidables.

Daun cherchoit à couper au Roi la retraite vers la Silésie : il mit des troupes dans tous les défilés qui y conduisent depuis la Moravie, & déja il croyoit toute l'armée de Prusse prisonniere de guerre. Mais FRÉDERIC changea subitement de route, &

marcha non en Siléfie, mais en Boheme. Là il divifa fon armée en différens corps : enfin, après avoir furmonté les plus grands obftacles dans des montagnes difficiles, & après un grand nombre d'efcarmouches fort animées, il arriva, fur Glatz, en Siléfie. Keith couvroit l'artillerie du fiege, & près de 4000 chariots. Ce train prodigieux paffa auffi heureufement ces hautes montagnes & une chaine de défilés, malgré la pourfuite des ennemis. Rien ne fut perdu. Ce fut néanmoins à cette époque que finit la guerre offenfive contre les Autrichiens. Car les Ruffes, qui avoient pénétré dans le centre des Etats de FRÉDERIC, l'obligerent à prendre les mefures les plus promptes pour les repouffer.

Dès le commencement de cette année, ils étoient rentrés dans la Pruffe, fous les ordres du Général Fermor ; & trouvant ce Royaume entiérement dénué de troupes, ils en prirent poffeffion fans coup férir. Fermor fit, dans Königsberg, une entrée triomphante. On fonna toutes les cloches, & pendant toute la journée, les clochers retentirent du fon des trompettes & des timballes. Les habitans confternés, en qui le fouvenir des cruautés commifes l'année précédente par les Ruffes, étoit encore récent, implorerent la protection de l'Impératrice. La réponfe du Général fut remarquable :
„ C'eft, dit-il, un bonheur pour vous, Meffieurs,
„ que ma gracieufe Souveraine ait pris poffeffion
„ de ce royaume. Vous ne pouvez qu'être heureux
„ fous fon doux gouvernement, & je m'efforcerai
„ de maintenir dans leur état actuel, tous les ar-

„ rangemens établis, que je trouve parfaits & ina-
„ méliorables. „ Il expédia auſſi-tôt un courier
à Petersbourg, avec les clefs de la ville : il donna
audience à la Nobleſſe ; & ces formalités furent
ſuivies de magnifiques repas. Dès-lors les Ruſſes
conſidérerent le royaume comme une propriété qu'ils
eſpéroient de conſerver par le traité de paix ; &
il faut avouer que, pendant tout le cours de la
guerre, ils le traiterent avec des ménagemens dignes
d'être imités.

Les membres de tous les départemens furent
obligés de prêter ſerment, dans la grande égliſe,
qu'ils n'entreprendroient rien, ni publiquement ni
en ſecret, qui fût contre l'intérêt de l'Impératrice
de Ruſſie. Ceux qui étoient malades prêterent ce
ſerment chez eux. Le Conſiſtoire reçut ordre de
faire prier, dans les égliſes, pour l'Impératrice : à
ces ordres étoit jointe la formule de la priere. Enfin,
l'on fit prêter ſerment de fidélité, tant à la Nobleſſe
qu'à la bourgeoiſie, dans des égliſes déſignées à cet
effet. Des officiers Ruſſes y conduiſirent les nouveaux ſujets, & préſiderent à la cérémonie. On
publia les fêtes ſolemnelles que célebrent les Ruſſes,
& qu'on devoit obſerver par le ſervice divin & par
la ceſſation de tout travail : on prit en même tems
toutes les meſures, pour laiſſer un libre cours au
commerce, aux poſtes & autres objets d'utilité
publique.

Les Ruſſes trouverent, à Königsberg & à Pillau,
quatre-vingts-huit canons de fer, avec un nombre
conſidérable de boulets, de bombes, & quelques cen-

taines de tonneaux de poudre. Jamais royaume ne fut conquis plus facilement que la Pruſſe ; mais auſſi jamais des guerriers barbares, dans l'yvreſſe de leurs ſuccès, ne ſe conduiſirent avec plus de modération. La Cour de Vienne, pour récompenſer cette facile conquête, éleva Fermor au rang de Comte de l'Empire; & la Souveraine des Ruſſes confirma toutes les meſures qu'il avoit ordonnées.

Au milieu de ces traitemens doux & inattendus, les habitans de la Pruſſe ſemblerent oublier leur Roi, & ils ſe courberent docilement ſous le joug de ſes ennemis. On fit même, à Königsberg, plus que n'exigeoient les circonſtances. Le 21 de Février, jour anniverſaire de la naiſſance du Grand-Duc PIERRE, cette ville fut illuminée : l'on donna le ſpectacle d'un feu d'artifice, & l'Univerſité demanda la permiſſion de prononcer, dans ſa ſalle publique, une harangue à la louange de l'héritier préſomptif de l'Empire de Ruſſie. De telles illuminations, qui ſe firent aux frais de la ville, jointes à diverſes autres ſolemnités & ſpectacles, étoient en uſage parmi les Ruſſes. Quoique des conſidérations politiques & des ordres reçus à cet effet y euſſent eu plus de part que l'affection & la bonne volonté des habitans, FRÉDÉRIC ne put oublier cette conduite; & dès-lors il ne remit jamais le pied dans ſon royaume de Pruſſe.

Cependant tout s'y paſſoit avec beaucoup de tranquillité. L'adminiſtration de toutes les branches d'économie publique fut continuée ſans aucun changement: les revenus du royaume tomberent en partage au vainqueur ; mais les chefs de départemens furent néanmoins trouver les moyens, comme en Saxe, de donner à leur Maitre des preuves effectives de leur zele & de leur fidélité. Ces moyens demeurerent un secret pour les Russes. Fermor abandonna enfin ce royaume avec son armée, à qui trente mille traineaux apportoient continuellement des vivres ; & il marcha vers la Poméranie & la Marche-Electorale. Là ces conquérans ne furent plus retenus, comme en Prusse, par des ordres supérieurs : aussi le sang & des villages en cendres marquerent-ils tous leurs sentiers dans ces malheureuses provinces.

Avant l'arrivée des Russes, l'armée de Dohna avoit repoussé les Suédois jusqu'aux extrêmités de la Poméranie, & tenoit Stralsund même bloqué. Mais tous ces avantages furent anéantis, par l'approche de ces nouveaux adversaires. Les opérations de leur armée avoient été fort-retardées par la difficulté de se pourvoir de vivres & de former des magazins. Il ne suffisoit pas aux Russes d'être maitres de la Vistule : il falloit qu'ils le fussent aussi de la Warthe. Ils prirent donc possession de Posen, capitale de la Grande-Pologne : ils en firent de même d'Elbing & de Thorn. Ils vouloient aussi mettre des troupes dans Dantzig, & en faire leur principale place d'armes ; mais leur tentative à cet effet échoua. Les habitans de cette ville, enthousiasmés alors pour le Roi de Prusse, se déclarerent formellement contre la demande qu'on leur avoit faite, d'abandonner aux troupes de Russie leurs ouvrages extérieurs ; & ils fe préparerent, à tout événement, à repouffer la force par la force. Ces extrémités n'eurent cependant pas lieu. Les Ruffes n'avoient point de tems à perdre, leurs vues étant portées fur le centre des Etats du Roi de Pruffe. Ce fut vers ces provinces que Fermor dirigea fa marche. Il pénétra, avec 80,000 hommes, dans la Poméranie & dans la Nouvelle-Marche, & forma le fiege de Cuftrin auquel le Général Dohna ne put s'oppofer avec fa foible armée. Le fyftéme de ces troupes, tel que celui de hordes barbares, étoit de mettre tout à feu & à fang. Ainfi, dès le premier jour, cette ville fut changée en un monceau de cendres, & un magazin immenfe fut confumé. A peine les habitans, dénués de tout, eurent-ils le tems de fauver leur malheureufe vie. Ils s'enfuirent au-delà de l'Oder, & confidérerent d'un œil trifte la fumée, qui, de leurs maifons abandonnées, s'élevoit vers les nues. Un grand nombre d'habitans des contrées voifines, même de plus éloignées, avoient mis leurs effets les plus précieux dans cette fortereffe, en fûreté contre la rapacité des Cofaques. Il s'y en trouva donc une quantité immenfe, & d'une grande valeur, qui devinrent alors la proie des flammes.

Le deffein des ennemis étoit, qu'il ne fût abfolument rien fauvé de la propriété des pauvres habitans : ils continuerent à jetter des grenades dans tous les quartiers de la ville, lorfque le feu y faifoit déja fentir fes ravages. Enfin, vers le foir, on difcontinua cet inutile bombardement. Mais dans la nuit, Fermor ordonna de jetter dans la ville les grenades qui pourroient rester ; puisqu'également on n'en auroit pas besoin pendant toute cette campagne. Il voulut cependant qu'on gardât les boulets de canons, pour le jour de la bataille.

Le Commandant ne fut sommé que le cinquieme jour du siege ; parce qu'il n'étoit pas venu plutôt dans l'esprit du Général Russe, d'observer ici les usages des peuples civilisés ; mais cette sommation même dénota sa barbarie. Il menaça de donner d'abord l'assaut, & de faire passer toute la garnison au fil de l'épée, si l'on ne lui remettoit immédiatement la forteresse. Le Commandant répondit : „ La ville n'est plus qu'un tas de décom„ bres : les magazins sont brûlés ; mais la forteresse „ est encore dans le meilleur état, & la garnison „ n'a rien souffert. Je me défendrai donc jusqu'au „ dernier homme. „ Il se défendit aussi sur ce monceau de ruines, mais sans montrer une grande capacité dans l'art militaire. Comme il voulut ensuite s'en excuser auprés du Roi, ce Prince lui répondit : *c'est ma propre faute. Pourquoi vous avois-je choisi pour Commandant.*

L'assaut dont on menaçoit Custrin n'eut cependant pas lieu ; car toute l'attention des Russes étoit tournée vers le Roi qui s'approchoit. Encore avant son arrivée, Dohna vint au secours de la forteresse assiégée que Fermor pressoit vivement : il fit établir un pont de bateaux sur l'Oder, & s'ouvrit par-là une communication avec elle, desorte que la garnison pouvoit continuellement être relevée.

Le Roi avoit laiffé la plus grande partie de fon armée en Siléfie. Il n'avoit pris que 14000 hommes de fes meilleures troupes, avec lefquels il fit une marche forcée. Cette petite armée brûloit du defir de fe venger d'un ennemi, dont les cruautés & les ravages, fuffifamment connus par la renommée, demandoient pour vengeance des torrens de fang. La rage des Pruffiens augmenta encore, quand ils furent entrés dans les provinces ravagées, & qu'ils eurent vu les ruines & tas de cendres encore fumans. À peine reconnoiffoient-ils leur patrie devenue un défert. On fe hâta de s'approcher de l'ennemi: on méprifa toutes les fatigues; & dans cette faifon chaude, on fe contenta d'eau de puits. Dans vingt-quatre jours, FRÉDERIC fit une marche de foixante miles d'Allemagne (120 lieues de France), & arriva, le 21 Août, près de Cuftrin, où il joignit l'armée de Dohna. Il avoit paffé l'Oder à un endroit imprévu. Les plans de Fermor fe trouverent alors entiérement déconcertés: il leva le fiege de Cuftrin: les deux armées s'approcherent l'une de l'autre, & tout fe prépara pour la bataille.

Jamais la foif des combats n'avoit été plus forte dans une armée, qu'elle l'étoit alors dans celle de Pruffe. Le démon de la guerre parut avoir enflammé toutes ces troupes. FRÉDERIC même, touché par l'afpect de ces décombres innombrables, & des fugitifs dénués de tout & errans de tous côtés, parut faire céder toutes les autres paffions au defir de la vengeance. Il ordonna que, dans la bataille, on ne fit quartier à aucun Ruffe: toutes les précautions furent prises pour couper la retraite aux ennemis, & les pousser jusques dans les marais de l'Oder. On fit même brûler les ponts qui devoient servir à leur fuite. Au moment où la bataille alloit commencer, les Russes connurent cette fureur des Prussiens. Toute la ligne de ces derniers cria : *les Prussiens ne donnent point de quartier.* *Ni nous non plus*, répondit l'armée Russe.

La situation de FRÉDERIC étoit de nouveau désespérée, & tout dépendoit de l'issue de cette bataille. Les armées de ses ennemis alloient se réunir, & couper sa communication avec l'Elbe ou avec l'Oder. Les François & les troupes de l'Empire marchoient vers la Saxe, où Daun s'étoit aussi porté avec la principale armée des Autrichiens. Les Suédois, délivrés des Prussiens, n'avoient aucun ennemi devant eux, & ils s'avancerent vers Berlin, ville dénuée de fortifications. Enfin, les Russes, dont le cri de guerre paroissoit être *Destruction*, se trouvoient dans le cœur de ses Etats.

Les dispositions profondément combinées de FRÉDERIC, avoient pour objet non seulement la victoire, mais la destruction entiere de l'armée ennemie. En cas de mauvais succès, il avoit cependant une retraite libre vers Custrin. Ce fut le 25 d'Août, que se donna cette grande bataille près du village Zorndorf. Les Russes étoient forts de 50,000 hommes, & les Prussiens de 30,000. Ces derniers commencerent le combat par une vive canonnade. La position des Russes étoit un quarré immense, tel qu'ils ont accoutumé d'en former dans leurs guerres contre les Turcs. Dans le milieu de ce quarré, fe trouvoient leur cavalerie, leur bagage & leur corps de réferve. Les boulets firent un ravage effroyable dans cette maffe d'hommes poftés d'une maniere auffi mal conçue. Dans un régiment de grenadiers, un feul boulet emporta quarante-deux combattans : ils cauferent encore un défordre cruel parmi les bagages. Les chevaux, avec leurs chariots, prenoient le mords aux dents & fe faifoient jour à travers les rangs des Ruffes; deforte qu'on fut obligé de faire fortir, fans délai, tout ce train hors du quarré.

L'aile gauche des Pruffiens s'avança cependant avec tant d'ardeur, qu'elle expofa l'un de fes flancs. La cavalerie Ruffe fe prévalut de cet avantage, pour pénétrer dans l'infanterie Pruffienne, & repouffer quelques bataillons. Déja Fermor croyoit avoir gagné la bataille : il fit ouvrir le quarré de tous côtés, afin de pourfuivre l'ennemi ; ce qui fut exécuté avec de hauts cris de victoire. Mais les Ruffes n'avoient pas encore fait beaucoup de chemin, qu'ils tomberent déja dans un grand défordre. Le Général Seidlitz arriva cependant avec le cavalerie Pruffienne, & il renverfa celle des Ruffes qui fut repouffée fur fa propre infanterie. Un autre Corps de cavallerie Pruffienne, tombant en même tems fur l'infanterie Ruffe, maffacra fans miféricorde tout ce que fes armes purent atteindre. Quelques régimens de Dragons Pruffiens ne fe laifferent point arrêter par le village de Zorndorff qui étoit en feu ; mais ils percerent jufqu'aux Ruffes à travers les flammes. Seidliz auffi, qui venoit d'achever la défaite de la cavalerie ennemie, fuivit ce nouveau fentier de la victoire. L'infanterie Ruffe fut alors attaquée en flanc, en dos & en front, & il en s'en fit un carnage effroyable. Ces guerriers offrirent toutefois aux Pruffiens un fpectacle dont on n'avoit pas encore vu d'exemple. Ils tenoient ferme comme des ftatues, après avoir épuifé leurs cartouches. Ce n'étoit cependant point cette valeur admirable, produite par un amour réel de la patrie ou de la gloire, & par cet honneur qui porte un militaire à défendre fon pofte jufqu'au dernier foupir ; car ils ne fe défendoient prefque pas. C'étoit une ftupide infenfibilité, qui les portoit à fe laiffer tuer là où ils fe trouvoient. Lorfque des rangs entiers étoient détruits, il fe montroit de nouvelles troupes, qui pour ainfi dire paroiffoient defirer le même fort. Il étoit plus facile de les tuer que de les mettre en fuite : un coup même à travers le corps ne fuffifoit pas pour coucher les foldats par terre. Il ne refta donc, aux Pruffiens, d'autre parti que celui de maffacrer tout ce qui ne vouloit pas céder : toute l'aile droite des Ruffes fut ou egorgée ou pouffée dans des marais. Une troupe de ces fugitifs fut chaffée vers les bagages : ils pillerent les chariots des vivandiers, & burent leur eau-de-vie d'une maniere brutale. En vain les officiers Ruffes faifoient mettre les tonneaux en pieces : les foldats fe jetoient etendus à terre, pour lapper dans la pouffiere ce qui reftoit d'une liqueur auffi agréable pour eux. Plufieurs exhalerent leur ame dans l'yvreffe ; d'autres maffacrerent leurs officiers, & des troupes entieres couroient comme des furieux çà & là dans les campagnes, fans faire attention aux cris de leurs commandans.

Telle étoit la situation de l'aile droite des Russes. Il étoit midi, & vers leur aile gauche il ne s'étoit encore rien passé de considérable. Alors elle fut aussi attaquée par les Prussiens. Mais les régimens qui pouvoient mettre le sceau à la plus grande victoire qu'on eût jamais remportée, ne montrerent pas ici leur bravoure ordinaire. Ils oublierent la gloire du nom Prussien : ils méconnurent leurs forces dans le moment le plus décisif, & lâcherent pied aux yeux de leur Roi, devant un ennemi affoibli & déja à demi vaincu. Le désordre étoit grand, & le fruit de tous les exploits héroïques de l'aile gauche Prussienne parut perdu. Mais Seidliz accourut, de cette aile victorieuse, avec sa cavalerie : il pénétra dans l'ouverture qui s'étoit faite parmi l'infanterie qui cédoit : il soutint un feu vif de mousquéterie & de mitraille, & poussa non seulement jusqu'à la cavalerie Russe, mais jusqu'à la partie de l'infanterie qui avoit tenu ferme jusqu'alors : enfin il repoussa jusques dans les marais l'ennemi qui s'étoit deja emparé de quelques batteries. Cette grande manœuvre de la cavalerie Prussienne fut parfaitement soutenue par la fleur de l'infanterie, savoir par les régimens Prince de Prusse, Forcade, Kalkstein, Assebourg & quelques bataillons de grenadiers, que le Roi avoit tous amenés avec lui. Ces vétérans, malgré la retraite des bataillons postés à leurs côtés, avoient constamment gagné du terrein : ils attaquerent enfin l'infanterie Russe, la bayonnete au bout du fusil. Alors le feu cessa de part & d'autre : les munitions commencerent à manquer : on se battoit & se heurtoit à coups de crosse, de bayonnetes & de fabres. L'animofité des deux partis étoit inexprimable. Des Pruſſiens bleſſés griévement oublierent leur propre confervation, pour ne fonger qu'à maſſacrer leurs ennemis. On trouva l'un de ceux ci, qui bleſſé mortellement couvroit de fon corps un Pruſſien expirant, & le déchiroit de fes morfures. Le Pruſſien, déja aux prifes avec la mort, & hors d'état de fe remuer, fut contraint de fupporter ce tourment, jufqu'à ce que fes camarades fuſſent furvenus & euſſent percé ce Cannibale.

Les régimens Forcade & Prince de Pruſſe rencontrerent les bagages & la caiſſe militaire des Ruſſes. La plus grande partie fut prife. La nuit, & l'affoibliſſement entier & général des deux armées, mirent enfin un terme au carnage. Les Cofaques feuls parcoururent le champ de bataille, afin de tuer les malheureux bleſſés qu'ils trouvoient fans défenfe.

Les deux armées paſſerent la nuit fous les armes. Les Ruſſes fe trouvoient dans le plus épouvantable défordre : toutes leurs troupes étoient confondues comme dans un chaos. Ils auroient cédé volontiers, aux Pruſſiens, l'honneur abfolu de la victoire ; mais la retraite leur étoit fermée, les ponts de toutes les rivieres ayant été détruits. Dans cette confufion, le Général Fermor, le foir même de la bataille, avoit fait demander une trêve de deux à trois jours, fous prétexte d'enterrer les morts. Le Général Dohna répondit à cette finguliere demande : *Le Roi, mon Maître, ayant gagné la bataille, il donnera ordre qu'on enterre les morts, & qu'on panfe les bleſſés.* Il lui fit entendre en même tems, qu'une trêve après une bataille étoit une chofe entiérement inufitée.

Le lendemain, on ne fit que se canonner : le Roi vouloit renouveller le combat ; mais le manque de munitions dans l'infanterie, & l'extrême fatigue de la cavalerie, qui avoit confumé toutes fes forces dans le combat, mirent néceffairement un terme à cette bataille, & procurerent aux Ruffes les moyens de trouver une iffue pour fortir de leur labyrinthe. Ils fe retirerent, fur Landberg, vers la Warthe. Cette défaite leur avoit coûté 19,000 morts & bleffés, avec 3000 prifonniers. Ils perdirent en outre 103 canons, beaucoup de drapeaux, leur caiffe militaire & quantité de bagages. Les Pruffiens comptoient 10,000 morts & bleffés, & 1400 prifonniers ou égarés. Ils avoient auffi perdu 26 canons, lors de la retraite de leur infanterie.

Ce petit nombre de canons & de prifonniers, & la circonftance de ce qu'une partie de l'armée Ruffe, divifée en pelotons difperfés, avoit paffé la nuit fur le champ de bataille, porterent les Généraux à s'attribuer la victoire. Le Général Ruffe Panin eut cependant la bonne-foi de dire : *Nous fommes reftés maîtres du champ de bataille, mais ou morts, ou bleffés, ou ivres.*

Quoique c'eût été Fermor même, qui avoit demandé la permiffion d'enterrer les morts, il envoya néanmoins des couriers porter la nouvelle de fa victoire à toutes les Cours & armées alliées. Au refte, jamais on ne fit plus d'ufage de cette politique, que dans la guerre de fept ans. Les Pruffiens feuls méprifèrent de pareilles rufes. Etoient-ils battus, ils en convenoient avec franchife, dans l'efpoir affuré de

réparer

réparer leurs pertes par de nouveaux exploits. Tels étoient les sentimens de FRÉDERIC & de tous les Généraux de ses armées. On laissoit le vaincu se satisfaire par son imagination ou par de faux rapports ; & l'on tiroit parti de la victoire. Le Roi, maître du champ de bataille de Zorndorf, poursuivit l'ennemi jusqu'à Landsberg. Il étoit tellement convaincu de sa foiblesse, qu'il ne le fit observer que par une partie de son armée aux ordres du Général Dohna ; il envoya de nouveau un corps de troupes contre les Suédois, & avec le reste de son armée, il retourna en Saxe, où sa présence étoit des plus nécessaires.

Le Roi eut assez de grandeur d'ame, pour reconnoître les services extraordinaires de Seidlitz : il avoua publiquement, que c'étoit à ce Général qu'il étoit redevable de sa victoire. Il n'avoit cependant point épargné sa propre personne ; puisqu'il s'étoit avancé tellement dans le feu des ennemis, que plusieurs de ses aides-de-camp & de ses pages furent blessés ou tués à ses côtés.

Le souvenir des horreurs commises par les Russes, étouffa, pour quelques momens, dans les soldats & dans les paysans Prussiens, tout sentiment d'humanité & de compassion ; deforte plusieurs Russes, blessés grièvement, & étendus sans secours sur le champ de bataille, furent jetés dans les fosses pêle-mêle avec les morts, & ainsi enterrés encore vivans. En vain ces malheureux se débattoient au milieu des cadavres, & cherchoient à s'en dégager ; d'autres cadavres qu'on jetoit bientôt sur eux, ne tardoient pas à arrêter leurs foibles mouvemens.

G

Les Autrichiens avoient cependant cherché à tirer le meilleur parti de l'abfence du Roi. Ils fe voyoient à même d'agir offenfivement, & la fupériorité de leurs armées leur promettoit les plus heureux fuccès dans leurs entreprifes. Tout dépendoit de la célérité de l'exécution.

En Siléfie, les défilés garnis de troupes, & le grand nombre de fortereffes leur offroient des obftacles qu'il falloit du tems pour furmonter : les opérations de guerre, dans cette province, devinrent donc pour eux des objets d'une importance fecondaire. La Saxe leur offroit des lauriers plus prompts à recueillir. Daun s'y trouvoit avec toutes fes forces, & le Duc des Deux-Ponts venoit d'y arriver avec l'armée de l'Empire. Tout menaçoit donc les Pruffiens de la perte d'une province auffi utile. Le Prince HENRI, qui devoit la couvrir avec une petite armée, fut forcé de céder à des forces fupérieures, & il fe retira vers Dresde. S'emparer de cette réfidence; chaffer tous les Pruffiens de la Saxe, ou les y détruire entiérement ; couper enfin au Roi toute communication avec l'Elbe ; tels étoient les projets de Daun. Il ne s'agiffoit que d'arrêter ce formidable ennemi affez long-tems dans fes propres Etats. Daun écrivit donc au Général Fermor, de ne point livrer de bataille au Roi, à cet ennemi rufé (ce font fes propres expreffions) qui lui étoit encore inconnu; mais de fe borner à agir défenfivement, jufqu'à ce qu'on eût délivré la Saxe. Le courier chargé de ces dépéches tomba au pouvoir du Roi, qui, après la bataille de Zorndorf, y répondit en ces termes : ,, Vous

„ aviez raison d'exhorter le Général Fermor à se gar-
„ der d'un ennemi rusé que vous connoissez mieux
„ que lui : car il a tenu ferme, & il a été battu. "

Le Prince HENRI, se reposant sur l'activité de FRÉDERIC, chercha par diverses manœuvres à se maintenir dans son poste contre des armées aussi nombreuses. Il y réussit. Les troupes de l'Empire assiégerent & prirent Sonnenstein. Le Commandant Prussien perdit courage, & se rendit prisonnier de guerre avec 1400 hommes. Daun fit une tentative pour s'emparer de Dresde. Il s'approcha de cette résidence, qui n'étoit défendue que par peu de troupes, & dont les fortifications étoient peu considérables. La prudence & la résolution du Commandant, Comte de Schmettau, suppléa à tout. Il fit mine de vouloir en incendier les magnifiques faux-bourgs, où l'on voyoit des maisons de six à sept étages, & dont l'élévation dominoit sur les remparts. Ce dessein plongea la Cour & la ville dans la derniere consternation. Le gémissement fut général, lorsqu'on commença à remplir les maisons de matériaux combustibles. Schmettau alléguoit la nécessité & l'obligation où il étoit de se défendre : il déclara, que les Saxons, en qualité d'ennemis, ne pouvoient attendre de lui aucun égard pour la résidence de leur Souverain, si leurs Alliés eux-mêmes perdoient de vue de telles considérations. Daun menaça de venger l'incendie des fauxbourgs de la maniere la plus cruelle, & de ne faire grace à aucun Prussien après la prise de la ville. Schmettau déclara, qu'à la derniere extrêmité, il se défendroit de rue en rue ; que le palais royal feroit fon dernier rempart, & qu'il s'enterreroit fous les ruines de cet édifice. Son deffein étoit effectivement de remplir le palais de poudre, d'y raffembler, par la force, les plus diftingués d'entre les courtifans & de la nobleffe, & d'attendre, dans l'appartement du Prince Electoral, au milieu de la Famille Royale tremblante, l'iffue des entreprifes de l'ennemi. Une telle menace, quelqu'incertaine que fon exécution pût être d'ailleurs, étoit trop bien combinée & trop conforme aux circonftances, pour manquer fon effet. Daun renonça à fon deffein fur Dresde, & Schmettau laiffa fubfifter les faux-bourgs. On emporta hors des maifons les matériaux combuftibles, & les habitans furent tranquillifés.

Cependant l'extrême fupériorité des Autrichiens & des troupes de l'Empire, porta ces Alliés à de nouveaux & vaftes plans. Il s'agiffoit d'attaquer en un même-tems le Prince HENRI de front & en dos, & de détruire entièrement fon corps d'armée. Les Généraux ennemis avoient eu plufieurs conférences à ce fujet, lorfque ces mots foudroyans, FRÉDÉRIC *vient*, anéantirent tout-à-coup ce plan entier. Ce Monarque venoit effectivement, & il fe réunit au Prince HENRI. Il défiroit ardemment une bataille, afin de voler au fecours de la Siléfie, qui n'étoit que foiblement garnie de troupes, & qui fe trouvoit en grand danger. Les ennemis leverent des contribuions dans cette province, & affiégerent tant Neiffe que Cofel. Fouquet s'étoit retranché près de Landshut, avec un corps de 4000 Pruffiens. La grande fupériorité des ennemis ne lui permettoit que leur de fusciter quelques obstacles dans leurs entreprises, mais non de les en empêcher tout-à-fait. Daun évitoit soigneusement une action générale, se bornant à vouloir retarder la marche du Roi en Silésie, par différens corps de troupes bien postés. Son principal camp près de Stolpen étoit un des plus forts de la Saxe : c'étoient des hauteurs couvertes par des étangs, des bois & des marais. Tant le Général, que ses troupes, étoient pleins de courage, de bonne humeur & de dévouement. La victoire imaginaire de Zorndorf fournit le prétexte d'entonner le cantique de St. Ambroise, au son des trompettes & des timballes : on fit ensuite des décharges de toute l'artillerie & de la mousqueterie, & l'on poussa des cris de joie. Les personnes éclairées qui se trouvoient dans cette armée, doutèrent seules d'une nouvelle dont l'arrivée du Roi & le désistement de tous les projets des Autrichiens démontroient suffisamment la fausseté.

Plusieurs Corps de troupes Autrichiennes furent chassés de leurs postes, & il se donna beaucoup d'escarmouches. La route de la Silésie fut ouverte aux Prussiens ; & Daun demeura néanmoins immobile dans son camp. FRÉDÉRIC ne renonça cependant point à l'espoir de le contraindre à s'en retourner en Bohême, en lui coupant ses convois & en détruisant ses magazins. Il n'avoit aucune inquiétude sur les troupes Impériales, sur le départ desquelles il comptoit également, puisqu'elles commençoient à manquer de vivres & de fourrages. Il se campa donc près de Bautzen. Son armée, qui depuis deux mois avoit toujours été en mouvement, avoit besoin de quelque repos. La saison commençoit déja à devenir rigoureuse : l'infanterie fut obligée d'élever des tentes à feu, & la cavalerie construisit des écuries de branchages. On peut le mieux juger de la situation où se trouvoient le Roi & son armée, par une lettre qu'il écrivit, au commencement d'Octobre, à Mylord Maréchal. Il y dit : ,, Jusqu'à la ,, venue des neiges, il me faudra danser sur la corde. ,, Que j'aimerois donner la moitié de cette gloire ,, dont vous me parlez, pour un peu de repos ! "

Les deux armées changèrent enfin de position. Daun prit de nouveau un camp bien fortifié, à peu de distance du précédent, & les Prussiens se campèrent près de Hochkirch. Une faute que commit le Général Prussien Retzow, en oubliant de garnir une montagne, fut la source d'un grand événement qui mit le Roi sur le bord de sa ruine, mais qui montra néanmoins son héroïsme sous le jour le plus brillant, & qui appartient aux scenes les plus extraordinaires de cette guerre. Les hauteurs négligées furent sur le champ garnies par les Autrichiens, qui s'y fortifièrent avec soin. Les avantages qui en résultèrent pour eux, furent tels, qu'ils portèrent Daun, ce Général si précautionné, à surprendre le Roi dans son camp. On attribue ce plan au Général Laudon. Il fut conçu avec sagesse, & exécuté avec courage & avec énergie. Tout concouroit à sa réussite. Les deux armées étoient si proches l'une de l'autre, que l'aile droite des Prussiens n'étoit éloignée que d'un coup de canon du camp ennemi. La quantité des troupes légeres qui accompagnoient l'armée Autrichienne, étoit principalement propre à une furprife; & leurs efcarmouches ne difcontinuant ni jour ni nuit, elles pouvoient fervir à mafquer de plus grands deffeins. Les Pruffiens, fous la conduite de FRÉDÉRIC, accoutumés toujours à attaquer eux-mêmes, ne penfoient pas même à la poffibilité d'une attaque de la part de ce Daun, dont les camps ne pouvoient jamais être affez fortifiés, lorfqu'il fe trouvoit dans le voifinage de cet ennemi formidable. Daun connoiffoit fon efprit entreprenant, à qui rien ne paroiffoit impoffible, & la célérité avec laquelle les troupes Pruffiennes pouvoient être rangées en bataille & menées à l'ennemi. Auffi, malgré les excellentes mefures qu'il avoit prifes, fa plus grande confiance étoit dans l'aveugle fécurité de FRÉDÉRIC & de fon armée.

Le Roi ne connoiffoit cependant que trop le défavantage de fa fituation; mais il regardoit comme honteux & abfolument fuperflu de fe retirer. Le Feld-Maréchal Keith, qui avoit vieilli dans les armes, difoit: *Si les Autrichiens nous laiffent tranquilles dans ce camp, ils méritent d'être pendus.* FRÉDÉRIC répartit: *il faut efpérer qu'ils nous craindront plus encore que la corde.* Enfin cependant il réfolut de changer de camp, dèsque l'armée feroit de nouveau pourvue de vivres. La nuit du 14 au 15 Octobre fut fixée pour le départ. Ainfi la vie de plufieurs milliers d'hommes dépendit de la différence d'un feul jour.

Ce fut le 13, dans la nuit, que toutes les colonnes de l'armée Autrichienne abandonnerent leur camp, pour surprendre les Prussiens. Le Général Ordonnel commandoit l'avant-garde, consistant en 4 bataillons & 36 escadrons : il étoit suivi du Général Sincere, avec seize bataillons, & du Général Forgatsch, qui en avoit dix-huit sous ses ordres. Le Corps aux ordres de Laudon, qui étoit posté presque derriere le camp ennemi, fut renforcé de quatre bataillons & quinze escadrons, auxquels se joignit encore toute la cavalerie de l'aile gauche Autrichienne. Daun conduisoit lui-même l'infanterie de cette aile. Toutes ces troupes, ainsi que quelques autres corps peu considérables, étoient destinées à attaquer en dos & en front l'aile droite des Prussiens. Le Duc d'Aremberg, de son côté, devoit observer leur gauche, avec vingt-trois bataillons & trente-deux escadrons, & n'attaquer cette aile qu'après que la défaite totale des ennemis auroit été achevée de tous côtés. Il se trouvoit, à l'avant-garde, des grenadiers volontaires, montés derriere les cuirassiers ; mais ils mirent pied à terre, près du camp Prussien, & après s'être formés, ils pénétrerent en avant.

Les Autrichiens, qui n'avoient point abattu leurs tentes, firent entretenir soigneusement les feux de garde ordinaires. Pendant toute la nuit, une quantité de travailleurs abattit des arbres en chantant & en s'appellant sans cesse les uns les autres, afin d'empêcher que, pendant la nuit, les postes avancés des Prussiens n'apperçussent la marche de leurs troupes. Mais les vigilans hussards de Prusse découvrirent les mouvemens de l'ennemi, & en avisèrent le Roi. D'abord il douta de leur réalité; mais comme elle lui fut confirmée par des rapports réitérés, il attribua ces mouvemens à tout autre motif qu'à celui d'une attaque. Seidlitz & Zieten se trouvoient alors auprès de ce Prince, & ils épuisèrent leur éloquence pour combattre ses doutes dans des momens aussi critiques. Ils obtinrent enfin qu'il fût ordonné à quelques brigades de se tenir prêtes, & à plusieurs régimens de cavalerie de seller leurs chevaux. Mais ces ordres furent révoqués vers le matin, & alors le soldat, sans aucune crainte, s'abandonna au sommeil.

Le jour n'étoit pas encore levé, & il sonnoit cinq heures dans le village de Hochkirch, lorsque l'ennemi parut devant le camp. Des troupes entières de soldats d'élite arrivèrent aux avant-postes des Prussiens, & s'annoncèrent comme déserteurs. Leur nombre augmenta si rapidement & à un tel point, qu'ils purent bientôt culbuter tant les postes avancés que les corps de garde. L'armée Autrichienne, divisée en différens corps, suivit de près l'avant-garde, & entra par plusieurs côtés à la fois, formée en colonnes, dans le camp des Prussiens. Divers régimens de l'armée du Roi furent réveillés de leur sommeil par les boulets de leurs propres canons. Car les ennemis, qui pour la plupart avoient laissé leur artillerie en arriere, en trouvèrent, ainsi que des munitions, sur les batteries & corps de gardes dont ils s'étoient subitement emparés, & dont ils firent feu sur le camp Prussien.

Jamais armée de braves troupes ne fe vit dans une fituation plus terrible, que les Pruffiens, endormis dans une profonde fécurité fous l'égide protectrice de FRÉDERIC, & attaqués fubitement par un puiffant ennemi, dans le centre de leur camp, où le fer & le feu réveilloient les foldats pour les replonger dans le fommeil de la mort. Il étoit nuit, & la confufion étoit au-delà de toute expreffion. Quel moment, quelle vifion nocturne, pour de tels guerriers ! Les Autrichiens, comme fortis de deffous la terre, au milieu de leurs drapeaux, dans le fanctuaire de leur camp ! Plufieurs centaines furent égorgés dans leurs tentes, encore avant de pouvoir ouvrir la paupiere : d'autres couroient en armes, à demi nuds. Le moindre nombre d'entre eux purent prendre de leurs propres armes : la plupart prenoient celles dont ils pouvoient fe faifir, & voloient à leurs rangs.

Ce fut alors que fe manifefterent d'une maniere frappante les avantages d'une excellente difcipline. Dans ces effroyables conjonctures, où toute défenfe paroiffoit une témérité, & où chaque foldat ne devoit penfer qu'à la fuite & à fauver fa vie, une ruine totale eût été le fort de toute autre armée. Même les meilleures troupes de l'Europe, les plus accoutumées à la victoire, y euffent trouvé le dernier terme de leurs exploits, & le tombeau de leur gloire. Car ici le courage ne pouvoit que peu ; la difcipline, tout.

Le cri de guerre fe répandit dans le camp entier des Pruffiens, avec la rapidité d'un feu électrique : chacun se précipita hors de sa tente, & en peu de momens, malgré le désordre inexprimable, la plus grande partie de l'infanterie & de la cavalerie se trouverent en ordre de bataille. La forme de l'attaque obligeoit les bataillons d'agir séparément. Ils se jetterent de tous côtés au devant de l'ennemi, & le repousserent aussi en quelques endroits ; mais en d'autres ils furent obligés de céder au nombre. Le jour qui venoit de poindre ne servit point à diminuer le désordre ; car un brouillard épais couvroit les deux armées. La cavalerie Prussienne, conduite par Seidlitz, voltigeoit de tous côtés brûlant se signaler par de nouveaux exploits. Dans l'obscurité, elle ne savoit où trouver l'ennemi. Le hazard l'offroit-il à ses coups, le carnage étoit effroyable. Le régiment des cuirassiers de Schöneich renversa seul une ligne entiere d'infanterie Autrichienne, & fit près de 500 prisonniers.

Hochkirch étoit en feu, & néanmoins les Prussiens s'y défendoient avec la plus grande bravoure. La victoire paroissoit dépendre de la possession de ce village ; c'est pourquoi Daun le faisoit attaquer sans relâche par des troupes fraiches. Elles n'avoient à vaincre que 600 Prussiens, qui, après avoir épuisé leurs munitions, eurent la hardiesse de tenter de se faire jour à travers l'ennemi. Un petit nombre de ces braves guerriers eut ce bonheur : tous les autres souffrirent ou la mort, ou des blessures, ou la prison. Des régimens entiers de Prussiens leur succéderent, & chasserent l'ennemi hors du village. Ce fut là qu'alors le combat devint le plus fanglant. Un boulet de canon emporta la tête au Prince FRANÇOIS de Brunswick: le Feld-Maréchal Keith reçut une balle dans la poitrine, & ce héros rendit l'ame sans prononcer un seul mot: le Feld-Maréchal, Prince MAURICE de Deffau, fut également atteint d'une bleffure mortelle. Les Pruffiens, affaillis en dos & en front, furent contraints de céder, & la cavalerie Autrichienne pénétra avec avantage dans les plus vaillans régimens de l'infanterie de Pruffe. Le Roi amena lui-même de nouvelles troupes contre l'ennemi, qui fut repouffé une feconde fois; mais la cavalerie d'Autriche anéantit de nouveau ces avantages des Pruffiens.

Enfin le brouillard fe diffipa, & alors les deux armées purent voir le champ de bataille couvert de cadavres, & le défordre qui régnoit de toutes parts. Quelque ordre régulier que pût créer la difcipline des Pruffiens, l'obfcurité & la nature du terrein les avoient empéchés de faire ufage de leur tactique, & de combattre dans l'ordre qu'exigeoient les circonftances. On forma maintenant, de part & d'autre, un nouvel ordre de bataille. Les Autrichiens étoient dans un tel défordre, qu'on les voyoit par milliers, en grandes troupes, errer fur les hauteurs de Hochkirch. Daun, malgré tous fes avantages, ne crut point avoir vaincu une armée qui avoit trompé toute attente humaine; une armée, qui, quoique furprife de nuit & dans les bras du fommeil, avoit combattu fi long-tems au milieu de l'obfcurité & du brouillard; une armée qui avoit perdu la plupart de ses Généraux, & qui néanmoins étoit sur le point de renouveller le plus sanglant combat.

Tel étoit effectivement le dessein de FRÉDERIC, lorsque le Duc d'Aremberg, qui, avec sa formidable division, & favorisé par le brouillard, avoit pris le Roi en flanc, attaqua l'aile gauche des Prussiens, en renversa quelques milliers, & s'empara d'une de leurs grandes batteries. Mais ce fut là le terme de la victoire. Le Roi, attaqué maintenant en front & en dos, rassembla ses braves cohortes au milieu de ce carnage; & après un combat acharné de cinq heures, il fit une retraite à qui il ne manque qu'une antiquité de vingt siecles, pour être célébrée par toutes les bouches. Cette retraite fut couverte par un feu vif d'artillerie, & par des lignes de cavalerie qui marchoient à de grandes distances dans la plaine de Belgern, & derriere lesquelles se formoit l'infanterie vaincue. L'armée Autrichienne étoit dans un trop grand désordre pour troubler celle de l'ennemi: d'ailleurs Daun avoit déja fait connoître à Kollin, que son principe étoit qu'il falloit faire un pont d'or à un ennemi qui prend la fuite.

La marche de FRÉDERIC ne fut pas longue: il se campa avec ses troupes à une demi-lieue du champ de bataille, sur les montagnes dites *Spitzbergen*, avec les troupes qui avoient perdu la plus grande partie de leur artillerie & de leur bagage; qui se voyoient dénuées de tentes & obligées de demeurer en plein air, sans autre couverture que leurs habits étroits. Elles manquoient même de poudre & de boulets, ces premiers besoins des armées Luropéennes. Dans ces circonstances, une nouvelle action générale eût rappellé ces anciennes batailles, où l'on combattoit homme contre homme, & où tout dépendoit des forces corporelles. Cependant la position du Roi étoit si avantageuse, les moyens qui lui restoient d'affronter tout nouveau danger étoient si divers, & ses troupes, quoique vaincues, paroissoient encore si formidables, que Daun ne voulut point hazarder une seconde attaque.

Dans cette malheureuse journée, outre ses bagages, l'armée Prussienne perdit plus de cent canons & 9000 hommes. La perte des Autrichiens fut de sept mille morts & blessés.

Le Roi s'étoit hazardé dans le plus fort du danger: un cheval avoit été tué sous lui, & deux pages étoient tombés morts à ses côtés. Il s'étoit vu dans le plus grand danger d'être pris; & deja les ennemis l'avoient enveloppé dans le village de Hochkirch; mais il leur échappa par la bravoure des hussards qui l'environnoient. Présent par-tout où la mêlée étoit la plus sanglante, il paroissoit ne faire aucun cas de sa vie. Jamais son esprit & sa grande capacité ne se montrerent sous un jour plus éclatant, que dans cette nuit, qui, loin de rien ôter à sa gloire, ne fit que lui donner un nouveau lustre.

On avoit admiré jusqu'alors en lui, un Roi, qui au milieu de ses armées, soignoit toutes les affaires du gouvernement, & régissoit ses Etats, comme en pleine paix, par des ordonnances émanées de lui seul; un Prince qui jouoit de la flûte dans les momens les plus périlleux, & qui immédiatement après donnoit les ordres les plus réfléchis & les mieux combinés ; un Monarque, qui faisoit des vers françois le jour même d'une bataille décisive, & qui projettoit alors des loix & examinoit des comptes ; le vainqueur de Lissa, qui dans les champs de Silésie, deployoit une tactique égale à celle des Grecs, & anéantissoit une armée prodigieuse & aguerrie. Mais ce Prince extraordinaire ne paroîtra jamais plus grand aux yeux du philosophe, de l'historien & de l'observateur, que quand ils le verront surpris, battu, mais non vaincu à Hochkirch ; ramassant ses guerriers endormis, les opposant à un ennemi aguerri & supérieur en forces, qui déja se voit au milieu de son camp avec tous les avantages qu'on peut desirer dans un combat ; voyant, dans ces terribles momens, périr son ami intime, & maintenant, abandonné à lui-même, soutenu par les forces seules de son esprit, prendre les mesures les plus justes. Ils admireront ce Prince, rendant, parmi le sang & le carnage, l'harmonie au chaos de son armée, combattant pendant cinq heures, se retirant enfin dans le plus grand ordre ; & dans cette situation désespérée, sans canons, sans munitions ni bagages, se faisant craindre encore de l'ennemi, & se trouvant bientôt après en état de délivrer des forteresses assiégées. Un tel Prince ne peut qu'exciter l'admiration de tous les âges & de tous les peuples.

Plusieurs anciens régimens, qui n'avoient encore combattu que pour vaincre, & n'avoient jamais vu de défaite, furent contraints de tourner le dos à l'ennemi. Sans cette journée, quoiqu'elle couvrît les troupes Prussiennes d'une gloire que dix victoires ne leur auroient pas procurée, ces régimens auroie it conservé l'épithete d'invincibles. Nombre d'anciens officiers de ces troupes accoutumées à la victoire, avoient des idées si relevées de l'honneur militaire, qu'ils ne voulurent point céder au nombre supérieur, mais qu'ils préférerent de tomber sous le fer de l'ennemi. Il y en eut d'autres qu'il fallut entraîner par la force hors du champ de bataille, ne voulant pas survivre à ce jour malheureux, & préférant de périr comme des victimes immolées au Dieu de la guerre.

Cette victoire des Autrichiens fut remportée au jour même de la fête de MARIE-THÉRESE; & comme il est d'usage, dans les pays Catholiques, de faire des présens dans de pareils jours, Daun s'en acquitta en envoyant à sa Souveraine la nouvelle des avantages qu'il venoit d'obtenir. Elle le remercia, de ce prétendu bouquet, par une lettre des plus gracieuses. Le Pape CLEMENT XIII prit aussi part à cette victoire, & envoya au Feld-Maréchal un chapeau & une épée bénits, afin qu'il pût, avec d'autant plus de succès, combattre les hérétiques.

Jamais Daun ne se tenoit plus sur ses gardes, & n'usoit de plus de précautions, qu'après un événement heureux. Il prit après ce combat un camp d'une assiete forte, qu'il rendit inexpugnable par de nouveaux retranchemens; & il négligea tous les moyens de nuire à l'ennemi, & de profiter de sa victoire. FRÉDERIC employa ce tems précieux avec

d'autant

(1758)

d'autant plus d'ardeur, & fe procura promptement, partie de Dresde, partie de l'armée du Prince HENRI, les munitions & les vivres néceflaires à fon armée. Il ordonna de faire venir de nouveaux tranfports : il attira à lui un renfort de 6000 hommes que lui envoya fon frere, & fe prépara à marcher en Siléfie. Il difoit : „ Daun nous a laiffé „ échapper : la partie n'eft point perdue : nous nous „ repoferons pendant quelques jours, & marcherons „ enfuite pour délivrer Neiffe. „

Il avoit cependant encore plufieurs obftacles à vaincre. Son camp étoit plein de malades, & tous les Pruffiens bleffés dans la bataille fe trouvoient à Bautzen. Il falloit d'abord les tranfporter ailleurs, couvrir la Saxe, & tromper, par des contremarches fimulées, l'ennemi qui tenoit la route de la Siléfie garnie de troupes. Tout cela fut heureufement exécuté. Dès le 25 Octobre, onze jours après la bataille de Hochkirch, FREDERIC étoit déja en pleine marche pour cette province, & cela avec tant d'avantages, que Daun perdit tout efpoir de pouvoir l'en empêcher. Il le fit fuivre cependant par un nombreux corps de troupes, afin de retarder au moins fa marche. Laudon déploya ici fon activité : tantôt il poftoit des troupes légeres dans des ravins, afin d'arrêter les troupes du Roi ; tantôt il les canonnoit dans des poftes très-avantageux ; tantôt il fortoit des bois avec l'impétuofité d'un torrent, & fe précipitoit fur l'ennemi. Toutes ces tentatives n'aboutirent qu'à s'emparer de quelques pontons & chariots de bagages.

H.

Le Général Autrichien Harſch aſſiégeoit Neiſſe. Cette forterelle n'étoit que foiblement garnie de ſoldats : il en étoit de même de toutes les autres places des Pruſſiens, où le nombre des troupes néceſſaires pour tenir la campagne ne permettoit pas de laiſſer de fortes garniſons. L'éloignement du Roi & de l'armée Pruſſienne fit d'abord eſpérer à Harſch, qu'il pourroit bientôt prendre cette place importante. La perte de la bataille de Hochkirch la faiſoit auſſi regarder comme perdue, aux yeux de toute l'Europe.

La délivrance de places aſſiégées a lieu communément après une victoire ou quelque autre heureux événement ; mais que FRÉDÉRIC battu, environné d'armées formidables, & éloigné de plus de 40 miles d'Allemagne, viendroit au ſecours de cette forterelle, cela pouvoit à peine ſe concevoir, & l'attente générale de tous les peuples fut trompée. Après une marche de treize jours, ce Prince arriva, le 5 Novembre, à trois lieues de Neiſſe. C'étoit tout ce qu'il lui falloit pour effectuer ſon deſſein. Le jour même de ſon arrivée, Harſch leva le ſiege, & ſe retira en Moravie, en abandonnant une quantité de munitions de guerre & de bouche. Neiſſe avoit été inſultée dès le 4 Août, & canonnée depuis le 5 Octobre. La brave défenſe de la garniſon avoit rendu inutiles toutes les attaques de l'ennemi.

C'eſt ici le lieu de rapporter un trait généreux d'une Dame Allemande, que eſt demeuré entiérement inconnu, & dont vraiſemblablement FRÉDÉRIC n'a jamais entendu parler. Le Commandant de Neiſſe,

Général de Treskow, poſſédoit, non loin de cette ville, une terre où ſe trouvoit ſon épouſe, lorſque les Autrichiens commencerent ce ſiege. Ils craignoient de voir traîner cette entrepriſe en longueur, & que, malgré ſon éloignement, FRÉDÉRIC ne trouvât moyen d'anéantir leurs projets. Une trahiſon parut donc en tout cas la voie la plus ſûre & la plus prompte. Peu auparavant, Treskow avoit été priſonnier de guerre : on avoit eu, en Autriche, beaucoup d'égards pour lui ; & Madame de Treskow, qui étoit venue l'y joindre afin d'adoucir le ſort du Général, ſon époux, avoit éprouvé les égards les plus flateurs à la Cour Impériale. Le ſouvenir agréable des bontés de l'Impératrice devoit être encore récent dans la mémoire de cette vertueuſe Dame ; & c'eſt d'après ces ſentimens qu'on attendoit d'elle, que fut formé le plan que je vais détailler.

Un officier Impérial fut rendre viſite à Madame de Treskow, à qui il remit une ſauve-garde de la part du Général Autrichien. Il fut reçu & regardé comme un bienfaiteur. Il étoit arrivé le ſoir, & on l'engagea à paſſer la nuit dans la maiſon. Après le ſouper, l'Impératrice devint l'objet de la converſation. Le cœur noble & ſenſible de Madame de Treskow ne put tarir ſur les éloges de cette Princeſſe. Alors l'officier lui expoſe les propoſitions qu'il eſt chargé de lui faire : il lui promet, pour la reddition de Neiſſe, de grandes ſommes, des dignités, une fauſſe attaque pour ſauver l'honneur de ſon mari, & le ſilence le plus inviolable. Madame de Treskow, touchée au fond de ſon cœur, peut à peine se retenir jusqu'à ce qu'il ait achevé. Elle se leve subitement, & déplorant cette humiliation outrageante qu'elle venoit d'éprouver, elle s'écrie à plusieurs reprises & avec douleur : *Est il possible ! à moi une telle proposition !* Tous les efforts de l'officier pour la calmer, la promesse qu'il lui fit d'oublier ce qui venoit de se passer, & de l'ensevelir sous le plus profond silence, tout fut inutile. Cette Dame changea sur-le-champ le dessein qu'elle avoit formé, d'attendre l'issue du siege dans sa terre & à l'abri du danger : elle renonça à toute sauve-garde, à toute tranquillité & à tout repos, afin de partager avec les assiégés, leurs inquiétudes continuelles, leur disette de vivres & leur danger. Elle sacrifia généreusement sa terre, la seule possession de sa famille, & le fruit de cinquante ans de services militaires. Elle dit à l'officier : *nous sommes pauvres : c'est ici tout ce que nous possédons ; mais l'honneur m'oblige de l'abandonner entre vos mains. Si vous desirez de vous venger, faites le.* En vain cet officier, pénétré de cette grandeur d'ame, se jeta à ses pieds en la conjurant d'abandonner cette résolution. Elle lui pardonna cet outrage, mais refusa de demeurer plus long-tems parmi les ennemis de son Roi. Elle partit dans la nuit même. Quoiqu'elle fût instruite de la disette qui régnoit dans la place, elle ne voulut point prendre de vivres avec elle. L'officier l'accompagna jusqu'au dehors des lignes, où il la quitta rempli d'admiration.

La forteresse de Cosel, que les Autrichiens avoient bloquée jusqu'alors, fut aussi délivrée, &

la Silésie entière se vit ainsi dégagée de troupes ennemies. La campagne étoit maintenant finie dans cette province ; mais Daun, qui étoit demeuré en Saxe avec la grande armée, espéroit de faire de grandes conquêtes avant la fin de l'hyver ; cet Electorat n'étant défendu que par un petit nombre de troupes.

Toute l'Europe attendoit encore les fruits de la victoire de Hochkirch, dont on n'appercevoit aucune trace. On n'avoit cependant pas négligé de former divers plans pour en profiter. Dresde, Leibzig & Torgau devoient être emportées d'emblée, par trois corps différens. Daun s'avança lui-même contre Dresde, fermement résolu de ne pas se laisser, comme ci-devant, détourner de son entreprise. Il n'y avoit alors qu'un petit corps de troupes pour défendre la Saxe ; mais la plus grande activité régnoit parmi elles. Le Général Finck étoit en effet à leur tête, quoiqu'elles paruffent être sous les ordres de Généraux plus anciens que lui. Mais ces braves guerriers, Hülfen & Itzenplitz, en oubliant toute jalousie à l'égard d'un cadet, cherchèrent leur honneur dans la gloire de leur patrie, & en se conformant aux vues de FRÉDÉRIC. Ils se soumirent à la volonté de leur Roi, & rendirent hommage aux talens supérieurs du Général moins ancien qu'eux.

On prit les mesures les plus sagement combinées, pour résister à la grande supériorité de l'ennemi, & l'on renforça la garnison de Dresde. Le Commandant, Comte de Schmettau, se vit dans la triste nécessité d'en faire incendier les faux-bourgs. La Famille Royale, aveuglée vraisemblablement par de vaines espérances, parut voir ce danger avec trop de tranquillité. La superbe architecture des maisons élevoit ces faux-bourgs au niveau des plus magnifiques villes de l'Europe. Les bâtimens immenses qu'on y voyoit servoient de demeure à des Grands, ou étoient le siege de manufactures innombrables, qui, par des ouvrages de goût, montroient à quel degré les Saxons avoient porté l'industrie. On écouta, à la Cour, avec la plus passive tranquillité, les menaces que fit Schmettau de les réduire en cendres, aux approches de l'ennemi. Celui-ci s'approcha effectivement : les Prussiens rappellerent leurs postes avancés, & donnerent, le 10 Novembre, au matin, le terrible signal pour l'incendie.

Dans tous les appartemens ou dans les vastes espaces de chacun de ces édifices, on avoit placé, parmi les plus beaux meubles, chefs-d'œuvre de l'art & de l'industrie nationale, des matériaux combustibles. Les habitans avoient pris la fuite, & un très-petit nombre d'entre eux avoient pu employer le tems qui leur fut accordé, pour sauver leurs volumineux effets ; d'autant plus qu'on manquoit de chariots, de chevaux & de porte-faix pour les transporter. Desorte qu'en peu d'heures 266 édifices devinrent la proie des flammes. Deux époux fort-âgés, unis depuis long-tems par les liens du mariage, périrent dans les flammes : trois autres personnes furent encore tuées à cette occasion [*].

___

[*] Le Magistrat de Dresde a donné à Schmettau le

Daûn parut consterné de cet incendie, & fit demander à Schmettau si c'étoit par ordre de son Roi qu'il avoit commis une action aussi inouie parmi des chrétiens; le menaçant en même tems de l'en rendre responsable. Schmettau allégua le devoir qui lui étoit imposé de défendre jusqu'au dernier homme la ville confiée à ses soins, ainsi que les maximes générales de la guerre. Il assura le Général Autrichien, comme il l'avoit fait auparavant, qu'il combattroit de rue en rue jusqu'au dernier homme, & périroit enfin sous les ruines du palais Electoral.

Daun fit alors des préparatifs pour assiéger Dresde dans les formes; mais la fâcheuse nouvelle qu'il reçut de la délivrance de Neiss, & de la retraite de l'armée Autrichienne vers la Moravie, fit évanouir de nouveau ce dessein. Il se retira. Néanmoins, en habile courtisan, il assura qu'il ne se déterminoit à cette retraite, que par égard pour la Famille Royale. Il fut dit, dans les rapports officiels de la Cour de Vienne, que diverses considérations importantes avoient occasionné cette résolution; mais ces considérations n'étoient autres que celle de l'approche du Roi.

Les tentatives des Autrichiens contre Torgau & Leibzig n'eurent pas plus de succès: ces deux villes furent délivrées presqu'en même tems par les Généraux Prussiens Dohna & Wedel. Il ne resta donc aux troupes de l'Impératrice-Reine, & à l'armée

---

témoignage le plus honorable de la conduite que tint ce Général à cette occasion. Ce témoignage suffit pour le justifier entièrement des cruautés qu'on lui a faussement attribuées.

de l'Empire, qu'à se retirer en Boheme; & elles abandonnerent même Sonnenstein dont elles s'étoient emparées. Daun s'efforça de distribuer ses troupes dans leurs quartiers d'hyver, de maniere qu'il en résultât une chaîne immense, telle qu'on n'en avoit jamais encore vu de pareille en Allemagne. Elle s'étendoit d'abord le long des frontieres de la Silésie & de la Saxe: les troupes de l'Empire la continuoient à travers la Franconie & la Thuringe: là elles joignoient les François postés le long du Rhin & du Mein, & qui dominoient les bords de ce grand fleuve jusqu'aux limites de la Suisse.

Les Russes, à qui, après la bataille de Zorndorf, l'éloignement du Roi laissoit la liberté de continuer leurs opérations, résolurent d'assiéger Colberg, afin d'en faire ensuite leur place d'armes & leur principal magazin dans l'intérieur des provinces de Prusse. Le port de cette place leur offroit les plus grands avantages pour leurs approvisionnemens, & la foible garnison une conquête facile. Le fort de la Poméranie dépendoit maintenant de 700 hommes de milices provinciales, commandés par un Major d'invalides. Telle étoit la garnison de Colberg. Mais ce Commandant, Heyden, n'étoit point de la classe nombreuse & commune de guerriers. Il fit les meilleures dispositions pour se défendre, & manifesta le plus grand courage avec une rare intrépidité.

Le Général Palmbach assiégeoit cette forteresse avec 10,000 hommes; & au bout de cinq jours il étoit déja maître du chemin couvert. Sa prise parut dès-lors assurée; mais la bravoure du Commandant, & celle de ses braves bourgeois, qui avoient pris les armes & qui combattoient comme de vieux guerriers, mirent un terme à tous progrès ultérieurs. Les assiégeans recevoient journellement de nouveaux renforts, & renouvelloient leurs attaques avec des troupes fraîches. Mais ce fut inutilement; & au bout de dix-neufs jours, ils se virent obligés de lever le siege. Après cette vaine tentative, les Russes évacuerent toute la Poméranie & le Brandenbourg, & allerent prendre des quartiers d'hyver partie en Pologne & partie en Prusse. Ce fut cette retraite qui donna moyen au Général Dohna, de marcher en Saxe avec son armée, & de délivrer Leibzig.

Pendant cette campagne, les opérations des Suédois furent aussi peu importantes qu'elles l'avoient été l'année précédente, quoiqu'ils eussent été renforcés par 5600 hommes d'infanterie, & 2000 de cavalerie. L'inaction de leurs troupes, & la honte qui en résultoit pour elles, les rendoient ridicules aux yeux de leurs Alliés, des ennemis, & même de leurs propres compatriotes. Les vraies causes de cette inaction, que nous avons rapportées ci devant, n'étoient connues que de fort-peu de particuliers. On se rioit de ces foibles guerriers, autant à Stockholm qu'à Berlin & à Vienne. Ils démentirent entiérement le caractere soutenu, depuis plusieurs siecles, d'un ennemi magnanime, & ils déshonorerent, par des actions basses, leur esprit national & guerrier. A peine les Prussiens s'éloignoient ils un peu, qu'ils se laissoient emporter à des pillages effrénés, & à tous les excès imaginables. Hormis les incendies & le meurtre de citoyens sans défense, ils le cédoient peu, dans leurs ravages, aux Cosaques mêmes. Ils pilloient de fond en comble les villes & villages par lesquels ils passoient, sans laisser la moindre nourriture à leurs malheureux habitans : ils détruisoient même les grains dans le sein de la terre. Ils envoyerent de forts détachemens dans le Mecklenbourg, afin d'extorquer, de ce pays allié, des livraisons qu'on exigeoit par violence, comme si c'eût-été un pays ennemi. Le traité d'alliance entre les Cours de Stockholm & de Petersbourg, qui étoit d'expiré cette année, fut renouvellé pour douze ans.

La prise de Berlin fut l'objet de l'ambition des Suédois, au mois d'Octobre, lorsque le Brandenbourg se trouvoit encore dénué de troupes. Ils n'étoient plus qu'à cinq lieues de cette résidence, lorsque Wedel s'avança avec le corps de troupes sous ses ordres, & chassa cet ennemi, que les Prussiens ne cesserent de poursuivre, que jusqu'à ce qu'ils l'eussent relégué sous les canons de Stralsund. Fehrbellin, dans la Marche, fut la seule ville où ils jetterent beaucoup de troupes, afin de couvrir leur retraite. Mais ce lieu, si mémorable pour les Suédois par la défaite qu'ils y avoient essuyée un siecle auparavant, sous l'Electeur FRÉDÉRIC-GUILLAUME, fut attaqué sans délai par les Prussiens, qui l'emporterent d'assaut. Une partie de la garnison fut passée au fil de l'épée, l'autre faite prisonniere de guerre.

La campagne étoit maintenant terminée de toutes parts : vers la mi-Décembre, il ne se trouvoit plus d'ennemi, ni en Silésie, ni en Saxe, ni dans le Brandenbourg, ni dans la Poméranie. Ce même FRÉDERIC, qu'on avoit battu en Octobre, se voyoit maître de la Saxe, de l'Elbe & de l'Oder. En sept semaines de tems, il avoit marché de Saxe en Silésie : il étoit revenu de cette province en Saxe, & s'y étoit porté de nouveau. Dans ce court intervalle, Neisse, Cosel, Dresde, Leibzig, Torgau & Colberg avoient été délivrées. Si ces rapides opérations étonnerent ceux qui ne connoissoient pas sa tactique, elles surprirent encore beaucoup plus les hommes de guerre qui connoissoient les difficultés qu'entraînent les mouvemens continuels de grandes armées, dans toute leur étendue. Le Maréchal de Bellisle, alors Ministre d'Etat à la Cour de Versailles, avoit entiérement exclu de son plan ces marches & contre-marches de l'armée Prussienne, vu l'apparente impossibilité de les effectuer. Il disoit: ,, Quoi que le Roi de Prusse puisse faire, ,, son armée n'est pourtant point une navette de ,, tisseran. ,, Les Autrichiens méditoient de nouveaux plans en Boheme & en Moravie. Les Russes, répartis en Prusse & en Pologne, songeoient à remplir leurs magazins : les troupes de l'Empire soupiroient à prendre du repos dans leurs quartiers d'hyver au centre de l'Allemagne, & les Suédois, qui voyoient leur propre Poméranie entre les mains des Prussiens, cherchoient leur sûreté sous les canons de Stralsund.

La campagne contre les François avoit également été très-remarquable. Dès le commencement de cette année, Richelieu s'étoit vu obligé de remettre au Comte de Clermont le commandement des troupes Françoises. Ce nouveau Commandant étoit un ecclésiastique, qui n'avoit jamais vu d'armée rassemblée, pas même pour une revue. Mais, en habile courtisan, il avoit su plaire à la Marquise de Pompadour, qui, en qualité de Maîtresse du Roi, gouvernoit absolument LOUIS XV & le royaume. Afin de récompenser ses complaisances, elle le fit Général, & l'envoya en Allemagne pour sauver l'honneur de la France contre l'un des plus grands Capitaines de l'Europe. Ce choix surprit tout le monde; & FREDERIC dit, en recevant cette nouvelle: *J'espere qu'il sera bientôt relevé par l'Archevêque de Paris.*

Clermont trouva les troupes confiées à ses soins, dans la situation la plus misérable. Le Marquis d'Havrincourt, Envoyé de France à Stockholm, s'exprime à cet égard en ces termes, dans sa lettre au Marquis de Montalembert: „ Clermont a „ trouvé les troupes dans un désordre inconce- „ vable: il n'y a aucun ordre, aucune harmonie „ dans la distribution des troupes dans leurs quar- „ tiers; point de soin pour l'avenir, point de me- „ sures pour leur approvisionnement & leur entre- „ tien; bref, tout y manque. „ Le nouveau Général fit à son Roi le rapport suivant: „ J'ai trouvé, dit-il, „ l'armée de V. M. divisée en trois parties bien „ différentes: l'une au-dessus de la terre, composée

„ de pillards & de marodeurs ; la seconde est sous
„ terre, & la troisieme dans les hopitaux. „ Il
finissoit par demander au Roi, *s'il devoit se retirer
avec la premiere troupe, ou attendre qu'il eût joint
l'une des deux autres.*

„ Le Duc FERDINAND ne lui laissa pas le tems
d'améliorer sa situation : il marcha contre Hannovre.
Par tout où se montroient ses troupes, l'ennemi
prenoit la fuite ; & cela avec tant de précipitation,
qu'il abandonnoit tous ses malades, avec une quantité d'artillerie & de bagages. Le Comte de Chabot
fut le seul qui défendit son poste près de Hoya
sur la Veser, jusqu'à ce que le Prince héréditaire,
maintenant Duc régnant de Brunswick, l'en eût
chassé après une vive résistance, & lui eût fait 1500
prisonniers. Ce furent ici les prémices de ces exploits, qui mirent en peu de tems ce jeune Prince
au rang des premiers Généraux de notre siecle.
C'est lui qui étoit destiné à venger ensuite la Maison
d'Orange, & à humilier presque sans coup férir la
superbe Hollande.

La prise de Hoya fraya le chemin d'Hannovre,
de Zell & de Brunswick. Les troupes légeres des
Alliés faisoient fuir tout ce qui se trouvoit devant
elles. Dans cette consternation, par-tout où les
François cherchoient à se sauver, & au milieu de
ce désordre, plusieurs centaines d'entre eux devinrent les victimes des paysans Hannovriens que tant
de violences avoient rendus furieux. En huit jours
de tems, tout le pays d'Hannovre fut évacué par
l'ennemi, qui se retiroit en hâte vers le Rhin, en

abandonnant tous fes magazins. Pour affurer une retraite auffi confufe, Clermont facrifia 4000 hommes qu'il laiffa dans Minden. Cette place fut bientôt infultée, & prife après fix jours de fiege : la garnifon fe rendit prifonniere de guerre, & l'on y trouva un très-grand magazin. Les François ne s'arrêterent qu'à Wefel, où leur Commandant en chef prit fon quartier-général, en envoyant au-delà du Rhin la plus grande partie de fes troupes.

FERDINAND manquoit de cavalerie : quelques régimens de cavalerie Hannovrienne & Heffoife ne fuffifoient pas pour le fervice de l'armée. Le Parlement de la Grande-Brétagne réfolut donc d'envoyer de la cavalerie en Allemagne, & de renforcer auffi l'armée de FERDINAND par de l'infanterie. Pour cet effet, Embden étoit le lieu le plus propre au débarquement ; mais cette place fe trouvoit encore entre les mains des François. Son port les avoit engagés à en faire leur place d'armes, & à y raffembler leurs principaux magazins. Dans cette vue, ils y avoient mis une garnifon de 3800 hommes.

Ce plan fut également anéanti. Deux vaiffeaux de guerre Anglois parurent, & bloquerent le port : une terreur fe répandit parmi la garnifon : elle craignit d'être attaquée en même tems par mer & par terre, & de fe voir ainfi coupée. Il ne reftoit donc d'autre parti que celui de la retraite, à laquelle on fe détermina fans délai. Mais elle ne fe fit qu'avec beaucoup de perte. Les chaloupes armées des Anglois, les huffards Pruffiens, les chaffeurs de Hannovre, tous cherchoient à fe furpaffer en activité. Beaucoup de fuyards furent tués, & l'on en prit un bien plus grand nombre. On abandonnoit à leur fort les blessés & les malades : on s'empara d'une quantité de bagages & de munitions, ainsi que de magazins très-considérables : les ôtages que les François avoient enlevés furent délivrés. Dans cette fuite précipitée, ils avoient oublié de rappeller la garnison de Vechte, fort situé proche d'Embden : elle se rendit aussi-tôt prisonniere de guerre, avec un train de cent pieces d'artillerie.

Toutes les armées des Puissances belligérantes, Prussiens, Autrichiens, Russes, Suédois & les troupes de l'Empire, étoient encore en quartiers d'hyver, lorsque, au mois de Mars, on fut témoin de cette grande révolution, dans laquelle les troupes de France, ivres encore de leurs victoires, se virent poursuivies comme du gibier dans des forêts couvertes de neiges. Toute l'Allemagne septentrionale fut alors délivrée de ces étrangers, & le théatre de la guerre fut entiérement changé. Wesel étoit la seule place qui fût encore entre leurs mains. FERDINAND se proposoit de la prendre & de les chasser tout-à-fait au-delà du Rhin ; mais avant d'exécuter ce projet, il mit ses troupes en quartiers d'hyver dans la Westphalie, & attendit la cavalerie Angloise.

La nation Françoise, qui n'avoit point encore oublié la honte de la bataille de Rosbach, fut profondément humiliée de cette nouvelle révolution. Une grande armée de François, fuyant devant une poignée d'Allemands ramassés à la hâte, & qui manquoient même de cavalerie ; devant ces mêmes Allemands, que, quelques mois auparavant, ils avoient vaincus & traités avec tant de mépris & de dédain, confinés dans un espace de terrein fort-étroit, & contraints enfin de chercher leur salut dans une suspension d'armes des plus humiliantes. C'en étoit trop pour l'orgueil Gaulois. Déja l'on croyoit voir l'entreprenant FERDINAND en deçà du Rhin, dans le cœur de la France, & presqu'aux portes de Paris. On prit donc les mesures les plus vigoureuses; & toutes les troupes, même celles qui étoient dans le cœur du royaume, furent mises en mouvement. Elles reçurent ordre de renforcer en toute hâte l'armée sur le Rhin: les places frontieres furent mises dans le meilleur état de défense; & afin de relever l'espoir de la nation qui desiroit plutôt la paix que la guerre, on répandit le bruit que la paix ne tarderoit pas à se conclure, sous la médiation de l'Espagne.

Le Duc de Bellisle, qui gouvernoit alors à Versailles, porta son attention sur les sources des abus. Il fit renfermer plusieurs officiers à la Bastille, & adressa à tous les chefs de régimens de l'armée Françoise, des lettres pleines d'ordres sévères & de menaces. On y eut cependant peu d'égards: le mal avoit poussé de trop profondes racines, & ne pouvoit être restreint sans une refonte totale de la constitution militaire de la France. Dans les marches de leurs armées, dans leurs camps, même sur les champs de bataille, il ne régnoit ni subordination, ni discipline, ni ordre: on remarquoit par contre d'autant plus d'usages qui jadis caractérisoient des

peuples

peuples barbares, des loix & des excès arbitraires. Même des officiers subalternes menoient des maîtresses avec eux. L'armée étoit-elle en marche, on voyoit au milieu d'elle ces courtisanes traînées dans des carosses, & fréquemment à côté de leur amant, qui abandonnoit sa troupe pour vaquer à tous les soins de son amour. On trouvoit, au milieu des camps François, tout ce que le luxe peut étaler aux yeux dans les résidences les plus brillantes : on y voyoit tout ce qui peut faire l'objet des besoins les plus simples comme des plus recherchés ; des boutiques sans nombre ; des magazins entiers d'étoffes de soie, de marchandises de modes, d'essences odoriférantes, de parasols, bourses à cheveux & boêtes à mouches. On vit même une fois, à l'armée du Prince de Soubise, 12,000 chariots appartenans à des marchands & vivandiers, sans compter le train nécessaire pour les officiers. Cependant l'armée ne passoit pas alors cinquante mille hommes. Parmi les Gardes-du-corps, l'escadron du Duc de Villeroi, composé de 139 cavaliers, avoit seul une suite de 1200 chevaux, dont le plus grand nombre servoit à traîner ses bagages. Cette quantité immense de chariots rendoit la subsistance des troupes beaucoup plus difficile : elle augmentoit le désordre dans les camps & dans les marches, & arrêtoit les mouvemens de l'armée. Dans les camps même, on donnoit des bals, & souvent un officier, qui étoit de garde, abandonnoit pour un moment son poste, afin d'aller danser un ménuet dans le voisinage. On se rioit des ordres du Général, & l'on ne s'y confor-

I

moit que lorsqu'on le jugeoit à propos, & qu'on pouvoit le faire sans trop de gêne.

Le Comte de St. Germain, l'un des principaux Généraux François, & qui depuis a été Feld-Maréchal au service de Danemarc, & Ministre de la guerre en France, donna un exemple bien frappant de ce manque absolu de subordination. Il étoit alors Lieutenant-Général, & commandoit un corps séparé de 10,000 hommes. S'étant brouillé avec le Maréchal de Broglio, il renonça à toute dépendance de lui, & enfin il abandonna les troupes à ses ordres, sans en avoir prévenu son Commandant, ni pourvu à la sûreté de tant de milliers de soldats de sa nation. Il crut qu'il lui suffisoit d'indiquer à son Commandant en chef, par une lettre, le lieu où il avoit laissé le corps confié jusqu'alors à ses soins. Ce crime de haute trahison militaire ne fit aucune sensation, ni parmi les troupes, ni même dans toute la France. On disoit à Paris: *il a donné sa démission*. Un peuple aussi sensible au point d'honneur, ne considéra ici ni les circonstances, ni ce qu'on doit à son honneur, à son rang, à sa patrie. On se borna, à la Cour & à la ville, à blâmer une résolution, dont la moindre idée, dans les armées de Prusse & de Rome, eût été un crime capital.

Cette maniere de penser & d'agir, qui formoit un si grand contraste avec les principes & usages militaires des Allemands, les rendit si méprisables aux yeux des troupes Allemandes, que ni le courage propre à cette nation, ni son amour actif pour la gloire ne purent affoiblir. De grands événemens concoururent à établir de tels préjugés. A peine FRÉDERIC se montre-t-il aux François, qu'il remporte sur eux une grande victoire, & cela de la maniere la plus facile. FERDINAND ramasse, au milieu de l'hyver, des troupes dispersées, & chasse en peu de semaines, presque sans coup férir, les François, ivres de leurs victoires, jusques sur les bords du Rhin. Un ennemi fort de plus du double, fuit de toutes parts, abandonne ses magazins, & ne pense qu'à sauver sa vie. Effectivement, lorsqu'elles arriverent sur le Rhin, les troupes Françoises étoient dans un état déplorable: on les voyoit exténuées par la faim & par les fatigues, & couvertes de haillons. Les objets les plus indispensables, ceux dont leurs marchands ambulans & leurs vivandiers pouvoient les pourvoir, étoient devenus la proie des troupes légeres de FERDINAND. Elles manquoient de pain, &, ce qui ne leur étoit pas moins sensible, de poudre à cheveux.

La gaîté n'abandonna cependant pas ces troupes: elles chantoient, elles faisoient des gambades, & se montroient, lorsqu'elles étoient en marche, dans un accoutrement comique. On leur permettoit des libertés que chez d'autres troupes on auroit regardées comme indécentes. Souvent les soldats portoient des pains sur la pointe de leurs bayonnetes, qu'ils tenoient élevées en l'air: ils suspendoient leur viande à la garde de leur épée. Des manchettes de papier étoient parmi-eux fort-ordinaires. La plupart n'avoient point de bas; desorte que leurs jambes n'étoient couvertes que de leurs bottines.

Néanmoins, dans aucune armée il ne régnoit une si grande gaîté, qui se soutenoit sans interruption tant dans les marches que dans les campemens, de jour comme de nuit, & dans des événemens malheureux, comme au milieu des plus grands succès. Au défaut d'autres spectacles, on dépouilloit jusqu'à la ceinture des femmes de mauvaise vie, qu'on faisoit passer par les verges; punition destinée à servir d'amusement, & d'autant plus singuliere, qu'on ne fait jamais éprouver aux soldats François de peines afflictives & corporelles, de quelque genre qu'elles puissent être.

Toutes ces circonstances augmentoient le mépris qu'avoient pour eux les guerriers Allemands; & il fut porté à un point tel qu'on n'en avoit jamais conçu de semblable pour un peuple vraiment courageux. On ne le dissimuloit même pas dans la situation la plus épineuse. En voici un exemple singulier:

Un hussard Prussien avoit été pris par les François, & amené dans leur camp. Clermont voulut lui parler. La prise d'un hussard Prussien étoit d'ailleurs un cas très-rare. Celui-ci étoit du régiment Noir. Chaque cavalier de ce corps, couvert de vêtemens de la couleur mortuaire, portoit encore sur le front une tête de mort, symbole du tombeau: c'étoit un vrai *memento mori* vivant, & le seul aspect d'un tel ministre de la mort, un sabre aigu à la main, suffisoit pour donner la plus grande énergie à cette sentence. Aussi ces hussards noirs étoient-ils formidables aux plus braves régimens de l'armée de France. On avoit répandu, qu'à la moindre résistance ils ne donnoient jamais de quartier; & eux-mêmes confirmoient ce bruit public, afin de vaincre avec d'autant moins de difficulté. L'effet de ce bruit fut au-delà de toute attente: des cohortes entieres prenoient la fuite devant un petit nombre de ces hussards; & souvent il arrivoit qu'un seul de ces hommes regardés comme sorti de l'enfer, amenoit au camp des troupes assez considérables de prisonniers.

L'entretien du Général François, avec le hussard noir dont nous avons parlé, se fit par truchement. Sur la demande où FERDINAND étoit campé, il répondit: *là où vous n'irez pas l'attaquer.* On lui demanda de quelle force étoit l'armée de son Roi. Il repliqua: *allez la chercher, & puis comptez-la, si vous en avez le courage.* Clermont ne se sentit point offensé par cette hardiesse: au contraire, elle lui plut, & l'engagea à demander au hussard si son Roi avoit beaucoup de soldats tels que lui. L'homme à la tête de mort répliqua: *je suis l'un des moindres, sans quoi je ne serois pas maintenant votre prisonnier.* Trouver de tels sentimens hors de la France, c'étoit une énigme pour les François. On remit le hussard en liberté, & Clermont lui donna un louis-d'or. Le Prussien le reçut, mais c'étoit pour le remettre, aux yeux même du Général, à un soldat François, en déclarant qu'il ne vouloit absolument être redevable de rien aux ennemis de sa patrie. On lui offrit du service

& une place d'officier. Il répondit, avec un sourire dédaigneux & moqueur, *qu'il étoit Prussien*.

De tels traits caractérisent l'esprit d'un peuple & celui du siecle. D'aussi nobles sentimens, dans un simple soldat, ne pouvoient être formés que par des principes nationaux & par la voix générale du peuple. Aussi cette action n'excita-t-elle point, parmi les Allemands, l'admiration qu'elle méritoit : elle fut publiée ; mais le nom du Prussien qui en fut le héros est demeuré inconnu.

C'est un devoir pour l'historien, de rapporter des traits de cette nature : c'est pour lui un devoir agréable, lorsqu'ils font honneur à sa patrie ; mais il ne doit point passer sous silence les grandes & généreuses actions d'un ennemi. Le Marquis d'Armentieres, Général François, non moins généreux que ce Marquis de Bouillé, que les Indes-Occidentales ont vu victorieux dans la derniere guerre, avoit pris une ville considérable dans le pays d'Hannovre. La Noblesse & la bourgeoisie lui envoyerent des députés, pour implorer sa clémence. Armentieres répondit : *Messieurs, je ne suis pas venu pour vous faire du bien ; mais soyez assurés que je vous ferai aussi peu de mal qu'il me sera possible.* Il tint parole.

L'honneur du plus grand, du plus noble & du plus extraordinaire de tous les traits particuliers qu'on ait vus pendant le cours de cette guerre, du moins de ceux qui ont été connus, appartient aussi aux François. C'est ici le lieu de le rapporter : il est d'ailleurs indifférent de dire en quelle année & à quel jour il eut lieu. Le Chevalier d'Assas, jeune officier François du régiment d'Auvergne, en commandant un détachement, fut surpris, dans la nuit, par les Alliés, au milieu d'une forêt. Il faisoit obscur, & il étoit éloigné à quelque distance de son Corps. Tout-à-coup il se voit environné, seul, d'une troupe de soldats. Des centaines de bayonnettes, élevées sur sa poitrine, & prêtes à le percer, le menacent d'une mort soudaine au moindre bruit qu'il feroit. Le Grand Condé a dit : qu'on ,, me montre un danger qu'il ne soit point possible ,, d'éviter, & je frémirai." Rien ne pouvoit sauver le Chevalier, si par ses cris il instruisoit ses gens de la présence des ennemis ; & même alors sa mort n'assuroit pas leur vie. Mais d'Assas ne pensa qu'à son devoir. Il cria : *Auvergne, voici les ennemis ;* & dans l'instant même toutes ces bayonnettes furent plongées dans ses entrailles. Si les Decius ont volontairement sacrifié leur vie dans les batailles, ils y étoient portés par la pensée de sauver leur patrie en des momens critiques: ils comptoient sur l'admiration de Rome, sur des statues, des temples & sur l'immortalité. D'Assas, né dans un rang obscur, n'avoit point de telles vues ; & néanmoins il se sacrifia, à la fleur de son âge, à une mort certaine.

Je reprends maintenant le fil de cette histoire. Aussi-tôt que les troupes se furent remises de leurs fatigues, dans les quartiers d'hyver où elles ne demeurerent que peu de tems, FERDINAND ouvrit la campagne avec le hardi projet de porter la guerre, si-non dans le sein de la France même, du moins fur les frontieres de ce royaume. Mais comme l'armée Françoife étoit raffemblée fur le Rhin, & en partie dans une pofition avantageufe, le paffage de ce grand fleuve étoit fujet à d'extrêmes difficultés. Elles furent cependant heureufement furmontées, &, dans la nuit du 1er Juin, l'armée des Alliés paffa le Rhin, près de Cleves, partie fur des ponts, partie fur des bateaux plats. FERDINAND defiroit avec ardeur une bataille; mais Clermont l'évitoit avec foin, & avec fon armée de beaucoup fupérieure en nombre, il s'étoit retranché jufques aux dents près de Rhinfelden. L'y attaquer eût été une témérité. Il ne reftoit donc qu'à le forcer à la retraite, par de favantes manœuvres, & c'eft en quoi réuffit ce grand Capitaine. Quinze jours après qu'il eût paffé le Rhin, on vit l'armée Françoife dans les plaines de Crefeld. Il s'y donna, le 23 Juin, une bataille, où les François furent obligés de fuir, après avoir perdu 7500 hommes: les Alliés compterent 1500 morts & bleffés. Le lieu principal du combat étoit un bois, de la poffeffion duquel dépendoit le fort de la journée. Le Prince héréditaire de Brunswick y pénétra avec l'infanterie, & l'ennemi en fut enfin chaffé, après un combat opiniâtre de trois heures. La cavalerie Françoife fouffrit beaucoup dans cette action; & les dragons Pruffiens, irrités de certaines railleries qu'ils avoient effuyées de la part des ennemis, s'en vengerent cruellement. Une perte que firent les François, & qui en fut une pour la nation entiere, fut celle du Comte de Gifors, fils unique du Duc de

Bellisle, jeune homme de rares talens & de la plus grande espérance. Il mourut d'une blessure mortelle, dans les bras du Prince héréditaire de Brunswick, dont il étoit connu & aimé. FERDINAND victorieux alla voir le champ de bataille, & considéra avec attendrissement cette quantité de cadavres mutilés. Il dit à ses officiers, qui le félicitoient de sa victoire: *c'est la dixieme fois, en ma vie, que je vois un pareil spectacle. Plût à Dieu que ce fût le dernier!*

Une suite de cette victoire fut le siege de Düsseldorf, où les François avoient leur principal magazin. Cette ville se rendit, dès le sixieme jour, après que les bombes & boulets eurent mis le feu à un grand nombre de maisons. La garnison obtint de pouvoir se retirer; mais les provisions immenses qui s'y trouvoient, consistant en munitions de guerre & de bouche, tomberent entre les mains des vainqueurs. Cette nouvelle perte épouvanta la France: la Bastille fut remplie & Clermont rappellé. Le Dauphin voulut aller se mettre à la tête de l'armée; dessein que cependant il ne lui fut pas permis d'effectuer.

On prit néanmoins les mesures les plus propres à sauver l'honneur de la France. Les armées furent pourvues de recrues & de ce dont elles avoient besoin; & les Généraux reçurent diverses instructions. Le Maréchal de Contades, Général expérimenté, obtint le commandement sur le Rhin, & Soubise reçut ordre de pénétrer, avec son armée, quoi qu'il en pût coûter, dans le pays de Hesse. L'éloignement de FERDINAND faisoit envisager cette province comme une conquête facile, & en même tems comme un moyen d'écarter du Rhin l'armée des Alliés. Soubise se mit donc en marche; & quoique son armée eût été battue par les milices Hessoises, il pénétra, avec 30,000 hommes, dans le cœur de cette province. Le Général des Hessois, Prince d'Isenbourg, n'avoit que 5000 hommes pour la défendre; & avec cette petite troupe, il se campa avantageusement entre Cassel & Minden. Connoissant l'insuffisance de ses forces, pour résister, avec aussi peu de troupes dont la plupart étoient irrégulieres, à une aussi grande armée, il ne cherchoit qu'à gagner du tems, afin d'attendre l'issue des opérations sur le Rhin. En conséquence de ce plan, il vouloit se retirer; mais ses troupes, qui avoient alors le plus profond mépris pour celles de France, ne voulurent point obéir. Le Prince fut contraint de tenir ferme, & il se donna une bataille près du village de Sangershausen, entre lui & le Duc de Broglio, qui avoit sous ses ordres une armée de 12,000 hommes, composée pour la plupart d'Allemands à la solde de la France. Le combat fut très-opiniâtre : les Hessois combattirent comme des lions, & disputerent la victoire pendant cinq heures. Enfin ils céderent au nombre. Isenbourg abandonna le champ de bataille, après avoir perdu 1500 hommes tués, blessés ou prisonniers, & presque toute son artillerie. Trois cens de ces courageux Hessois se noyerent dans la Fulda, en cherchant à traverser cette riviere à la nage.

Cette victoire rendit les François maîtres de la Weser ; & ils purent s'étendre de nouveau dans le pays d'Hannovre & dans la Westphalie. La Hesse, qui avoit déja tant souffert, éprouva de nouveau tous les fléaux de la guerre. On chercha à capituler pour ce malheureux pays ; mais Contades répondit ironiquement aux députés, *qu'étant soldat, il ne savoit pas écrire.*

La bataille de Crefeld, & les progrès de FERDINAND sur le Rhin, avoient achevé de déterminer les Anglois à une guerre de terre. Le pouvoir législatif, & le peuple de ce Royaume, desiroient qu'on prît les mesures les plus efficaces, pour combattre la France par terre & par mer. Le grand Pitt avoit alors en main le timon de l'Etat, & gouvernoit à son gré cette nation orgueilleuse. Son éloquence convaincante, son esprit pénétrant & profond le rendoient maître absolu tant dans le Conseil du Roi que dans le Parlement. Il avoit pour principe de ne rien entreprendre, ou de persévérer, & d'employer toutes ses forces pour l'exécution d'un dessein. Le Parlement consentit à envoyer 18,000 hommes en Allemagne. Si cela eût pu se faire plutôt, FERDINAND se seroit maintenu au-delà du Rhin. Mais sa position étoit devenue critique.

Il voyoit contre lui une armée de 80,000 hommes, commandée par un habile Général. Les vivres commençoient à manquer à ses troupes, & des pluies continuelles avoient entièrement dégradé les chemins, & inondé les rivages des rivières. Les marches étoient donc extrêmement difficiles & fatiguantes. FERDINAND defiroit de livrer une bataille, que Contades, qui connoiſſoit ſes avantages, évitoit ſoigneuſement. Le pays d'Hannovre menacé demandoit cependant de prompts ſecours : à ces conſidérations ſe joignoit le ſoin de faire ſubſiſter ſon armée, & de veiller à la ſûreté des troupes auxiliaires Angloiſes, qui devoient débarquer dans le Nord de l'Allemagne, & qu'on auroit pu facilement couper. Ce concours de circonſtances obligea le Général Allemand de repaſſer le Rhin. Mais cette entrepriſe étoit accompagnée de grandes difficultés. L'ennemi, extrêmement ſupérieur en nombre, étoit dans le voiſinage, & avoit beaucoup de vigilance.

L'armée des Alliés avoit établi un pont ſur ce fleuve, dans le voiſinage de Rees ; & le Général Imhof étoit chargé de le garder avec 3000 hommes. Il y fut attaqué par un corps de 10,000 François, & FERDINAND n'étant pas en état de lui envoyer du ſecours, Imhof n'eut plus de reſſource que dans ſa bravoure. Son camp étoit défendu par des foſſés & par des haies : l'ennemi ne connoiſſoit point le terrein dont Imhof ſut tirer le parti le plus avantageux ; deſorte qu'au lieu d'attendre les François, il marcha lui-même contre eux. L'attaque fut vive, & d'autant plus efficace qu'on n'auroit pu l'attendre d'un corps auſſi peu conſidérable. En une demi-heure de tems, l'ennemi fut repouſſé malgré la ſupériorité de ſes forces. Il ſe retira en hâte à Weſel, en abandonnant onze canons, quantité de munitions & quelques centaines de priſonniers. Les François fuyoient avec une telle précipitation, qu'ils jeterent en chemin leurs armes. On trouva plus de 2000 mousquets sur la route de Wesel.

Quelque peu considérable que fût en lui-même cet événement, il tint lieu néanmoins de la plus grande victoire; car il décida de la possession d'un grand magazin à Emmerich, ainsi que de celle du pont de bateaux sans lequel FERDINAND n'auroit pu repasser le Rhin; desorte que cet excellent Général & ses braves troupes, sans vivres, sans pontons, en un mot, sans espérance, renfermés dans un coin de la terre, seroient devenus la proie de l'ennemi. On ne pouvoit maintenant plus douter qu'il ne passât heureusement le Rhin. Mais la crue de ses eaux obligea de rompre le pont près de Rees, & de le rétablir à Griethausen. Les François tenterent enfin de le détruire au moyen de quatre bâtimens d'une structure particuliere, qui sortirent de Wesel. Mais ils furent interceptés par des bateaux armés; desorte que, le 9 & le 10 de Juillet, toute l'armée des Alliés repassa heureusement le Rhin. Bientôt après, Imhof fut envoyé, avec un détachement sous ses ordres, au-devant des troupes Angloises qui avoient débarqué à Embden, & qui se réunirent, près de Crefeld, avec les Alliés, sans éprouver aucun obstacle.

Afin de procurer quelque repos à ses troupes, FERDINAND prit une position avantageuse sur la Lippe, qui le mettoit à même de couvrir en même tems Hannovre. Isenbourg fut placé sur la Weser, & le Général Oberg fut obligé de couvrir la Hesse avec 20,000 hommes. Oberg prit un camp très-fort près de Sandershaufen, & n'épargna aucun moyen pour se faire attaquer, par les François, dans ses retranchemens. Mais Soubife, posté vis-à-vis de lui avec 30,000 hommes, ne voulut point se hazarder à cette attaque: il chercha plutôt à le prendre en dos. La crainte qu'il n'y réussit força Oberg à abandonner son camp. C'étoit ce que desiroient les François, & il fut bientôt attaqué de tous côtés, près de Lutternberg, par l'ennemi de beaucoup supérieur en forces. Les Heffois se défendirent avec bravoure, & repoufferent l'infanterie des François; mais au moment de la victoire, ils furent attaqués en flancs & en dos, par leur cavalerie. Le manque de cavalerie, du côté des Heffois, rendit cette manœuvre funeste, & obligea Oberg à la retraite. Les Alliés perdirent, dans cette action, 1500 hommes tués, bleffés & prifonniers, avec vingt-huit canons.

Les Saxons, dont un corps de 10,000 hommes avoit joint depuis peu les François, eurent beaucoup de part à cette victoire, & même, dans la suite, les troupes de France remporterent peu d'avantages, où celles de Saxe, qui, dans cette guerre, se fignalerent conftamment par leur bravoure, n'aient beaucoup contribué. Elles furent obligées néanmoins d'effuyer toutes fortes d'humiliations de la part de leurs dédaigneux Alliés, qui leur attribuoient chaque mauvais fuccès. C'étoient pour la plupart des transfuges de l'Armée Pruffienne, nés Saxons, & qui ne vouloient point combattre contre leur Souverain. On les avoit divifés en douze régimens, & ils étoient maintenant à la folde de la France. Ils avoient avec eux vingt-quatre canons, ornés du chiffre de la Dauphine qui leur en avoit fait préfent. C'étoit un tribut que cette Princeffe payoit à fa patrie opprimée.

Le Prince XAVIER, fon frere, fecond fils du Roi de Pologne, étoit à la tête de ce corps. Il apporta à l'armée cette hauteur qui lui étoit naturelle, & qui révolta les foldats Saxons qui d'ailleurs étoient pleins de bonne volonté, & croyoient mériter des traitemens plus doux. Non feulement on murmura, mais on prononça même des paroles injurieufes pour le Prince, & en fa préfence. XAVIER, élevé à une Cour où régnoit un luxe Afiatique, & où la foumiffion & les marques de ce refpect qu'ont les Orientaux pour leurs Souverains étoient ufités, en éprouvant ces outrages, put à peine en croire fes fens. D'abord il penfa à faire infliger des peines terribles; mais un Général Saxon lui donna le fage confeil de garder le filence au milieu de cette expreffion générale des fentimens des foldats, & de changer de conduite. Le Prince fit l'un & l'autre, & les Saxons, fans changer d'idée à l'égard de fes talens militaires, honorerent du moins en lui le fils de leur Roi.

La victoire de Lutternberg procura à Soubife le bâton de Maréchal de France. Il put traverfer maintenant les provinces voifines: il extorqua par-tout de fortes contributions, & pénétra même prefque jufques fous les murs de Hameln. La Regence d'Hannovre fut dans la plus grande inquiétude; & l'on envoya de nouveau les archives & autres effets importans en fûreté à Stade. Les marches & les pofitions de FERDINAND empêcherent néanmoins les François de pénétrer plus outre, ainfi que la jonction de leurs armées, qui, après quelques entreprifes infructueufes, prirent leurs quartiers d'hyver. Leur armée principale, fous les ordres de Contades, demeura entre le Rhin & la Meufe, & les troupes de Soubife furent réparties le long du Rhin & du Mein. Elles évacuerent entiérement la Heffe, où le Prince d'Yfenbourg prit fes quartiers d'hyver. Quant à FERDINAND, il répartit fon armée dans la Weftphalie, & prit fon quartier-général à Münfter.

L'activité de ce grand Capitaine empêcha les François d'exécuter les ordres de leur Cour, ordres indignes d'un peuple éclairé, & qu'on n'auroit pu attendre, tout au plus, que de barbares Iroquois. On réfolut à Verfailles, déja dans le courant de l'été, de fe prévaloir au dernier point des avantages qu'on venoit de remporter. Mr. de Bellisle, Miniftre de la guerre, écrivit au Maréchal de Contades: „ Je „ ne connois d'autre reffource, pour nos preffans „ befoins, que l'argent que nous tirons des pays en„ nemis. Il faut que ceux-ci, outre l'argent, nous four„ niffent aufli tout ce qui regarde les fubfiftances, foin, „ paille, avoine, pain, bled, bétail, chevaux, même „ des hommes pour recruter nos régimens étrangers. „ Entre ci & la fin de Septembre (1758), il fera né„ ceffaire de faire un *défert entier* de toutes les con„ trées fituées au front du cordon que nous tirerons „ l'hyver, afin qu'il foit impoflible à l'ennemi de „ s'approcher de nous. „ Dans

Dans des lettres subséquentes qu'écrivit ce Ministre, ces ordres étoient encore plus précis. ,, Il est nécessaire, Monsieur, (écrivoit-il au Maré- ,, chal, en date du 5 Octobre), que vous fassiez un ,, désert de toute la Westphalie; & dans les pays ,, situés sur la Lippe, & à Paderborn, comme étant ,, les provinces les plus fertiles, il faut que toutes ,, les productions de la terre soient détruites jus- ,, ques dans leurs racines. ,,

Les Commandans François, il est vrai, ne sui‑ virent pas à la lettre ces ordres cruels. Plusieurs d'entre eux se conduisirent néanmoins d'une ma‑ niere qui montroit suffisamment combien ils y étoient portés. Les contributions levées par la force sont du nombre des horreurs ordinaires de la guerre, même parmi des peuples civilisés: elles ne sont dignes de trouver place dans l'histoire, que lors‑ qu'elles sont poussées à un excès extraordinaire. Tel fut le cas dans le Comté de Hanau, qui, de même que le pays de Hesse, éprouva principalement la verge de fer de l'ennemi. Là s'étoit rendu l'Intendant François, Foullon, qui pour une contribution au‑ dessus des facultés du pays, fit enfermer la Régence, la Noblesse, le Magistrat, les principaux citoyens, faisant en tout quatre-vingt-treize personnes, dans une seule chambre étroite, où elles furent contraintes de passer trois jours & deux nuits, sans manger ni boire, & sans dormir, vu le manque de place pour se coucher à terre. Ce traitement inoui en de pa‑ reils cas parmi des chrétiens, fut encore aggravé, le troisieme jour, par la défense qui fut faite à la

K

sentinelle, de laisser sortir personne hors de la chambre, pour satisfaire aux besoins naturels. On leur refusa même l'eau & le pain, & les Conseillers de Régence de Junderode & de Hugo, ainsi que d'autres personnes de rang emprisonnées avec eux, en ayant demandé à leurs tyrans, l'un de ceux-ci, nommé La Sone, leur écrivit en réponse: ,, Je veux bien ,, vous accorder, pour ce soir, la permission que vous ,, demandez: vous aurez de l'eau & du pain; mais ,, pour l'avenir, ne vous attendez plus à de pa- ,, reilles *complaisances*. ,,

1759. Tous les peuples impliqués dans cette guerre faisoient de nouveau les préparatifs les plus formidables pour la campagne prochaine. FRÉDERIC prit le parti d'agir défensivement avec sa principale armée, sans néanmoins négliger les occasions de se rendre formidable; & encore pendant l'hyver, il manifesta cette résolution. Sans égard pour la neutralité de sa patrie, le Prince Polonois, Sulkowsky, avoit pris une part active à la guerre: il leva des troupes & forma des magazins pour les Russes. Sur les représentations du Roi de Prusse, il fit les réponses les plus insolentes, en alléguant son indépendance, & sa dignité de Magnat. Il redoubla en même tems ses efforts en faveur des Russes. Il résidoit dans la ville de Riesen, en Pologne, à une distance considérable des frontieres de la Silésie. Outre qu'il avoit des soldats & des canons à lui, il se croyoit suffisamment protégé par sa republique. Mais le nom *Prussien*, que les nations les plus puissantes de la terre ne prononçoient alors qu'avec respect, ne pouvoit être impunément méprisé par un aussi petit despote d'esclaves. FRÉDÉRIC, sans écouter d'autres considérations politiques, envoya en Pologne le Général Wobersnow, avec un corps de troupes. La ville de Kiesen fut prise sans coup férir ; le Prince fut prisonnier, & ses soldats désarmés. Les Prussiens détruisirent en outre tous les magazins formés pour les Russes, & emmenerent avec eux tous les canons, chevaux, chariots & munitions de guerre. C'est ainsi que tout ce détachement revint en Silésie. On obligea les soldats Polonnis, à force de coups, de prendre service pour les Prussiens ; & leur Prince fut conduit dans la forteresse de Glogau, où il demeura prisonnier jusqu'à la fin de la guerre.

Tel fut le sort d'un gentilhomme orgueilleux, qui, fier de la possession d'un certain nombre de villages habités par de misérables paysans, eut l'insolence de vouloir s'ériger en Allié de puissans Monarques, & de se mêler dans leurs guerres. Un autre Allié de ce genre fut le gazettier d'Erlangen, qui, se confiant dans les sentimens de son Souverain, avoit aussi, dans ses feuilles, déclaré la guerre aux Prussiens. Les calomnies n'y étoient point épargnées. Un officier Prussien se chargea de châtier ce héros de plume : il lui fit appliquer un certain nombre de coups de canne, dont l'écrivain périodique fut obligé de donner sa quittance formelle.

Jamais les troupes Prussiennes ne furent plus actives que durant cet hyver. Elles prirent Erfort, où elles détruisirent beaucoup de magazins ennemis,

& battirent un corps d'Autrichiens. Malgré la rigueur de la faifon, les hautes montagnes & les chemins impraticables, HENRI pénétra en Boheme, força les défilés, & difperfa les troupes ennemies. Hülfen battit le Général Autrichien Reinhard, lui fit 2000 prifonniers, enleva beaucoup de magazins qui étoient remplis de 35,000 tonneaux de farine, 137,000 boiffeaux d'avoine, 86,000 rations de foin, & 74,000 pains. Une armée de 50,000 hommes auroit pu s'y pourvoir pour cinq mois de pain, & 25,000 hommes de cavalerie y euffent trouvé fuffifamment de fourrages pour un mois entier. Toutes ces immenfes provifions furent détruites : un pont nouvellement bâti fur l'Elbe fut abattu, & cent-cinquante bateaux furent brûlés fur ce fleuve. Les Autrichiens mirent eux-mêmes le feu au magazin qu'ils avoient à Saatz, afin qu'il ne tombât pas entre les mains des Pruffiens. Ceux-ci firent auffi, depuis la Saxe, des diverfions contre les troupes de l'Empire. Le Prince HENRI s'avança lui-même dans la Franconie, & détacha divers corps, avec ordre de pénétrer plus avant. Ceux-ci difperferent les cohortes de l'armée des Cercles, qui, comme nous l'avons dit, étoit un affemblage d'hommes ramaffés de toutes parts, compofé de tant de peuplades différentes, & dont la bigarrure, la conftitution militaire, la difcipline & les exploits peu confidérables, formerent, dans cette guerre active & meurtriere, un contrafte fingulier avec les grandes armées Allemandes qui attiroient fur elles les yeux de toute Europe. Ces troupes perdirent beaucoup dans leur fuite, & chaque jour on faifoit fur elles des centaines de prifonniers. Le Général Riedefel fut pris près d'Himmelskron, avec 2500 hommes; & Bamberg, Würtzbourg & d'autres villes de la confédération de l'Empire, que les Pruffiens purent atteindre, furent mifes à contribution.

Un autre corps de Pruffiens envahit le Mecklenbourg, & prit Schwerin: il contraignit les jeunes gens, tant dans les villes que dans les villages, à prendre fervice fous fes étendarts, & extorqua de grandes contributions. C'eft ainfi que les pauvres Mecklenbourgeois furent obligés de fouffrir pour les mefures politiques de leur Duc, qui, par haine contre le Roi de Pruffe, s'étoit mis à la téte de ceux qui opinoient à Ratisbonne pour qu'on le mît au ban de l'Empire. Ce Prince vouloit manifefter ainfi, la part qu'il avoit à une guerre, où de fi puiffans Alliés paroiffoient ne pas laiffer douter un inftant de quel côté feroit la victoire. Il fe flatta, qu'en fe rangeant du côté du plus fort, il y trouveroit pour lui de grands avantages, au lieu defquels il vit ravager fon pays, qui déja n'étoit rien moins qu'opulent. Les Pruffiens, dans leurs hoftilités, n'agirent nulle part avec autant de cruauté qu'en cette occafion. Ils détruifirent ce qu'ils ne pouvoient enlever: on ouvroit même les lits des pauvres habitans, dont on difperfoit les plumes & le duvet au gré du vent. Une lettre touchante, que la Princeffe CHARLOTTE de Mecklenbourg-Strelitz écrivit à FRÉDÉRIC, & dans laquelle elle dépeignoit ces horreurs qu'elle voyoit commettre dans fon voifinage, fut la première des circonſtances qui occaſionnerent l'élévation de cette Princeſſe ſur le trône de la Grande-Brétagne.

Pendant le même hyver, les Suédois n'eurent auſſi aucun repos. Damgarten, Wolgaſt & d'autres lieux où ils avoient mis garniſon, leur furent enlevés; & les villes d'Anclam & de Demmin furent aſſiégées dans les formes, & priſes. On y fit 2700 priſonniers, & un grand butin, tant en artillerie qu'en munitions de guerre & de bouche. Cette perte des Suédois fut très-ſenſible pour eux, vu l'éloignement où ils étoient de leur patrie, & la quantité d'obſtacles qu'ils avoient à combattre à Stockholm, pour pouvoir être approviſionnés des objets qui leur étoient néceſſaires.

Toutes les provinces du midi d'Allemagne, défendues par de mauvaiſes forterelles, & dénuées de leurs ſoldats, ſe voyoient expoſées aux inſultes des Pruſſiens, après leurs heureux progrès dans la Franconie. Le Prince héréditaire de Brunſwick avoit joint le Prince HENRI, avec 12000 hommes. Les troupes de l'Empire fuyoient de toutes parts, & leur Général, le Duc des Deux-Ponts, demandoit inſtamment du ſecours au Duc de Broglio. La fortune offroit aux Pruſſiens une perſpective heureuſe; mais HENRI fut obligé de ſe déſiſter de cette pourſuite, afin de couvrir la Saxe que les Autrichiens venoient d'envahir. Il y ramena donc ſes cohortes victorieuſes.

Dans l'intervalle, les Ruſſes s'étoient raſſemblés en Pologne, & menaçoient les provinces du Roi d'une nouvelle invasion. FRÉDÉRIC envoya au-devant d'eux le Général Dohna, commandant un corps considérable, avec ordre, si-non d'arrêter, du moins de rendre leurs progrès plus difficiles. Le droit du plus fort se montra ici dans toute sa violence. Dohna, sans égard pour la neutralité du territoire Polonois, exigea des livraisons qu'il ne paya point, & qu'il rassembla par la voie de contrainte : on enleva une quantité d'hommes pour en faire des recrues, qu'on répartit dans les régimens. Enfin, il fut publié un manifeste, où l'on cherchoit à justifier la nécessité de ces mesures violentes.

Le manque de vivres contraignit enfin les Prussiens de rebrousser vers l'Oder. Les Russes, dont ils avoient brûlé les magazins, & qui manquoient également de subsistances, s'avancerent aussi vers ce fleuve ; & les deux armées se rencontrerent près de Zullichau, sur les frontieres de Brandenbourg. Le Feld-Maréchal Soltikow avoit remplacé Fermor, qui avoit demandé la permission de se démettre du commandement. Il demeura néanmoins à l'armée, & servit sous les ordres de son successeur. Les Prussiens changerent aussi de Général. Le Roi, mécontent de Dohna, qui avoit manqué l'occasion d'attaquer les Russes avec avantage, lui ôta le commandement qu'il donna au Général Wedel. Celui-ci arriva, le 22 de Juillet, à l'armée, ne connoissant ni ses troupes, ni leur force ou leur foiblesse, ni l'ennemi, ni le terrein. Il avoit néanmoins les ordres les plus précis d'attaquer sans délai les Russes, au cas qu'il ne pût empêcher d'une autre maniere leur jonction avec les Autrichiens.

Pour effectuer cette jonction, Laudon étoit déja en marche avec 30,000 hommes. Les Russes se hâterent d'aller se réunir avec lui, &, le 13 Juillet, qui étoit le lendemain du jour de l'arrivée de Wedel à l'armée, comme ils continuoient leur marche, ce Général se vit dans le cas de ne pouvoir différer l'attaque. Les deux armées étoient fort-inégales en forces. Wedel fut battu, & obligé de se retirer, après avoir perdu 6000 morts, blessés & prisonniers.

Rien ne s'opposoit plus maintenant à la réunion des armées Alliées. Laudon partagea la sienne; &, après avoir laissé Haddick en arriere, avec 12,000 hommes, il joignit les Russes, le 3 Août, avec 18,000 hommes, dont la plupart étoient de la cavalerie. Les manœuvres & les opérations de ces deux Généraux Autrichiens, pour atteindre leur grand but & vaincre tous les obstacles, furent dignes des plus grands maîtres. L'armée de l'Empire, qui fit si peu durant cette guerre, contribua cette fois à l'exécution du plan de Laudon : elle tomba sur la Saxe, & contraignit ainsi le Général Fink, qui avoit observé jusqu'alors Haddick avec un corps de Prussiens, de le perdre entiérement de vue, afin de pouvoir couvrir Leibzig & Torgau. Alors toutes les forces réunies des Alliés, au nombre de 80,000 hommes, se porterent en avant, & se retrancherent sur le rivage de l'Oder, non loin de Francfort. Wedel bornoit maintenant tous ses efforts à susciter aux ennemis des obstacles pour le passage de ce fleuve.

Le Roi s'étoit contenté d'agir défensivement en Silésie. Il demeura long-tems campé près de Landshut, afin d'attendre des momens favorables. Daun étoit posté vis-à-vis de lui, & attendoit aussi une occasion pour avancer ou pour livrer bataille. Afin de lui ôter cette espérance, & de repousser les Autrichiens en Boheme, son vigilant ennemi employa tous les moyens de rendre leurs subsistances plus difficiles. Mais l'approche des Russes changea les plans des deux Chefs d'armée. Daun fit ses efforts pour s'approcher de ces Alliés, afin de faciliter leurs opérations. FRÉDERIC, de son côté, chercha à rompre les mesures des Généraux ennemis.

Le malheureux combat de Zullichau engagea enfin le Monarque à marcher lui-même en toute hâte vers ses Etats de Brandenbourg. HENRI envoya, de la Saxe, une grande partie de ses troupes pour renforcer l'armée de l'Oder, & il se rendit lui-même en Silésie, afin de commander, en l'absence du Roi, l'armée que ce Monarque y avoit laissée. Le corps de troupes aux ordres de Finck reçut aussi l'ordre d'abandonner la Saxe, & de marcher vers l'Oder.

La marche de FRÉDERIC fut heureuse : les troupes qu'on venoit de lui envoyer le joignirent ; & lui-même donna, près de Guben, sur le corps de Haddick, à qui il prit quelques canons & 500 chariots chargés de farine. Il lui fit encore 2000 prisonniers, & se réunit ensuite sans obstacle avec l'armée de Wedel.

Le Roi réfolut alors de livrer bataille fans délai. Ses forces réunies étoient maintenant de 40,000 hommes, & l'armée des Alliés paffoit 70,000. Celle-ci étoit poftée dans un camp retranché fur des hauteurs, entre Francfort & Kunersdorf, & défendu par une artillerie immenfe. Son aile gauche étoit couverte par l'Oder, & la droite, par des marais & des brouffailles. Son front étoit garanti par des profondeurs.

Malgré ces grands avantages, le Roi fixa le 12 Août pour le jour de l'attaque. Il forma fon armée dans une forêt, d'où fa ligne, partagée en colonnes, tomba avec la plus grande vivacité fur l'aile gauche des Ruffes, poftée fur les montagnes dites montagnes des moulins. Le plan du Roi étoit d'attaquer l'ennemi en même tems en flanc, en front & en dos : mais malheureufement ce Prince ne connoiffoit pas exactement le terrein. De grands étangs dont il ignoroit l'exiftence, arrêterent fa marche : on fit de longs détours, qui fatiguerent les troupes & firent perdre un tems précieux. Il fallut détteler les chevaux de l'artillerie qu'on ne pouvoit tourner dans la forêt, détourner les canons, & atteler enfuite les chevaux. Les Pruffiens enfin fortirent du bois, & s'approcherent des retranchemens Ruffes, qui furent canonnés de trois batteries. Les Ruffes répondirent à ce feu par celui de cent canons qu'ils avoient entaffés fur leur aile gauche. FRÉDERIC ordonna alors de tomber fur les batteries ennemies. Les grenadiers deftinés à cette attaque fe frayerent un chemin à travers les *brouffailles*, s'avancerent par un fond, & parvinrent enfin fur les hauteurs qui étoient tout proches des retranchemens Ruffes ; deforte que des bordées entieres de mitrailles atteignoient les affaillans. Ils ne perdirent cependant pas courage, mais ils doublerent le pas, & parvinrent la bayonnete au bout du fufil, aux batteries des Ruffes. Toute réfiftance ceffa alors, & l'ennemi fut chaffé hors de fes retranchemens. L'aile gauche entiere des Ruffes chercha fon falut dans la fuite, & abandonna tous fes canons.

La bataille avoit commencé à midi, & à fix heures du foir les Pruffiens fe voyoient déja maîtres de toutes les batteries de cette aîle, de plus de cent canons, & de quelques milliers de prifonniers. La victoire paroiffoit décidée, autant que pouvoient l'avoir été celles des ennemis à Kollin & à Hochkirch : déja il avoit été expédié, du champ de bataille, des couriers chargés de porter cette agréable nouvelle à Berlin & en Siléfie, lorfque la fortune fe tourna du côté des ennemis, de la maniere la moins attendue & la plus extraordinaire.

L'infanterie Pruffienne avoit fait tout ce qu'on pouvoit attendre d'elle ; mais on ne pouvoit tirer parti de la victoire. La cavalerie du Roi fe trouvoit à l'autre aîle, & les canons n'avoient pu la fuivre affez promptement. Cette circonftance étoit des plus fâcheufes, puifque la nature du terrein favorifoit autant l'effet de l'artillerie, qu'il gênoit les mouvemens de l'infanterie. Enfin il arriva quelques canons fur les hauteurs, mais en trop petit nombre pour pouvoir remplir le grand objet auquel ils étoient deſtinés. Le Roi s'avança cependant, avec l'autre aile, contre les Ruſſes; & le corps de troupes, aux ordres de Finck, en fit autant. Mais ce mouvement fut bientôt retardé par la nature du terrein. Tantôt les troupes devoient paſſer entre de vaſtes étangs, & tantôt elles étoient obligées de défiler ſur des ponts étroits. Les Ruſſes profiterent de cet intervalle pour ſe rallier, & pour faire agir leur artillerie avec le plus grand effet. Laudon, qui, avec ſes Autrichiens, n'avoit encore pris aucune part à la bataille, ſe mit alors en mouvement avec rapidité. Le Roi fit avancer ſa cavalerie. Celle-ci, ayant Seidlitz à ſa tête, défila entre les étangs, ſe forma, & s'approcha de l'ennemi. Mais un feu épouvantable de canons chargés à mitraille, & qui renverſoit des bandes entieres d'hommes & de chevaux, mit en déſordre cette cavalerie courageuſe, & la contraignit de fuir.

Rien n'étoit cependant encore perdu pour les Pruſſiens. Leurs avantages au contraire avoient été déciſifs; & l'armée Ruſſe, acculée ſur une profondeur de 80 & même de 100 hommes, formoit le cahos le plus confus. Mais ce cahos étoit couvert par cinquante canons, prêts à vomir une grêle de mitrailles. Les Pruſſiens étoient déja fatigués par une marche de quinze heures; & le travail exceſſif de cette ſanglante journée, joint à la chaleur accablante d'un jour d'été, les avoit tellement épuiſés, qu'à peine ils pouvoient reſpirer. La bataille étoit déja gagnée pour le Roi, & tout annonçoit que les Ruſſes, dont la perte avoit été prodigieuſe, ſe retireroient pendant la nuit. Ils auroient effectivement laiſſé volontiers, au vainqueur, l'honneur de la journée ; mais ils croyoient trouver plus de ſûreté dans leur dernier retranchement, que dans une fuite entrepriſe en plein jour.

FRÉDERIC crut n'avoir rien fait, tant qu'il lui reſteroit encore quelque choſe à faire. Son opinion, qu'il manifeſta dans cette conjoncture, étoit qu'il ne falloit pas ſe contenter de vaincre l'armée Ruſſe, mais l'anéantir entiérement, puiſqu'elle revenoit toujours pour renouveller ſes ravages. Les Généraux Pruſſiens n'oppoſerent à ſes argumens que l'épuiſement total que la fatigue avoit produit parmi les troupes. Seidlitz même lui repréſenta cette circonſtance d'une maniere preſſante. Les remontrances de ce grand Général, dont FREDERIC connoiſſoit ſi bien le courage, parurent devoir déterminer le Roi. Déja ce Monarque étoit ébranlé, lorſqu'un des principaux Généraux qui venoit de s'approcher, fut honoré de la queſtion : *qu'en penſez-vous ?* Celui-ci, en vrai courtiſan, fut de l'opinion de ce Prince, qui ordonna de marcher.

La victoire complette dépendoit maintenant de la priſe de la montagne dite *Spitzberg*, qui dominoit un pâturage. Ce terrein qui avoit 400 pas de long, cinquante à ſoixante de largeur, & dix à quinze pieds de profondeur, étoit eſcarpé de tous les côtés, & garni des meilleures troupes de Laudon. Les Pruſſiens s'y précipiterent, & s'efforcerent de gravir au haut du côté oppoſé, qui étoit extrémement eſcarpé. Mais ce courage fut ſans fruit; car quiconque, en employant toutes ſes forces, avoit le bonheur de parvenir au ſommet, trouvoit incontinent la mort, ou il étoit précipité de nouveau dans l'abime. La nature maintint enfin ſes droits, & tout le courage des Pruſſiens ne put ſuppléer à leurs forces épuiſées. La montagne fut attaquée à diverſes repriſes, mais ils ne purent parvenir à ſon ſommet. Le feu épouvantable & ſoutenu que les Ruſſes & les Autrichiens faiſoient de leur artillerie & de leur mouſqueterie, tomboit ſur les Pruſſiens comme une grêle mortelle qui écraſoit tout ſous ſes coups. Finck, qui, avec ſon corps de troupes, tenta de donner l'aſſaut à d'autres hauteurs, fit inutilement les plus grands efforts. FREDERIC lui-même s'expoſa au danger le plus imminent: ſon uniforme fut percé de balles, & deux chevaux furent tués ſous lui. Un de ſes aides-de-camp le ſauva en lui donnant le ſien.

Toutes les tentatives pour chaſſer les Ruſſes & les Autrichiens du haut de la montagne, étoient cependant inutiles. La cavalerie Pruſſienne eſſaya enfin d'attaquer les hauteurs; mais la tactique ſavante de Seidlitz ne put rien ici. Cette cavalerie, accoutumée, ſous les ordres de ce Général, à renverſer les cohortes des ennemis, & à faire fuir leur infanterie, ſuccomba, dans ce combat inégal, ſous l'artillerie des Ruſſes. Ce brave Commandant fut lui-même bleſſé. Toutes les troupes des Pruſſiens, fantaſſins & cavaliers, tomberent maintenant dans le plus grand déſordre. Dans ces momens critiques, Laudon s'ébranla derriere l'aile droite, & attaqua avec des troupes fraiches, en flanc & en dos, les Prussiens entiérement affoiblis. Ce Général, qui fut si souvent saisir le moment de l'attaque, conduisit maintenant au combat la cavalerie, qui, dans le meilleur ordre, pénétra au milieu lignes rompues des Prussiens. Le sort du combat fut alors bientôt décidé.

Jamais la fermeté de FREDERIC n'avoit été si fortement ébranlée, que dans cette journée malheureuse. En peu d'heures de tems, le fort de la guerre l'avoit précipité, du faîte de la victoire, dans l'abime d'une totale défaite. Il fit tous ses efforts pour engager son infanterie fuyante à tenir ferme; mais toutes ses représentations & les instantes prieres, si touchantes d'ailleurs & si efficaces dans la bouche d'un Roi, n'eurent aucun effet. On dit que, dans cette situation desespérée, il avoit témoigné à haute voix son desir de mourir. Dans ces premiers momens, sa vive imagination lui représentoit, comme des plus effrayantes, les suites de cette victoire; desorte que, du même champ de bataille, d'où, peu d'heures auparavant, il avoit expédié des couriers pour annoncer sa victoire, il envoya maintenant à Berlin des ordres relatifs aux mesures à prendre dans ces tristes conjonctures. La Famille Royale fut obligée de s'éloigner: on transporta ailleurs les archives; & les riches particuliers furent avertis de mettre leurs effets en sûreté. Le Roi pensoit voir déja l'ennemi dans sa résidence, & celle-ci pillée & détruite: il se croyoit en même tems hors d'état de prévenir ces malheurs. La dispersion de fes troupes étoit telle, que, le lendemain de la bataille, il lui reftoit à peine 5000 hommes de raſſemblés. Tous les canons enlevés à l'ennemi avoient été repris, & les Pruſſiens en avoient en outre perdu plus d'une centaine.

Le Général Wunfch, qui, de l'autre côté de l'Oder, commandoit un petit corps des troupes du Roi, étoit arrivé, vers la fin de la bataille, à Frankfort, & en avoit fait la garnifon Ruſſe prifonniere de guerre. Mais la bataille perdue ayant anéanti ces avantages, & l'expofant à un grand danger, il fut obligé d'abandonner cette ville. La nuit qui furvint fut favorable au Roi: il fit retirer fon armée, & gagna quelques hauteurs que l'ennemi ne fe hazarda pas à attaquer.

Cette bataille fut une vraie fcene de carnage. Aucune, dans toute cette guerre, n'avoit été auſſi fanglante. Les Pruſſiens avoient perdu 8000 morts & plus de 12000 bleſſés, dont peu cependant furent pris par l'ennemi. Prefque tous leurs Généraux & officiers de rang avoient reçu des bleſſures. Les Ruſſes comptoient auſſi 16,000 morts & bleſſés, de l'aveu même de Soltikow, qui, dans la lettre où il apprenoit à fa Souveraine la victoire qu'il venoit de remporter, s'exprimoit ainſi en faifant mention de fes pertes: ,, Votre Majeſté n'en fera pas ,, furprife: Elle fait que le Roi de Pruſſe vend tou- ,, jours fort-cher fes défaites." Le même Général difoit encore à cette occaſion: ,, Si je remporte ,, encore une victoire pareille, il me faudra, le bâ- ,, ton

„ ton à la main, en porter seul la nouvelle à Pe-
„ tersbourg. "

Le lendemain de la bataille, FRÉDÉRIC paſſa l'Oder, attira à lui les fuyards, ſe réunit avec Wunſch, rappella le Général Kleiſt, avec 5000 hommes, de la Poméranie, & fit tirer au plus vite de l'artillerie hors de ſes arſenaux. Les Ruſſes, qui malgré ſa défaite le redoutoient encore, ſe retranchèrent. Le Roi, par un diſcours qu'il tint à ſes troupes, ranima leur courage ; & en peu de ſemaines, Berlin fut mis en ſûreté, ſon armée pourvue de tous les objets néceſſaires, & renforcée au point que non ſeulement elle ſe vit en état de couvrir l'électorat de Brandenbourg, mais que Wunſch put même ſe ſéparer d'elle, pour marcher en Saxe.

Parmi les Pruſſiens, qui, dans la bataille de Cünersdorf, furent les victimes du démon de la guerre, ſe trouva le Major de Kleiſt, ce généreux Allemand, reſpectable par ſon caractère perſonnel, & immortel par ſes chants poétiques. Sa muſe fut méconnue de ſon Roi, parce qu'elle étoit Germaine : elle fut froidement admirée par ſes contemporains, mais elle ſera célèbre juſqu'à la dernière poſtérité. Kleiſt avoit dit, dans une de ſes poéſies, qu'il eſpéroit de mourir un jour pour ſa patrie. Malheureuſement pour les Muſes Germaniques, ce preſſentiment ſe réaliſa dans cette journée meurtrière. Kleiſt menoit un bataillon contre l'ennemi : déjà il s'étoit emparé de trois batteries. Une balle lui fracaſſe la main droite : il ſaiſit ſon épée de la gauche, & s'avance avec ſes ſoldats qui le chériſſoient comme un pere, contre la quatrieme batterie. Une mitraille le renverfe à terre : il eft porté hors de la mêlée, dépofé dans un foffé & abandonné ainfi à fon deftin. Ce deftin fut cruel. Les Cofaques, femblables aux hommes par la figure, mais égalant pour le refte les bêtes féroces des déferts de Libye; ces barbares, que, pour ainfi dire, un inftinct naturel porte à mettre tout à feu & à fang, & à qui tout fentiment de pitié eft étranger, tomberent fur Kleift qui nageoit dans fon fang. Ils le dépouillerent de tous fes vétemens, même de fa chemife d'où fon fang dégouttoit en abondance ; & ce héros, ce fage, ce chantre immortel du printems, fe vit maintenant nud comme un reptile, au milieu d'un marais, & réduit à defirer des haillons pour fe couvrir. Son état déplorable infpira de la pitié à quelques huffards Ruffes qui pafferent auprès de lui: ils lui jetterent un manteau, quelque peu de pain, & un demi-florin. Mais il furvint d'autres Cofaques, qui lui enleverent ces dons charitables. Les bleffures de Kleift, quoique grieves, n'étoient pas mortelles; mais fa déplorable fituation, & l'eau du marais qui avoit pénétré dans fes plaies, les rendirent incurables. Il mourut à Francfort, quelques jours après la bataille, prifonnier chez l'ennemi. Les Ruffes lui firent les plus honorables funérailles : un grand nombre de leurs officiers fe réunit aux Profeffeurs de l'Académie, pour accompagner le convoi. On n'avoit pas d'épée à mettre fur fon cercueil : un officier Ruffe y pofa lui-même la fienne ; & ainfi furent portés dans le tombeau les reſtes de cet homme que les Muſes pleurerent, & dont le ſort fut déploré par tous les cœurs ſenſibles.

Les Ruſſes avoient donc gagné deux batailles en trois ſemaines de tems, & néanmoins ces deux victoires de l'ennemi ne rendirent pas la ſituation du Roi beaucoup plus critique. Ce qu'elle avoit de déſavantageux, provenoit moins de ſes défaites mêmes, que de ſon éloignement de la Saxe & de la Siléſie; éloignement dont les ennemis avoient ſu ſe prévaloir. Sa communication avec ces deux provinces étoit maintenant coupée. Il avoit à craindre une réunion de la grande armée Ruſſe avec celle d'Autriche qui étoit dans la Luſace. Daun & Soltikow eurent à ce ſujet une conférence à Guben; mais il n'y fut rien réſolu. Les Ruſſes ſe tinrent tranquilles dans leur camp près de Fürſtenwalde, & ſe contenterent de détruire les écluſes du canal de FRÉDERIC-GUILLAUME. Ces écluſes, qui joignoient l'Oder à la Sprée, & qui offroient un monument de la grandeur de cet Electeur, immortalité ſi juſtement dans l'hiſtoire du Brandenbourg, furent entiérement détruites par ces barbares ennemis.

Ce fut dans ce tems, que mourut FERDINAND VI, Roi des Eſpagnes. Le Roi de Naples, CHARLES, monta ſur le trône Eſpagnol, & ſon fils, âgé de huit ans, FERDINAND IV, fut placé ſur celui qu'avoit occupé ſon pere. La Maiſon d'Autriche avoit de grandes prétentions ſur les royaumes de Naples & de Sicile; & jamais l'occaſion ne fut plus favorable pour les mettre en force. Un Monarque enfant, une régence dans des mains peu fûres, des Miniftres fans principes ftables, des finances en mauvais état, des troupes en petit nombre & fans difcipline, tout faifoit préfumer qu'il ne faudroit pas même une campagne, mais feulement une prife de poffeffion, dans laquelle on pourroit fe maintenir tranquillement. L'Efpagne ne connoiffoit pas encore fon nouveau Monarque, & n'étoit point préparée à une telle guerre : la France fe trouvoit entiérement épuifée, & hors d'état d'envoyer des troupes en Italie.

Cette affaire fut effectivement mife en délibération, dans le confeil privé de l'Impératrice. Mais comme, à la Cour de Vienne, les paffions particulieres l'emportoient fur la politique, elle facrifia la conquête immanquable de deux royaumes auffi importans, à l'efpoir au moins incertain de s'emparer de la Siléfie : elle renonça à l'acquifition de deux royaumes, dont l'éloignement des autres Etats de la maifon d'Autriche n'offroit plus, comme ci-devant, des poffeffions à charge ; mais qui, joints à fes autres provinces en Italie, auroient procuré à MARIE-THÉRESE & à fa poftérité, pour plufieurs fiecles, l'empire de l'Italie.

Les Autrichiens & les troupes de l'Empire avoient cependant pénétré dans la Saxe, & s'étoient emparés de Leibzig, de Torgau & de Wittenberg. On s'attendoit à voi l'entiere délivrance de ce pays, à la prife de Berlin & au fiege de Magdebourg. Mais aucune de ces attentes ne fut remplie ; & le Roi, fe confiant en fon étoile, &

dans l'irréfolution fi fouvent éprouvée des Généraux ennemis, lorfqu'il s'agiffoit de tirer parti de leurs victoires, étoit déja rempli de cette confolation, dès le lendemain de la bataille. Quelques jours auparavant, il avoit appris la victoire de Minden, par un officier que FERDINAND lui avoit dépêché. FRÉDERIC lui ordonna d'attendre, parce que, difoit-il, *il efpéroit de pouvoir répondre à ce Prince par un femblable compliment.* Cet officier s'étant préfenté devant lui, le lendemain de la bataille ; *je fuis fâché*, lui dit le Roi, *que ma réponfe à une auffi bonne nouvelle ne puiffe être meilleure ; mais fi, en vous en retournant, vous pouvez paffer heureufement, & que vous ne trouviez pas déja Daun à Berlin & Contades à Magdebourg, vous pouvez affurer de ma part le Duc* FERDINAND, *qu'il n'y a pas grand-chofe de perdu.*

Quoique les Ruffes ne tiraffent prefque point d'avantages de leur victoire, il en réfulta cependant, pour le Roi, une enchainure de malheurs, telle qu'il n'en avoit jamais éprouvé de femblable en aucune époque de fes guerres. Le premier de ces malheurs fut la perte de Dresde. Les Autrichiens avoient conftamment porté leurs vues fur la conquête de cette réfidence ; & maintenant, en l'abfence du Roi, ils tenterent de nouveau d'en former le fiege. L'artillerie néceffaire pour cette entreprife fut bientôt venue de Prague. Schmettau étoit préparé à une vigoureufe défenfe. La ville-neuve fut garnie par les Autrichiens, & le Général de l'Impératrice-Reine, Guafco, ayant menacé de canonner la ville de dix-huit batteries, Schmettau lui promit de lui répondre avec cent canons.

Mais tout-d'un-coup le bruit se répandit de la perte de la bataille de Cünersdorf. Les ennemis se prévalurent des premiers momens de la consternation, pour représenter à Schmettau le danger de sa situation, avec une garnison aussi peu considérable, ainsi que l'impossibilité où il étoit de recevoir du secours : ils lui offrirent, en même tems, une capitulation des plus honorables. Schmettau s'étoit toujours montré comme un Commandant résolu, actif & plein de courage ; & encore alors il étoit préparé à tout. Il ne fit que rire de toutes les menaces dont on l'accabloit journellement, même d'une maniere ridicule. Le Duc des Deux-Ponts lui ayant fait dire, que si les Prussiens incendioient les faux-bourgs de Dresde, toute sa garnison seroit passée au fil de l'épée, Berlin & Halle brûlées, & toutes les provinces Prussiennes ravagées de fond en comble ; Schmettau répondit à cette menace, en faisant sur-le-champ mettre le feu aux faux-bourgs. Il s'ensuivit plusieurs messages consécutifs, & les Généraux Guasco & Maquire eurent des conférences personnelles avec le Commandant Prussien. Quelque désavantageuse que fût sa situation, on pouvoit attendre de lui la plus vigoureuse défense ; mais une lettre de FRÉDÉRIC changea tout.

D'abord après la bataille, le Roi lui avoit mandé, qu'il lui seroit difficile de délivrer Dresde ; qu'ainsi il devoit songer à mettre en sûreté les sommes d'argent confiées à sa garde. Schmettau perdit alors un peu trop promptement tout espoir, & tous ses soins tendirent maintenant à sauver les sommes immenses qui se trouvoient dans la ville, où, comme dans un centre commun, l'on avoit rassemblé les revenus de l'électorat, les contributions, la caisse militaire & divers autres argents. Le tout se montoit au-delà de cinq millions de risdales. La nécessité de mettre en sûreté un métal dont la disette termine toutes les guerres, & disperse les plus braves armées, décida enfin Schmettau. Il ignoroit qu'un corps de troupes marchoit à son secours. Les assiégeans, instruits de son approche, & qui regardoient Dresde comme déja délivrée, oublierent leurs menaces & accorderent presque toutes les conditions que demanda Schmettau. Il capitula, au moment où l'on alloit commencer à canonner dans les formes la ville, & il obtint de pouvoir se retirer avec sa garnison, ses bagages & tous ses chariots d'argent. Il fut obligé néanmoins d'abandonner ses munitions & ses magazins. L'ennemi trouva, dans la ville, 30,000 boisseaux de bled, d'orge & d'avoine, 12,700 quintaux de farine, & d'autres munitions de bouche.

À peine cette capitulation étoit-elle conclue, & signée par le Duc des Deux-Ponts, Feld-Maréchal de l'Empire; à peine les vainqueurs avoient-ils pris possession d'une des portes de la ville, que Wunsch, avec le corps de troupes à ses ordres, arriva à deux lieues de Dresde. Il avoit fait beaucoup de marches forcées: ses soldats avoient épuisé toutes leurs forces, & se trouvoient, à cette heure.

là, hors d'état de continuer leur marche. Wunſch annonça cependant ſon arrivée par pluſieurs coups de canon. Il ignoroit la capitulation, & s'étoit réſolu à livrer un aſſaut à la ville-neuve. Son approche ranima le courage éteint de la garniſon de Dresde; pluſieurs officiers furent d'avis de rompre entiérement la capitulation, & de chaſſer ſans délai le peu de troupes ennemies qui gardoient la porte. Schmettau, qui craignoit toujours pour ſes précieux chariots, ne voulut point entendre parler de pareilles meſures, quelque facile que pût en paroître l'exécution. Le Major de place, Hausmann, crut qu'il étoit de ſon devoir de prendre ce parti, même ſans l'ordre de ſon Commandant, & il ſomma le principal corps-de-garde de le ſuivre. Mais le Capitaine Sidow, qui le commandoit, refuſa de lui obéir, ſur quoi l'autre le traita de lâche, & déchargea ſur lui ſon piſtolet, qui cependant ne porta pas. Quelques ſoldats du corps de garde, afin de venger leur capitaine, firent feu de leur côté, & couchèrent le brave Hausmann ſur le carreau.

Tout l'eſpoir des Pruſſiens bien intentionnés fut alors évanoui. Wunſch ſe retira, & les Autrichiens prirent poſſeſſion de Dresde. Mais ils violèrent la capitulation preſque dans tous les points, & traitèrent avec la dernière indignité la garniſon qu'ils avoient reconnu être libre, & non priſonnière. Les officiers & ſoldats de l'Impératrice-Reine, & même les Généraux, parurent chercher à ſe ſurpaſſer réciproquement par une conduite baſſe & ignoble. On arrachoit les ſoldats de leurs rangs, pour les forcer à prendre service parmi les Autrichiens. Les officiers Prussiens essuyerent les injures les plus infames: on les poussoit avec les bayonnetes & les crosses des fusils : on les abimoit de coups : il y en eut qui reçurent des blessures, & même qui furent massacrés.

Les officiers Autrichiens eux-mêmes, oubliant ce qu'ils devoient à leur rang, ou plutôt étrangers à tous principes d'honneur & de grandeur d'ame, furent les moteurs ou plutôt les principaux acteurs de ces scenes honteuses. Ils crioient continuellement à leurs soldats: *tuez ces chiens : feu sur ces canailles.* Leurs Commandans, les Généraux Maquire & Guasco, ne resterent pas en arriere au milieu de ces indignes scenes. Les armes, les pontons, & autre attirail de guerre dont la capitulation assuroit la possession aux Prussiens, leur furent enlevés par la violence : on leur refusa les chariots & bateaux de transports, qu'on leur avoit solemnellement promis, & l'on ne répondit à leurs plaintes, que par des menaces. Enfin, après beaucoup de délais, le Général Schmettau eut le bonheur de pouvoir sauver son argent & sa garnison.

Le Prince HENRI, cependant, étoit accouru, avec la grande armée, de la Silésie en Saxe ; & au moyen d'une marche extrêmement forcée, il avoit surpris, près de Hoyerswerda, le Général Autrichien Vehla, lui avoit tué 600 soldats, & l'avoit fait lui-même prisonnier avec 1800 hommes. Les Russes, ainsi que Daun, étoient dans la Lusace. Les vivres commencerent bientôt à leur manquer. Les Autrichiens, qui avoient la plus grande peine à fournir à leur propre subsistance, offrirent aux Russes, au lieu de vivres, de l'argent pour qu'ils pussent s'en pourvoir. *Mes soldats ne mangent point d'argent*, répondit Soltikow, qui prit sa marche vers la Pologne, en traversant la Silésie.

Laudon l'y accompagna, & s'efforça de l'engager à faire le siege de Glogau; mais ce projet s'évanouit, quand, à leur grande surprise, les armées combinées eurent apperçu un camp Prussien, près de Beuten sur l'Oder. Là étoit le Roi en personne, qui couvroit cette ville. Les armées combinées ne se hazarderent point à l'attaquer: elles passerent ce fleuve qu'elles côtoyerent, & parurent en vouloir à Breslau; mais par-tout elles trouverent des Prussiens, & tous les passages bien gardés. Herustadt fut le terme de leur marche en Silésie. Comme ce lieu, ouvert de tous côtés, mais bien défendu par son assiete, ne vouloit pas se rendre à elles, des boulets rouges le réduisirent en cendres. Après cet exploit, l'ennemi marcha en Pologne. Dès la fin d'Octobre, la Silésie & le Brandenbourg se virent donc délivrés des Russes & des Autrichiens. Douze villages en feu éclairerent la retraite des premiers, qui ignoroient l'art de faire la guerre sans s'abandonner aux dernieres cruautés. Ce malheur tomba entr'autres sur les biens qu'avoit le Comte de Kosel près de l'Oder. Il en porta des plaintes au Roi, qui lui répondit: ,, Nous avons affaire à des Barba-
,, res, qui travaillent à creuser le tombeau de l'hu-
,, manité. Vous voyez, mon cher Comte, que je
,, pense plus à remédier au mal, qu'à m'en plaindre;

„ & c'eſt ce que je conſeille à tous mes amis." Effectivement, l'aigreur des puiſſans Alliés, ennemis du Roi de Pruſſe, fut pouſſée à un tel point, qu'elle devint une tache pour notre ſiecle. Les troupes Autrichiennes & Ruſſes couronnerent les horreurs dont elles s'étoient déja ſouillées, en publiant à diverſes repriſes, lors de leurs invaſions en Siléſie & dans le Brandenbourg, que, conformément à leurs ordres, *il ne ſeroit laiſſé aux habitans que le ſol du terrein & l'air qu'ils pouvoient reſpirer.* *)

En Saxe, Wunſch avoit repris Wittenberg & Torgau; & même, près de cette derniere place, il avoit battu un corps d'Autrichiens. Il reſtoit Leibzig, qu'occupoient des troupes de l'Empire. Mais cinq jours après le combat près de Torgau, Wunſch s'empara encore de cette ville, & en fit la garniſon priſonniere de guerre. Le Prince HENRI ſe réunit alors avec Wunſch, & attira encore à lui le corps que Fink avoit ſous ſes ordres.

Daun forma toutes ſortes de plans, pour chaſſer le Prince de la Saxe. Mais la vigilance & les talens ſupérieurs de HENRI ayant rendu vaines toutes ſes tentatives, & comme non ſeulement il tenoit ferme, mais qu'il trouvoit auſſi moyen de couvrir Leibzig & Wittenberg, le Général Autrichien forma de nouveau une grande entrepriſe. Il vouloit

---

*) C'eſt à ce paſſage ſingulier, & tranſcrit littéralement, que ſe rapportoit le manifeſte que le Colonel Kleiſt publia à Grab en Boheme, le 17 Novembre 1759.

couper la communication des Prussiens avec ces deux villes, & renfermer le Prince dans son camp. À cette fin, Daun partagea son armée en différens corps, qui se mirent en mouvement. Le plus fort de ceux-ci étoit commandé par le Duc d'Aremberg. HENRI pénétra une partie des desseins de l'ennemi, & il en trouva des détails ultérieurs sur un aide-de-camp du Duc d'Aremberg, qui avoit été fait prisonnier. Il envoya sans délai les Généraux Finck, Wedel & Wunsch, avec les corps de troupes à leurs ordres, sur des routes différentes. Tous rencontrerent l'ennemi, qui se retira constamment devant eux : enfin Wunsch trouva, non loin de Düben, le grand détachement commandé par d'Aremberg, qui se mit en ordre de bataille. Le Général Platen, à la tête des dragons & des hussards, se précipita sur l'infanterie Autrichienne, la renversa, fit sur elle plus de 1400 prisonniers, & dispersa le reste.

Le Roi, qui se trouvoit incommodé, se rendit à Glogau, & envoya en Saxe le Général Hülsen, avec la plus grande partie de son armée. Les Prussiens y reprirent alors une telle prépondérance, que Daun jugea convenable de prendre un camp très-fort près de Plauen, afin de pouvoir couvrir Dresde. De toutes les conquêtes que les Autrichiens avoient faites dans cet Electorat, cette ville étoit la seule qui fût encore entre leurs mains. Quand FRÉDÉRIC fut ensuite arrivé de Silésie, avec ses troupes, & l'étant réuni avec le Prince HENRI, son principal dessein fut de leur enlever une place aussi importante. Tout dépendoit donc de forcer l'armée de Daun à se retirer en Boheme. Cette retraite eût peut-être eu lieu d'elle-même ; mais le Roi desiroit de l'accélérer. Finck fut donc envoyé, avec 11,000 hommes, à Maxen dans les montagnes; & le Colonel Kleist eut ordre de faire, avec un corps de troupes, une invasion en Boheme. L'expédition de ce dernier ne fut point malheureuse : il fit des prisonniers : il pilla, il leva des contributions, en représaille des cruautés commises dans la Silésie & dans le Brandenbourg.

Finck, par sa position, menaçoit de couper les convois qui approvisionnoient l'ennemi ; mais cette position même étoit fort-dangereuse ; & Finck, éloigné du Roi, se trouvoit environné de toute l'armée de l'Impératrice-Reine. Ce Général pressentit quelle seroit sa situation critique. Il se hazarda donc, avant de se mettre en marche, à faire à ce Monarque quelques représentations ; mais elles furent mal accueillies. FRÉDÉRIC lui répondit : *vous savez que je ne puis souffrir des difficultés : faites ensorte de partir.*

Finck marcha donc en Saxe, & fit garnir le défilé de Dippoldiswalde par 3000 hommes aux ordres du Général Lindstädt; ce qui conserva sa communication avec Freyberg. Le Roi fut mécontent de cette disposition, & lui écrivit expressément, ,, qu'il seroit plus avantageux pour lui, de tenir ,, toutes ses troupes rassemblées, afin de pouvoir ,, recevoir l'ennemi avec une résistance plus efficace ; ,, qu'il seroit en outre facile de renverser le peu de ,, bataillons postés près de Dippoldiswalde, puisque

„ l'ennemi arriveroit sûrement en grande force, au „ cas qu'il voulût entreprendre quelque chose. „ Les ordres de FRÉDERIC furent exécutés ; mais en s'y conformant, Finck lui marqua la position des ennemis, à qui le chemin étoit maintenant ouvert pour venir l'attaquer. Les lettres que ce Général écrivit depuis au Roi furent toutes interceptées par les Autrichiens. Ce fut-là la vraie source du malheur qu'eut FRÉDERIC de perdre entièrement un corps de troupes aussi considérable.

Le 21 de Novembre fut ce malheureux jour, qui sera toujours profondément imprimé dans la mémoire des guerriers Prussiens. Finck fut attaqué de tous côtés. Il étoit posté dans un fond, & les ennemis sur des hauteurs. À cette position défavorable se joignit la grande supériorité des assaillans. D'un côté étoit Daun, avec 30,000 hommes ; de l'autre, se trouvoit le Duc des Deux-Ponts, avec les troupes de l'Empire.

Les Prussiens combattirent néanmoins avec beaucoup de bravoure ; mais le feu de l'ennemi étant dirigé sur un même point, Maxen fut bientôt en flammes. Les grenades que jettoient les obus des Autrichiens causèrent un grand désordre dans la barricade de chariots qu'avoient les Prussiens, & cette confusion se communiqua à toute l'infanterie. Toute retraite fut coupée à ces troupes : enfin, elles manquèrent de munitions, après un feu qui avoit duré toute la journée, & consumé toutes leurs cartouches. Il y avoit peu d'espérance de secours de la part du Roi, qui ne connoissoit pas leur triste situation.

Finck s'étoit montré en tant d'occasions comme un Général expérimenté & courageux; & dans celle-ci le courage ne lui manqua point. Il voulut se faire jour à travers l'ennemi, & il assembla à cet effet les autres Généraux, à qui il communiqua son projet. Mais l'impossibilité absolue de pénétrer à travers des défilés, que l'ennemi faisoit garder par beaucoup de troupes, ne lui laissa d'autre choix que celui d'immoler toutes les troupes à ses ordres, ou de les rendre prisonnieres de guerre. En suivant le le premier de ces deux partis, Finck crut qu'il ne rendroit aucun service au Roi, qui avoit en sa puissance un grand nombre de prisonniers Autrichiens qu'il pourroit échanger contre ses propres troupes. Wunsch proposa de faire, avec la cavalerie, une tentative pour s'évader durant la nuit; & il partit effectivement. Mais l'infanterie ne put le suivre, & Finck fut contraint de capituler. Daun ne voulut entendre à d'autre condition, qu'à celle de les recevoir ses soldats prisonniers de guerre; & il insista même sur ce que Wunsch fût rappellé, & se rendît également. En vain Finck lui représenta, que Wunsch commandoit un corps séparé: le Général Autrichien persista dans sa demande, & Finck, dans sa détresse, fut obligé de consentir à tout. Wunsch rebroussa sur les ordres qu'il en reçut; mais il ne signa pas la capitulation. Il fut néanmoins fait aussi prisonnier. Les bagages de l'armée ne furent point pillés: ce fut là le principal article de la capitulation. Tout ce corps de troupes, consistant en neuf Généraux & 11,000 hommes tant cavalerie qu'infanterie, mit

bas les armes. Il n'en échappa que quelques huſſards, qui apporterent au Roi la nouvelle d'un événement auſſi funeſte pour la gloire des Pruſſiens.
Après la paix, les Généraux Finck, Rebentiſch &
Gersdorf furent cités devant le conſeil de guerre;
& leur défenſe n'ayant pas été trouvée ſuffiſante,
ils furent condamnés à être enfermés dans une fortereſſe. Rebentiſch demeura encore quelque tems
dans le ſervice; mais les deux autres perdirent ſur-
le-champ toutes leurs dignités militaires.

Ce malheur fut immédiatement ſuivi d'un autre.
Le Général Dierke étoit poſté, avec 3000 hommes,
ſur le rivage de l'Elbe, non loin de Maxen. Le
Roi rappella ce Général, qui étoit obligé de paſſer
la riviere alors couverte de glaçons. Il n'avoit que
peu de bateaux, & ceux-ci furent bientôt détruits
par l'ennemi qui vint l'aſſaillir. Dierke fut contraint
de ſe rendre, avec tous ceux qui n'avoient pas encore paſſé ce fleuve. De cette maniere, 1400 hommes tomberent encore entre les mains des Autrichiens.

Néanmoins, l'attente générale fut de nouveau
trompée. Daun, au lieu de ſe prévaloir de ſes grands
avantages, & de marcher en avant, prit de nouveau, comme s'il eût été vaincu, un camp très-
fort près de Pirna. FRÉDÉRIC au contraire, qui,
à la fin de la campagne, où tous les régimens étoient
fort affoiblis, avoit perdu preſque toute ſon armée, &
à qui maintenant il ne reſtoit guere plus de 20,000
hommes raſſemblés, ne changea cependant pas ſa
poſition, mais ſe maintint, à l'exception du petit
diſtrict

diſtrict de Dresde, dans la poſſeſſion de toute la Saxe. Toutefois, afin de remédier à la grande infériorité de ſon armée, il attira à lui 12,000 hommes de celle des Alliés. Ce renfort le joignit près de Chemnitz, ſous la conduite du Prince héréditaire de Brunſwick.

Il s'enſuivit maintenant une ſinguliere campagne d'hyver, qui enleva quantité d'hommes. L'armée du Roi fut miſe en cantonnemens dans le voiſinage de Dresde, en de petites villes & villages; & les ſoldats y furent tellement entaſſés, que ſeulement une petite partie d'entre-eux pouvoit ſe mettre à l'abri ſous les toits des maiſons. Des régimens entiers furent répartis, pendant tout l'hyver, dans de petits villages, qu'ils échangerent enſuite contre de plus grands. Les officiers habitoient les chambres, & les ſoldats élevoient des cabanes où ils allumoient des feux autour deſquels ils ſe tenoient couchés jour & nuit, comme les Tartares. Cette année, l'hyver fut extrêmement rude, & la neige couvrit, pendant pluſieurs ſemaines conſécutives, les terres juſqu'à la hauteur du genou. Les ſoldats étoient obligés de traîner le bois, qu'ils coupoient ſouvent dans des forêts éloignées. Ces tranſports ſe continuoient pendant toute la journée, vu la grande conſommation qu'en néceſſitoit l'extrême rigueur du froid; deſorte qu'auprès de tous les villages, on voyoit ſans ceſſe des troupes de gens qui en étoient chargés. Les vivres, en outre, ne ſe trouvoient pas en abondance, & le ſoldat ſe voyoit réduit à ſon pain de munition, avec lequel il faiſoit ſans

M

cesse des soupes-à-l'eau. Le tour d'être de garde ou en sentinelle revenoit très-souvent, vu le grand nombre des malades; & le soldat l'avoit-il subi, il ne pouvoit, dans ces courts intervalles, jouir presque d'aucun repos. Quand il n'étoit point chargé de bois, il se couchoit tout de son long dans les cendres, afin d'y réchauffer son corps.

Ce n'étoit pas tout encore. Ils y avoit, près de Wildsraf, à une lieue de Dresde, un petit camp que FRÉDÉRIC ne voulut point faire lever. Il falloit que quatre bataillons le gardassent continuellement; & on les relevoit chaque vingt-quatre heures; desorte que toute l'infanterie de l'armée royale fut contrainte de jouer tour-à-tour ce rôle. Les tentes demeurerent sur pied, & les toiles étoient tellement gelées, qu'elles avoient la consistance de planches.

Comme aucune perfection n'est tombée en partage aux mortels, & qu'il est indigne de l'Histoire d'avancer de profondes réflexions, à chaque faute ou à chaque caprice opiniâtre d'un grand homme, la situation des choses justifiera nos doutes sur l'utilité de ce camp de glaces. Cette utilité fut déterminée plus par l'effet d'un caprice du Roi, que par de profondes vues; puisque les forces du corps humain étoient, dans ce camp, comme taries.

Pendant cet hyver, la rigueur du froid ne discontinua pas, & chaque jour on voyoit geler les membres de soldats légérement habillés *). Il n'y

---

*) L'auteur étoit alors à l'armée du Roi, & fut témoin oculaire de ce qui vient d'être raconté. Même le

avoit, dans le camp, aucune cabane à feu : les ſentinelles n'avoient point de feux allumés, & pour les officiers, on avoit bâti de petites guérites de planches. Les ſimples ſoldats, afin de rendre la fluidité à leur ſang glacé par le froid, couroient comme des inſenſés dans tout le camp ; ou bien, en oubliant de cuire leurs alimens, ils ſe tapiſſoient dans les tentes & s'y couchoient les uns ſur les autres, afin de réchauffer au moins quelque partie de leur corps, par ceux de leurs camarades. Dans cette ſituation, toute attaque, comme toute défenſe, étoient impoſſibles ; & jamais aucun régiment ne revint, de ce camp, dans ſes triſtes quartiers d'hyver, qu'il ne vît augmenter le nombre de ſes malades. Ils mouroient dans leurs réduits, comme des mouches ; & cette campagne d'hyver coûta ſeule au Roi plus d'hommes qu'il n'en auroit perdu dans deux batailles. Cette diminution cependant devenoit moins ſenſible, parce que ces pertes ſe réparoient chaque jour par des recrues. Les Autrichiens n'eurent pas un meilleur ſort : des maladies contagieuſes ſe manifeſterent dans leur armée, & en ſeize jours de tems, il leur mourut 4000 hommes.

Dans cette campagne, comme dans les précédentes, la guerre contre les Suédois n'offrit rien

---

régiment de Forcade, dans lequel il ſervoit, & qui avoit ſon quartier d'hyver dans le village de Coſſebaude, à une lieue de Dreſde, étoit obligé de marcher chaque ſemaine au camp de Wilsdruf, afin d'y relever d'autres troupes.

de bien remarquable. Le Général Kleift ayant été obligé, après la bataille de Cunersdorff, d'aller joindre le Roi de Pruffe, fon éloignement leur laiffa les mains libres. Ils s'en prévalurent pour prendre quelques places foiblement garnies par les Pruffiens; s'emparer de neuf bâtimens armés dans le port de Stettin, & pénétrer enfuite jufqu'à Prenzlau. Mais le Général Pruffien, Manteuffel, eut bientôt ramaffé un corps de troupes, avec lequel il les chaffa de Prenzlau, & les repouffa jufqu'à l'autre bord de la riviere de Pena. Il ne les y laiffa jouir d'aucune tranquillité, mais il pénétra jufqu'à Greifswalde, en livrant des combats continuels, où il fit beaucoup de prifonniers. La rigueur du froid l'obligea enfin de finir la campagne. Les Suédois prirent cependant leur revenge fur ce Général actif : ils le furprirent de nuit, à Anklam, & le firent prifonnier.

Durant la même campagne, la fortune avoit fort varié dans l'armée des Alliés. Les Anglois prenoient la part la plus active à la guerre de terre, & le Parlement avoit accordé pour cet objet la fomme de 1900,000 liv. fterling, non-compris les frais immenfes du tranfport fur le continent. Les François commencerent leurs opérations par un coup hardi : ils furprirent Francfort fur le Mein, au milieu de l'hyver. Cette ville libre & Impériale, qui fourniffoit fidélement à l'Empire fon contingent en argent & en troupes, croyoit n'avoir rien à craindre de la part des Alliés de l'Union Germanique. Elle avoit déja accordé des paffages à des troupes Françoifes, mais feulement en corps feparés. Le prétexte dont on se servoit pour les demander, étoit toujours celui de passer le Mein. On fit au magistrat une pareille réquisition, qui fut accordée sous les réserves ordinaires & connues. En conséquence, un corps considérable de troupes Françoises se rassembla devant la ville. On y laissa entrer un régiment, après l'entrée duquel la porte devoit être fermée, jusqu'à ce que ce régiment eût passé le pont construit sur la rivière. La garnison entiere étoit sous les armes, & une partie se trouvoit postée près de la porte exposée, tant afin d'escorter les François, que pour faire respecter convenablement les ordres du magistrat. Tout cela n'empêcha pas que cette ville importante ne fût prise sans effusion de sang. Les troupes de France se joignirent à la queue du régiment qui devoit entrer: elles renverserent la garde de la porte, qui avoit voulu faire résistance, & épouvanterent le reste des soldats de la ville, qui, malgré sa confédération avec l'Empire, se vit en peu de momens au pouvoir des François. Ceux-ci la traiterent comme une ville conquise. Leur Général, Soubise, se rendit à l'hôtel-de-ville, où il donna ses ordres. Toutes les rues étoient remplies de soldats & de buchers allumés: les habitans n'osoient quitter leurs demeures, pas même se montrer à leurs fenêtres: les soldats de ville furent désarmés.

Francfort devint maintenant le quartier-général des François, qui obtinrent, par sa possession, une pleine communication avec les Autrichiens & les troupes de l'Empire. Le principal plan que FERDINAND forma à l'ouverture de la campagne, fût de leur enlever ces avantages. Il en différa l'exécution jufqu'au mois d'Avril, parce que les troupes des Cercles, ainfi qu'un corps d'Autrichiens & de François, étoient entrés dans la Hefle & dans les provinces voifines, dont il falloit préalablement les chaffer. C'eft ce qu'exécuta le Prince héréditaire de Brunfwick, avec un tel fuccès, que les troupes de l'Empire furent battues en divers petits combats ; qu'à Meinungen, un régiment entier de cuiraffiers, un bataillon de Wirtembergeois & deux de grenadiers de Cologne furent faits prifonniers ; & qu'enfin les provinces liguées furent en peu de tems délivrées d'ennemis.

FERDINAND laiffa alors 12,000 hommes, pour couvrir les pays d'Hannovre & de Hefle, & marcha contre Francfort, avec 30,000 hommes. Le Duc de Broglio, qui y commandoit l'armée Françoife, fe faifit d'un pofte très-fort, près du village de Bergen dans le voifinage de Francfort. Il falloit néceffairement que FERDINAND le lui enlevât, pour être à même de mettre fon deffein à exécution. Ce fut le 13 Avril, que les deux armées fe rencontrerent devant cet endroit. Le village de Bergen fut attaqué d'abord avec beaucoup d'ardeur. Il étoit défendu par huit bataillons de troupes Allemandes au fervice de France, & derriere ce village, fe trouvoient plufieurs brigades d'infanterie Françoife nationale, qui faifoient un feu très-vif. Le Prince d'Yfenbourg forma l'attaque, à la tête des grenadiers Heffois. Les François, qui avoient de leur côté tous les avantages du terrein, maintinrent leur pofte contre un ennemi à qui il reſtoit encore beaucoup d'obſtacles à vaincre; obſtacles que lui oppoſoit la ſituation du terrein. Devant le village ſe trouvoient des ravins que les Heſſois ne purent paſſer que par pelotons, ainſi que des haies & barrieres, qu'ils étoient obligés de franchir. Le Prince héréditaire de Brunſwick s'avança, pour les ſoutenir, avec ſa diviſion, & tomba ſur le flanc gauche des François. Les Heſſois, encouragés par ce mouvement, renouvellerent l'attaque avec une fureur redoublée. Les François cédoient déja, lorſque leur Général en chef, Broglio, tomba, par une manœuvre fort-adroite, ſur les flancs des Alliés. Les Heſſois furent alors repouſſés; & leur Commandant, le Prince d'Yſenbourg, perdit la vie. Dans ces conjonctures quelques régimens François, emportés par leur ardeur, abandonnerent leur poſte dans le plus grand déſordre, afin de pourſuivre l'ennemi qui lâchoit le pied. La cavalerie des Alliés ſaiſit cette occaſion d'attaquer celle de France avec beaucoup de vigueur: quantité de François tomberent ſous ſes coups.

Tout dépendoit néanmoins de la poſſeſſion du poſte près de Bergen. En moins de trois heures, l'attaque fut renouvellée trois fois, mais ſans ſuccès. Il ne reſta alors d'autre parti à FERDINAND, que celui de faire une retraite bien ordonnée, à la vue d'un ennemi ſupérieur en forces. Il fallut que la ruſe ſuppléàt au nombre néceſſaire de troupes. Il étoit à peine midi, & la nuit ſeule pouvoit cacher ſa retraite. Dans cet embarras, FERDINAND fit semblant de vouloir renouveller le combat : il partagea son infanterie en deux, mit sa cavalerie au milieu, & posta devant elle une colonne d'infanterie : il fit mine de vouloir en même tems attaquer le village de Bergen, & une forêt située sur l'aile gauche : effectivement il les fit canonner avec beaucoup de vivacité. Il continua ainsi jusqu'à ce que la nuit fût venue ; sur quoi l'armée des Alliés se retira près de Windecken. Elle avoit perdu 2000 hommes & cinq canons.

Quelque peu considérable que fût une telle perte, cette victoire manquée eut néanmoins des suites funestes. Les François demeurerent en possession de Francfort. Cette ville seroit devenue, entre les mains de FERDINAND, la source des plus grands avantages ; & les Alliés auroient pu renouveller leurs operations avec les plus grandes espérances de succès ; au lieu que FERDINAND fut maintenant obligé d'agir défensivement. Il demeura toutefois maître de la Weser, malgré plusieurs tentatives que firent les François pour l'éloigner de ce fleuve. Ceux-ci se porterent bientôt en avant, s'emparerent de Castel, prirent d'assaut Minden, où ils trouverent de grands magazins & firent 1400 prisonniers. Ils se rendirent aussi maîtres de Münster, après un siege dans les formes, & en contraignirent la garnison, forte de 4000 hommes, à se rendre prisonniere de guerre. Cette victoire de Bergen procura à Broglio la dignité de Prince de l'Empire, dont la Cour Impériale récompensa ce service.

Les François projetterent maintenant de pénétrer dans le pays d'Hannovre; mais FERDINAND déconcerta toutes leurs mesures. Il s'étoit emparé, par ruse, de la ville Impériale de Bremen, dont la possession le rendit maître de la Weser, jusqu'à Stade. Non seulement la possession d'Hannovre, mais aussi le fort de toute cette campagne dépendoient maintenant d'une action générale. La perte de Minden engagea FERDINAND à accélérer la bataille. Afin d'y engager l'ennemi, il fit menacer, par deux corps de troupes envoyés à cet effet, les magazins qu'il avoit derriere lui. L'un de ces corps étoit commandé par le Prince héréditaire de Brunswick, qui marcha à Hervorden, afin d'appuyer les opérations du Général Drewes. Ce dernier alla attaquer Osnabrück, en fit sauter les portes, contraignit la garnison de prendre la fuite, & s'empara du magazin qu'on y avoit formé.

Les Alliés se trouvoient postés avantageusement, & les François étoient en danger de se voir couper leurs approvisionnemens. Contades en conçut des inquiétudes. Le 31 Juillet, au soir, il tint un conseil de guerre, où il fut résolu de se mettre en marche encore la même nuit, & d'attaquer l'ennemi à la pointe du jour. Les corps de l'armée des Alliés, séparés les uns des autres, paroissoient en offrir l'occasion la plus favorable. Néanmoins, afin d'être prêt à tout événement, le Général François avoit fait établir dix-neuf ponts sur un ruisseau qui se jette dans la Weser.

Les François se mirent en marche, formés en neuf colonnes. L'une, commandée par Broglio lui-même, devoit attaquer le corps du Général Wangenheim, qui se trouvoit dans un camp très-retranché, à quelque distance de la principale armée. FERDINAND fut instruit de ce projet, par des transfuges, à trois heures du matin. Cette nouvelle lui fut d'autant plus agréable, qu'il desiroit ardemment une bataille, & qu'il s'étoit déja résolu à attaquer lui-méme. Il se mit donc en marche, sans délai.

Broglio cependant arriva au camp de Wangenheim. Le succès de cette entreprise dépendoit de sa prompte exécution ; mais on perdit des momens précieux, par une halte faite mal-à-propos. Les François, qui n'étoient point accoutumés à se former avec rapidité, au lieu d'attaquer, selon les ordres du Général, à la pointe du jour, furent obligés de rassembler préalablement leurs troupes disperfées, & de mettre leurs colonnes en ordre ; desorte que Broglio ne put être, avant cinq heures, en ordre de bataille. Tous ces délais donnerent à Wangenheim le tems de se mettre en défense, & à FERDINAND, celui de venir à son secours. Les savantes manœuvres & l'ordre de bataille de ce grand Capitaine, déconcerterent tout le plan de Contades. Wangenheim abandonna son camp, & se joignit au gros de l'armée. Les François se trouverent alors dans une situation dangereuse, environnés de la Weser, d'un marais & de l'armée ennemie. Il falloit cependant combattre. Broglio commença l'attaque avec beaucoup de vivacité ; mais ses troupes souffrirent extrémement de l'artillerie des Alliés, qui, en peu de tems, fit taire celle des François.

La disposition des troupes Françoises étoit telle, que leur cavalerie étoit postée au centre du corps de bataille. Cet arrangement contraire à toutes les regles de l'art militaire, le même qui avoit causé la grande défaite des François à Hochstädt, fut, pour les Alliés, comme le gage de la victoire. FERDINAND fit marcher, contre ce centre, la cavalerie Angloise & celle d'Hannovre, tandis que le Prince d'Anhalt devoit attaquer l'aile gauche des François. Ces colonnes s'avancerent fiérement contre la cavalerie ennemie, malgré un feu vif d'artillerie qui plongeoit dans ses flancs. De son côté, la cavalerie Françoise n'attendit pas cette attaque; mais elle s'ébranla & attaqua elle-même de tous côtés, avec beaucoup d'ardeur, l'infanterie qui s'avançoit vers elle. Celle-ci opposa, à la fureur des François, une fermeté inébranlable. Elle se maintint dans le plus grand ordre, & fit pleuvoir une si grande quantité de balles & de boulets sur cette cavalerie, qu'elle prit la fuite dans la plus grande confusion. D'autres régimens de cavalerie qui renouvellerent l'attaque furent également repoussés: de nouveaux corps vinrent prendre leur place: enfin s'avancerent les gendarmes & les grenadiers, qui pénétrerent effectivement dans l'infanterie Angloise, mais furent aussi contraints de se retirer. Il en fut de même à quatre reprises différentes. Non seulement l'infanterie des Alliés maintint son poste; mais elle gagna du terrein en repoussant toutes les attaques de la cavalerie.

Les troupes Saxonnes, qui faisoient partie de

l'armée Françoife, fe diftinguerent finguliérement dans cette journée. Les Anglois furent mis en défordre par la vigueur de leur attaque : ils fe rallièrent cependant bientôt, & repoufferent les Saxons. La fuite de la cavalerie Françoife avoit rompu la ligne. Les brigades d'infanterie, poftées à côté de cette cavalerie, fe trouvoient alors fans appui & leurs flancs expofés. Broglio fit fes efforts pour entrer, avec fon corps de troupes qui avoit déja été battu, dans le centre où régnoit la plus grande confufion. C'étoit-là le moment critique où l'on pouvoit anéantir entiérement l'armée Françoife. Les manœuvres les plus favantes, jointes à la valeur la plus intrépide, avoient amené ce moment ; & la plus grande défaite que les François euffent effuyée en ce fiecle, plus complette encore que celles de Hochftädt, Turin & Ramelies, paroiffoit entiérement décidée, lorfque la perfidie d'un Général Anglois fauva l'armée ennemie de fa perte totale.

L'infanterie des Alliés avoit fait tout ce qu'on pouvoit attendre d'elle, & c'étoit maintenant à la cavalerie d'achever ce grand ouvrage. FERDINAND envoya promptement à cet effet les ordres néceffaires au Lord Sackville, qui commandoit la cavalerie Angloife & Allemande. Cet Anglois, indigne de fa patrie, & qui ne manquoit ni de prudence ni de courage perfonnel, nourriffoit une baffe jaloufie contre le Duc FERDINAND. Il étoit le feul de cette armée, qui vit avec regret les avantages qu'elle venoit de remporter. Son patriotifme céda à l'envie : il prétexta ne pas entendre les ordres les plus chairs du Général en chef. En vain trois Aides-de-camp, dont deux étoient Anglois, lui apporterent les ordres les plus précis de s'ébranler. Il ne le fit pas: il laissa perdre de précieux momens, & enfin il partit lui-même pour chercher le Duc, & lui demander une explication que le dernier de ses cavaliers auroit pu lui donner. FERDINAND, surpris & impatienté, envoya, encore avant son arrivée, un pareil ordre au Marquis de Granby, le second Commandant Anglois, qui avoit à ses ordres la seconde ligne de cavalerie. Celui-ci obéit sur-le-champ. Sackville se mit ensuite lui-même à sa tête; mais il étoit écoulé ce moment précieux, que toutes les richesses de la Grande-Brétagne ne pouvoient rappeller. Broglio tira le plus grand parti de ce délai : il fit sa retraite en assez bon ordre, & les autres troupes de l'aile gauche le suivirent.

Pendant ce tems, le combat avoit été fort-animé à l'aile droite des Alliés. La cavalerie Prussienne, celles de Hanovre & de Hesse avoient renversé l'infanterie Françoise, lui avoient tué un grand nombre d'hommes, & fait quelques milliers de prisonniers. Alors tout chercha son salut dans la fuite. Dans ce malheur, Broglio couvrit la retraite de l'aile droite Françoise, & les Saxons, qui malgré leurs grandes pertes étoient néanmoins encore en assez bon ordre, protégerent les fuyards de l'aile gauche.

Les François perdirent, dans cette bataille, 8000 hommes tués, blessés & prisonniers, trente canons & dix-sept drapeaux. Quelques jours après, on leur enleva encore un train entier de gros bagages, une partie de leur caiſſe militaire, les équipages des leurs principaux Commandans & les archives de guerre. A ces pertes ſe joignirent bientôt celles des magazins qu'ils avoient à Osnabrück, Minden, Bielefeld, Paderborn & autres endroits. Les Alliés ne comptoient que 1300 morts & bleſſés. D'abord après cette bataille, le Maréchal de Contades écrivit au Duc FERDINAND, une lettre où en l'appellant ſon vainqueur, il lui demandoit ſes ſoins pour ſes compatriotes bleſſés ; demande que le cœur généreux du Général Allemand rendoit d'ailleurs ſuperflue.

Sackwille fut rappellé en Angleterre, où il ne parut qu'en tremblant. Il craignit de ſubir le ſort de l'Amiral Bing, à la fin tragique duquel il avoit contribué lui-même efficacement, comme membre du Conſeil privé. Toute la nation étoit aigrie au dernier point contre lui. Le peuple menaça de le déchirer : les perſonnes d'un plus haut rang le regardoient comme le dernier de tous les hommes, & GEORGE II ne vouloit pas même entendre prononcer ſon nom. Il le dégrada de ſes emplois militaires : il ſe fit apporter le livre où étoient inſcrits ſes conſeillers privés, & il effaça de ſa propre main le nom de Sackwille. Sa conduite fut examinée par un conſeil de guerre, devant lequel, par ſa défenſe, il mit le comble à ſes baſſeſſes. Il prétendit que FERDINAND, ce grand Capitaine, avoit porté envie à ſes talens militaires, & qu'afin de le perdre, il lui avoit envoyé des ordres contradictoires. Mais une quantité de témoins, partie d'une naiſſance diſtinguée & partie d'un très-haut rang, arriverent de l'armée à Londres, & constaterent devant les juges la honteuse conduite qu'avoit tenu Sackwille dans la bataille. Il fut trouvé coupable, & déclaré incapable de servir jamais dans les armées de la Grande-Bretagne. Le conseil de guerre n'avoit pas le droit d'étendre cette incapacité jusqu'aux emplois civils; & le Roi, qui le croyoit entiérement hors d'état de nuire à sa patrie, ne voulut point le faire par un égard particulier pour le pere du Général, le vieux Duc de Dorset. Bientôt après cet événement, ce vieillard ayant reparu à la Cour, & s'étant approché du Roi avec une contenance où étoit peinte la douleur la plus amere, le Monarque le fixa pendant quelques momens en silence & avec un cœur touché : enfin il le serra entre ses bras, & lui dit: *Je vous plains, Mylord, de ce que Sackwille est votre fils.*

Il n'est cependant pas hors de propos de remarquer ici, que ce Lord Sackwille, flétri dans l'Histoire de l'Allemagne, & déshonoré formellement en Angleterre sous le regne de GEORGE II, est le même qui, sous celui de GEORGE III, parvint, par ses intrigues, jusqu'au Gouvernement de l'Etat; qu'il fut un des principaux moteurs de la guerre civile en Amérique, & devint enfin Ministre de la guerre sous le nom de Lord Germaine. Ce fut lui, qui, dans cette dignité, forma les plans d'opérations en Amérique, par un effet desquels le Général Burgoyne, contraint par des ordres stricts & précis, devint avec les troupes à ses ordres, dans les déserts de Saratoga, la victime d'un indigne Ministre.

Ce fut ce malheur qui décida du fort de l'Amérique; car à peine la nouvelle en fût-elle parvenue en Europe, que la France déclara indépendans les fujets Américains de la Grande-Brétagne.

Le jour même de la victoire de Minden, le Prince héréditaire de Brunfwick en remporta une autre près de Coofeld. FERDINAND avoit fait une action qui étonna amis & ennemis. Quoiqu'ayant deffein de combattre une armée de beaucoup fupérieure, il avoit néanmoins affoibli la fienne de 10,000 hommes, avec lefquels le Prince héréditaire marcha contre le Duc de Brifac. Les difpofitions pour l'attaque étoient fi bien combinées, que l'ennemi, quoique préparé au combat, fe vit environné tout d'un coup, & qu'après un combat très-fanglant, il fut contraint de chercher fon falut dans une fuite précipitée, en abandonnant tous fes bagages. Une quantité de morts demeurerent fur le champ de bataille; &, pendant trois jours confécutifs, 2000 payfans furent occupés à les enterrer. La perte des Alliés, dans ce combat, fut de 300 hommes.

Les fuites de cette journée furent très-funeftes aux François. Contades fut obligé d'abandonner fans délai le pofte avantageux qu'il occupoit près de Minden, d'évacuer Caffel, de paffer la Wefer, & de traverfer un pays peu pourvu de vivres, pourfuivi & harafié continuellement par l'ennemi : enfin, il perdit tous les avantages obtenus durant cette campagne. On lui prit des magazins confidérables, & de tous côtés on faifoit fur lui quantité de prifonniers. Le Prince de Holftein fit une fois prifonnier

nier un bataillon entier des grenadiers-du-Roi. Il se donna ensuite plusieurs autres combats, qui tous furent à l'avantage des Alliés. Près de la petite ville de Wetter, le corps de Fischer fut surpris, massacré en partie & en partie fait prisonnier, par le Prince héréditaire. Il n'y eut que peu de combattans qui purent se sauver avec leur Chef. Un autre corps fut attaqué, près d'Elnhauser, par Luckner, & repoussé avec grande perte. Marbourg, défendue par 900 François, ne vouloit pas se rendre: il fallut donc l'assiéger dans les formes; & cette ville capitula après cinq jours de tranchée ouverte. Le Général Imhof fut envoyé à Münster: il bloqua la ville, pendant quelque tems, puis il l'assiégea dans les formes, & la garnison rendit la place après six jours de tranchée ouverte. Elle obtint une libre retraite; mais toute l'artillerie, les munitions, vivres & attirail de guerre devinrent la proie des vainqueurs. Cet événement eut lieu le 20 Novembre, au jour même où les Prussiens furent si malheureux à Maxen, & où l'Amiral Anglois, Hawke, pendant une tempête terrible, détruisit la flotte de France, sur les côtes de ce royaume; bataille la plus extraordinaire de toutes celles qui aient jamais été remportées sur l'élément de la mer.

Imhof trouva les fortifications de Münster en si mauvais état, que ce lieu lui parut à peine tenable: il y mit cependant une garnison de 5000 hommes, & rejoignit ensuite le gros de l'armée. La campagne n'étoit pas encore finie, quoique la saison avancée avertit continuellement de la terminer.

Fulda, où se trouvoit le Duc de Würtemberg avec ses troupes, fut surprise. Ce Prince avoit cédé 10,000 hommes à la solde de la France, & il les commandoit lui-même. Leur camp étoit proche de la ville. Le Duc, qui ne soupçonnoit l'approche d'aucun ennemi, avoit invité les dames de Fulda à un bal, qui devoit commencer au moment même où le Prince héréditaire de Brunswick, envoyé contre le Duc, parut avec ses hussards & ses dragons devant les portes de la ville. Il y pénétra. Quantité d'ennemis furent massacrés : ceux qui étoient au dehors des murs, furent dispersés, & l'on fit plus de 1200 prisonniers. Le Duc eut le bonheur de pouvoir s'échapper : ses troupes se retirerent de Fulda, dans la plus grande confusion, & les Dames de cette Cour ecclésiastique ne danserent pas.

Bientôt après cette expédition, le Prince héréditaire marcha en Saxe, pour renforcer le Roi de Prusse. Cette circonstance suggéra aux François l'idée de suprendre l'armée affoiblie des Alliés, dans ses quartiers de cantonnemens. Broglio, qui commandoit alors l'armée Françoise, & qui venoit d'obtenir le bâton de Maréchal de France, voulut se rendre digne de cette grace, par un exploit inattendu. La rigueur de la saison ne l'empêcha pas de faire, le 25 Décembre, une tentative à cet effet. Mais FERDINAND, qui tenoit Giessen bloquée, & qui avoit mis ses troupes en quartiers de cantonnemens, se tenoit sur ses gardes. Il reçut les François avec tant d'énergie, qu'ils furent obligés de se retirer après une vive canonnade. L'échec qu'avoit essuyé Fréderic près de Maxen, & qui l'avoit contraint de demander des secours aux Alliés lesquels furent ainsi obligés de s'affoiblir, empêcha Ferdinand de tirer, de cette heureuse campagne, tous les avantages qu'il auroit pu en espérer.

Les Alliés, que cette tentative de la part des François venoit de mettre en mouvement, saisirent maintenant toutes les occasions de nuire autant que possible à l'ennemi. En diverses rencontres, le Colonel Luckner se distingua beaucoup. Chaque jour on attaquoit des détachemens de François, ou l'on faisoit sur eux quantité de prisonniers, jusqu'à-ce qu'enfin les grands froids contraignirent les deux armées à prendre des quartiers d'hyver & quelque repos. Ferdinand prit les siens à Cassel & en Westphalie; les François, dans les environs de Francfort sur le Mein. On eût dit alors que la nature avoit changé à l'égard des nations belligérantes; car tandis qu'ici, comme en Saxe, Allemands & François combattoient encore au milieu d'une saison rigoureuse, il y avoit déja deux mois que les Suédois & les Russes se trouvoient dans leurs quartiers d'hyver.

Il se fit alors quelques tentatives pour la paix. L'Angleterre avoit beaucoup gagné, & le Roi de Prusse avoit fort-peu perdu. La Saxe dédommageoit abondamment Fréderic des provinces dont l'ennemi étoit maître; & malgré tous les échecs qu'il avoit soufferts, on le voyoit toujours aussi formidable que jamais. Les deux Monarques offrirent de faire la paix. La premiere ouverture s'en fit à la Haie, & le Roi Stanislas, qui, dans le repos

d'un philosophe se consoloit si facilement de la perte de la couronne de Pologne, qu'il avoit reçue & perdue deux fois, offrit Nancy, sa résidence, pour le lieu où s'assembleroit le congrès. FRÉDÉRIC & GEORGE agréerent cette offre. Le premier écrivit à STANISLAS, de son quartier-général à Freyberg :
„ J'envisage cette offre avec la plus vive reconnois-
„ sance, & l'accepterois volontiers. Toutes les né-
„ gociations qui seroient entamées sous les auspices
„ de Votre Majesté, ne pourroient qu'être suivies
„ d'un heureux succès; mais tout le monde n'est
„ pas animé de pareils sentimens. Les Cours de
„ Vienne & de Petersbourg ont rejetté, d'une ma-
„ niere extraordinaire, les propositions que le Roi
„ d'Angleterre & moi leur avons faites. Elles enga-
„ geront vraisemblablement le Roi de France à con-
„ tinuer cette guerre, dont elles se promettent les
„ plus heureux effets. Elles seront donc seules res-
„ ponsables du sang qui se versera encore. Plût
„ à Dieu que tous les Princes écoutassent, comme
„ le fait Votre Majesté, la voix de l'humanité,
„ de l'équité & de la justice! Le monde ne seroit
„ plus alors un théatre de ravages, de meurtres &
„ d'incendies. „

Les Cours ennemies ne firent, sur ces proposi-
tions, que des réponses très vagues. On proposa Breda, & ensuite Leibzig, pour le lieu où se tiendroient les conférences; mais inutilement. Les ennemis de FRÉDÉRIC, qui espéroient tout de leur formidable alliance, ne parurent pas même vouloir concourir à la paix. Au contraire, ils em-

ployerent l'hyver à renforcer leurs armées, & à réparer les pertes de la derniere campagne. Les Souverains, ennemis de FRÉDERIC, régnoient fur quatre-vingts millions d'ames, & le nombre de tous les fujets de ce Prince ne montoit pas à fept millions. Le royaume de Pruffe & d'autres provinces étoient entre les mains des ennemis; ainfi il ne pouvoit en tirer de quoi compléter fes armées. La Saxe réparoit cependant grande partie cette perte. Cet Electorat étoit pour le Roi la fource la plus abondante, d'où il tiroit de l'argent, des vivres & des foldats. Les livraifons en productions & en hommes, qu'on extorquoit de ce malheureux pays avec la rigueur la plus extrême, étoient prodigieufes. Elles confifterent, pour l'année 1760, en deux millions d'écus d'Empire, 10,000 recrues, quelques 100,000 boiffeaux de bleds, plufieurs milliers de chevaux, & une grande quantité de grand & de petit bétail pour la nourriture de l'armée. On abattoit en outre fes meilleures & fes plus belles forêts, dont on vendoit les bois à des entrepreneurs.

La forêt de Torgau, une des plus magnifiques de l'Allemagne, éprouva ce fort. Sa fituation fur les bords de l'Elbe facilita cette entreprife. Tous fes bois defcendirent ce fleuve jufqu'à Hambourg. Dans ces circonftances, le Roi de Pruffe ne manquoit donc aucunement d'argent, mais bien d'hommes. La quantité des déferteurs rendoit la diminution des armées de FRÉDERIC trop confidérable pour pouvoir la réparer par des recrues de Saxe & de fes propres provinces. Ces circonftances donnerent naiſſance un ſyſtême d'enrôlemens, qui n'eut jamais de ſemblable ſur la terre, tant pour ſon étendue que pour les principes uniques en leur genre qui l'avoient enfanté. On changeoit, par force, en ſoldats Pruſſiens, des ſoldats pris ſur les armées ennemies. On ne leur demandoit point s'ils vouloient prendre ſervice ; mais on les trainoit vers les drapeaux Pruſſiens : on les contraignoit de prêter le ſerment de fidélité, & de combattre ainſi contre leur patrie.

Tout l'Empire d'Allemagne fut en même tems inondé d'enrôleurs Pruſſiens déguiſés. La plupart de ceux-ci n'étoient point de réels officiers, mais des avanturiers à gages, qui ſe donnoient toutes les peines imaginables pour attirer des hommes dans leurs filets. Le Colonel Pruſſien, Colignon, homme créé par la nature pour un emploi auſſi déteſtable, étoit à leur tête, & les inſtruiſoit par ſon exemple. Il voyageoit ſous toutes ſortes de déguiſemens, & perſuadoit à des centaines de particuliers d'entrer au ſervice de Pruſſe. Il ne ſe contentoit pas de leur faire des promeſſes ; mais il leur remettoit des brevets, dans leſquels de jeunes gens ſans expérience, des étudians, des commis de marchands & autres dupes étoient nommés Lieutenans ou Capitaines dans l'armée Pruſſienne. Que ce fût dans l'infanterie, dans la cavalerie, ou parmi les cuiraſſiers & les huſſards, c'étoit égal : ils n'avoient qu'à choiſir.

La gloire des armes Pruſſiennes étoit ſi éclatante & ſi répandue, que la fabrique de patentes de Colignon étoit occupée jour & nuit. Il pouvoit se dispenser de soigner les transports de recrues, & épargner encore les argents d'engagemens ; car la plupart de ses recrues faisoient le voyage à leurs propres frais. Quantité de jeunes gens dont l'éducation n'étoit pas encore achevée, de la Suabe & des pays situés sur le Rhin, voloient leurs peres : des commis de négocians déroboient leurs patrons ; des administrateurs puiserent dans les caisses qui leur étoient confiées, afin d'aller trouver les généreux officiers du Roi de Prusse, qui distribuoient des brevets d'officiers aussi libéralement que de la petite monnoie. Ils se rendoient, leurs brevets en poche, à Magdebourg, où on les recevoit comme de simples recrues. Ce fut par de tels moyens, ou par d'autres non moins insidieux, que Colignon & ses substituts procurerent au Roi, dans le cours de cette guerre, au moins 60,000 recrues.

L'activité de FRÉDERIC, le zele de ses officiers pour son service, & l'argent qu'il avoit constamment prêt à pourvoir à tous les besoins, triompherent ainsi de tous les obstacles qu'à Vienne & à Petersbourg on regardoit comme insurmontables. Dans la conviction que le manque d'hommes mettroit enfin un terme aux exploits du Monarque, les deux Cours Impériales élevoient constamment des difficultés pour l'échange des prisonniers, à laquelle, enfin, elles se refuserent entièrement. Les choses alloient néanmoins leur cours ordinaire ; & à l'ouverture de chaque campagne, les armées Prussiennes se trouvoient toujours complettes. Comme des régimens entiers avoient été perdus à Maxen, on les remplaça par d'autres à qui l'on donna les mêmes noms, & qui furent composés de convalescens, de soldats qui avoient eux-mêmes payé leur rançon, & de nouvelles recrues.

1760. Le plan d'opérations arrêté par les Puissances liguées contre FRÉDÉRIC, étoit de contraindre ce Prince à sacrifier ou la Saxe ou la Silésie. Ce ne fut qu'après de longues délibérations, que ce projet fut agréé par les Cours de Vienne & de Petersbourg; car chaque partie avoit principalement en vue ses propres avantages. Les François desiroient que les Russes entreprissent le siege de Stettin; mais Soltikow vouloit porter le théatre de la guerre le long des côtes de la Poméranie, & il insista pour qu'on s'emparât préalablement de Dantzig. Les Autrichiens au contraire ne pensoient qu'à la conquête de la Silésie. Leurs propositions prévalurent enfin, & Soltikow eut ordre de pénétrer dans cette province, avec la principale armée Russe, & d'assiéger Breslau. Quoique le manque de munitions de guerre & de bouche parût rendre cette entreprise impossible, on envisageoit à Petersbourg ce plan comme excellent & inaméliorable. Les gens éclairés ne pouvoient cependant regarder que comme une énigme, l'entreprise d'un siege, pour lequel l'armée devoit venir des bords de la Vistule, & l'artillerie de la Bohême.

Au commencement de cette année, la Silésie n'étoit que foiblement garnie de troupes. Le Général Prussien, Fouquet, défendoit cette province avec 13,000 hommes. Il occupoit, près de Landhut, un camp retranché, & avoit des ordres positifs de ne pas abandonner ce poste. Laudon l'y attaqua, au moment où Fouquet s'étoit affoibli par des détachemens, avec 50,000 hommes divisés en cinq corps, & de cinq côtés à la fois. Après avoir emporté quelques redoutes, il fit sommer le Général Prussien de se rendre, comme s'il eût commandé dans une forteresse. Fouquet lui répondit à coups de canons, & se retira, en combattant sans cesse, de hauteurs en hauteurs, jusqu'à ce qu'enfin il se vit obligé de succomber sous le nombre. Il fut lui-même blessé dangereusement à la tête, & renversé par terre. Un cavalier Autrichien étoit sur le point de lui ôter la vie ; mais la fidélité peu commune d'un simple palefrenier sauva ce grand Général. Il se jeta sur son maître, & reçut les coups qu'on lui destinoit. Ils ne furent pas mortels. Ce vertueux domestique fut rétabli, & vit sa fidélité récompensée par l'aisance dans laquelle il fut mis à même de passer le reste de ses jours.

Fouquet fut donc fait prisonnier, avec 6000 hommes, presque tous infanterie. Six-cens Prussiens avoient perdu la vie dans le combat, & 1800 étoient blessés. La cavalerie s'étoit fait jour à travers l'ennemi, & une petite partie de l'infanterie avoit pu s'échapper aussi avec elle. De leur côté, les Autrichiens comptoient 3000 morts & blessés. Laudon souilla sa victoire par le pillage de Landhut. Cette ville sans fortifications, & florissante par son commerce de toileries, fut traitée par les Autrichiens comme une place prise d'assaut. C'est par d'auſſi barbares moyens, qu'on vouloit récompenſer la valeur des troupes, & les exciter pour l'avenir à de nouveaux exploits.

La priſe de Glatz fut une des ſuites les plus importantes qu'entraîna le combat de Landshut. Cette fortereſſe, la plus grande, après Magdebourg, de toutes celles de la Monarchie de Pruſſe, n'avoit qu'une garniſon de 2400 hommes, compoſée, pour la plupart, de transfuges & d'étrangers. Outre ſa foibleſſe, elle avoit le déſavantage d'avoir un indigne Commandant, nommé O, Italien de naiſſance, & qu'un concours de circonſtances avoit élevé à ce poſte. L'éloignement du Roi ajoutoit encore à ces fâcheuſes conjonctures. C'eſt dans une ſituation auſſi critique, que ſe trouvoit la principale place de la Siléſie, lorſqu'elle fut inſultée, en Juillet, par le Général Draskowitz, & canonnée de ſeize batteries. Les Pruſſiens abandonnerent d'abord quelques ouvrages avancés : les Croates en prirent poſſeſſion, & encouragés par ces avantages ſubits, ils donnerent l'aſſaut aux principaux retranchemens. La garniſon, compoſée de ſoldats de tant de nations différentes, ſe ſouleva : des compagnies entieres jetterent leurs armes ; & en quatre heures de tems, la place, & toutes ſes dépendances, ſe trouverent entre les mains de l'ennemi, ſans aucune capitulation préalable. L'ancien fort fut pris l'épée à la main, & le nouveau ſe rendit à diſcrétion. Les vainqueurs y trouverent des magazins immenſes, & obtinrent, par cette conquête, un pied ferme dans la Siléſie.

Tandis que cela se passoit dans cette province, FRÉDERIC avoit envoyé le Prince HENRI, avec une armée, vers l'Oder, dans le voisinage des frontieres de Pologne, afin d'y observer les Russes; & le Roi lui-même avoit ouvert la campagne en Saxe, par le siege de Dresde. Daun, trompé par les mouvemens, les marches & les ruses du Monarque, s'étoit éloigné de cette résidence. Il crut que FRÉDERIC, qui traversoit la Lusace, avoit dessein de se porter en Silésie, & il ne desira rien avec autant d'ardeur, que de l'y prévenir. Effectivement, il avoit déja gagné deux marches sur lui, & croyoit avoir obtenu ainsi un grand avantage. Mais ce fut plutôt un malheur pour ce Général ; car tout d'un coup, le Roi fit halte, revint sur ses pas, & se présenta devant Dresde.

Sa venue plongea tant la garnison que les habitans, dans une consternation inexprimable. En peu d'heures de tems, les Autrichiens furent chassés du jardin royal & des faux-bourgs ; & peut-être que, dans ces momens critiques, un assaut tenté avec hardiesse eût bientôt décidé du sort de Dresde. Il y a apparence, que les horreurs attachées à la conquête d'une place prise d'assaut, surtout dans la résidence d'un Roi, déciderent la résolution contraire de FRÉDERIC. Il espéroit de prendre promptement, par capitulation, cette place importante. Mais l'approche des Autrichiens, qui s'ouvrirent, de l'autre côté de l'Elbe, une communication avec la ville, & qui y jetterent des troupes, changea la scene. Il fallut en venir à un fiege formel, qui doit être rangé parmi les événemens les plus mémorables de cette guerre.

Les Pruſſiens commencerent, le 14 Juillet, à canonner la ville des deux côtés de l'Elbe. Le même jour, la garniſon mit le feu aux bois de chauffage entaſſés ſur les bords de ce fleuve, afin que les Pruſſiens ne puſſent s'en ſervir pour combler les foſſés de la ville. Le feu fit des progrès, & incendia pluſieurs maiſons voiſines. La groſſe artillerie des Pruſſiens n'étant pas encore arrivée, on ne put d'abord ſe ſervir que de canons de douze livres de balles, d'obus, de grenades & de boulets rouges. Mais les incendies qui éclatoient très-fréquemment, étoient toujours éteints à tems par un effet des bonnes diſpoſitions faites dans la ville : travaux auxquels on employoit principalement des Juifs domiciliés dans Dresde. Dans l'eſpoir où étoient les Pruſſiens, que le danger de voir incendier la réſidence d'un Roi, & ſur-tout celle d'un Allié, feroit impreſſion ſur les Autrichiens, on dirigea d'abord les coups plus ſur la ville même que ſur les remparts. Le Commandant, Général Maquire, guidé par des ordres ſupérieurs, ne ſe laiſſa cependant point ébranler dans ſon devoir. Il ſe défendit, ſoutenu de toute l'armée Autrichienne qui, arriva peu de jours après, & dont les troupes, comme dans un lieu non aſſiégé, pouvoient entrer dans la ville-neuve & en ſortir à leur gré, après qu'elles eurent repouſſé avec perte un corps de Pruſſiens poſté en deça de l'Elbe, à un éloignement très-conſidérable de l'armée du Roi. L'avantage, qu'elles se procurerent en s'ouvrant une communication avec la ville, fut si considérable, que toutes les opérations des assiégeans furent rendues vaines. Il entra dans la ville de nombreux corps d'Autrichiens, qui faisoient des sorties sur les assiégeans, lorsque la garnison se reposoit de ses fatigues. FRÉDERIC, qui, aux sieges d'Olmütz & de Prague, avoit épargné l'intérieur de ces villes, adopta ici un systême différent. Il voulut éprouver, si la certitude de voir dans peu de jours Dresde changée en un tas de décombres, n'engageroit point les Autrichiens à se retirer.

La grosse artillerie Prussienne étant arrivée, dans l'intervalle, de Magdebourg, on jeta, sans discontinuer, des bombes dans la vieille-ville. Les habitans poussoient des gémissemens pitoyables, & ne savoient, dans leur angoisse, de quel côté ils devoient tourner leurs pas. Dans leurs maisons, ils se voyoient en danger d'être écrasés sous des ruines, d'être brûlés vivans ou d'étouffer : dans les rues, une grêle de bombes & de boulets les menaçoient d'une mort presque inévitable. Toutes les heures, on voyoit arriver de pareils malheurs ; desorte que ce n'étoit que dans la derniere nécessité, qu'on osoit se hazarder à sortir des maisons. Afin de pouvoir s'avancer plus près des remparts, les Prussiens mirent le feu au faux-bourg situé devant la porte de Wilsdruff, & qui avoit été épargné dans le précédent siege. Les flammes firent alors des ravages épouvantables au-dedans & au-dehors de la ville. Plusieurs des principales rues furent consumées d'un bout à l'autre : de superbes palais, que chaque ville d'Italie eût comptés parmi ses ornemens, devinrent la proie des flammes. Chaque moment on voyoit s'écrouler des maisons de plusieurs étages, sieges, ci-devant, de l'aisance & de l'industrie. Souvent leurs malheureux habitans étoient enterrés sous leurs ruines, ou ils fuyoient, en abandonnant tout ce qu'ils possédoient de plus précieux.

Ce qui aggrava encore leur détresse, fut la conduite de la garnison Autrichienne, dont la rapacité nuisit encore plus aux infortunés habitans de Dresde, que les bombes & les flammes des ennemis. Dans cette résidence, quantité de voûtes & de caves étoient à l'épreuve des bombes, & un grand nombre de familles y avoient transporté tout ce qu'elles avoient de précieux. Les avenues & ouvertures en étoient barrées avec soin, pourvues de grosses ferrures, ou murées. Après ces précautions, les habitans, dans leur détresse, abandonnoient ce qui pouvoit leur rester encore, & se sauvoient dans les vignobles ou dans les villes voisines. Mais c'étoit en vain qu'ils avoient pris ces précautions : en vain ils avoient espéré de retrouver les plus précieuses de leurs propriétés. Les Autrichiens, ces Alliés qui combattoient pour leur défense, s'ouvrirent l'entrée de ces réduits si soigneusement murés & dérobés à leurs yeux, & enleverent ce qu'ils renfermoient. Quelque art qu'on eût mis à leur en céler toutes les ouvertures, ils savoient les découvrir. Quantité de ces scélérats furent punis de mort; mais rien ne pouvoit mettre un frein à leur avidité. Telle étoit la mauvaise discipline de ces troupes, & leur conduite barbare dans une ville qu'elles devoient défendre.

La postérité même perdit par cette licence effrénée. Quelques manuscripts importans & mis au net, de Mr. Rabener, cet excellent auteur satyrique de l'Allemagne, & qui avoient été déposés dans une de ces caves, tomberent entre les mains barbares des Croâtes. Rabener regretta amérement cette perte; mais jamais les instances de ses amis ne purent l'engager à traiter de nouveau les mêmes matieres. Il disoit, ,, qu'il ne vouloit point empoi- ,, sonner la joie, que le siege de Dresde devoit avoir ,, causée aux sots."

Cependant le bombardement de cette ville continuoit. Une quantité de bombes tomberent sur l'église de la Croix, une des plus belles & des plus antiques de l'Allemagne. La tour solide de cet édifice résista long-tems: elle s'écroula enfin, & écrasa, dans sa chûte, le toit du bâtiment avec les maisons voisines. La fureur des flammes acheva l'ouvrage. Au haut de cette tour, se trouvoient quelques canons, dont il étoit d'usage de tirer en certains jours de fêtes solemnels. On eut l'imprudence de s'en servir contre les assiégeans, qui envisagerent maintenant cette église comme une batterie qu'il falloit détruire. Comme il ne fut ensuite point donné d'ordres pour épargner les autres églises, on continua la même manœuvre à leur égard. La tour de l'église de Notre Dame servit souvent de but aux bombes des Prussiens; mais son dôme offrit toujours une résistance impénétrable à ces globes enflammés, qui n'y occafionnerent que de fimples crevaffes.

Dans ces triftes conjonctures, les habitans ne penfoient guere qu'à fauver leurs vies. Les nouvelles qui fe fuccédoient coup fur coup, de la deftruction de familles entieres qui périffoient fous les ruines de leurs demeures écroulées, & la famine qui commença à fe faire fentir parmi eux, mirent tout en mouvement. Comme on étoit à l'abri des bombes, dans le quartier de la ville-neuve, après que les Autrichiens s'y furent ouverts une communication, hommes & femmes s'y trouvoient entaffés jufques fous les toits: un plus grand nombre de ces malheureux abandonna toutefois entiérement la ville. Les routes publiques fourmilloient de fugitifs. De refpectables vieillards & des Dames âgées, accablés déja par une vieilleffe débile, avançoient d'un pas lent, appuyés fur leurs bâtons, ou foutenus par les bras de leurs fils ou de leurs filles, qui pouvoient eux-mêmes à peine fupporter le poids des fardeaux dont ils étoient chargés. On voyoit des meres, accoutumées, dès leur enfance, à une vie aifée & à toutes les commodités que peut donner l'abondance, cheminer maintenant à pied, leurs nourriffons pendus à leur fein, & élevant vers le ciel de triftes gémiffemens. Nombre de ces infortunés trouvoient un adouciffement à leurs maux, dans la priere, cette confolation fi douce des affligés; & on les entendoit prier à haute voix. L'un confoloit l'autre. L'afpect de la ville en feu, une faim dévorante, & la perfpective

tive de la misere à laquelle ils se voyoient destinés, rendoient cependant cette consolation bien peu efficace. Comme l'on manquoit de chevaux, plusieurs personnes accoutumées à un certain éclat & à l'abondance, portoient elles-mêmes, sur leur dos, le peu d'effets qu'elles avoient pu sauver. On voyoit de belles personnes du sexe, si nombreuses dans cette résidence, de mœurs douces & d'une foible complexion, portant des fardeaux comme des bêtes de somme. Celles qui étoient malades, étoient traînées par leurs parens ou amis, dans des brouettes. Toute idée de la bienséance que chacun doit à son état, fut oubliée dans ces momens terribles; & toutes ces distinctions que l'état civil a introduites entre les rangs, perdirent de leur force ou cesserent entiérement d'exister.

Les assiégés étoient pourvus d'une artillerie nombreuse & très-bien servie; mais ils ne pouvoient faire taire le feu des Prussiens, qui avoient élevé leurs batteries à bombes derriere les ruines de maisons incendiées. Le 19 Juillet, en un seul jour, il fut lancé dans la ville plus de 1400 bombes & boulets. Par-tout le feu faisoit des ravages: on ne pensoit plus à l'éteindre; & d'ailleurs cela eût été impossible, les assiégeans ayant coupé tous les canaux qui amenoient de l'eau dans la ville. Les sorties se succédoient rapidement: plusieurs furent heureuses pour les assiégés, qui, soutenus sans cesse par des troupes fraiches, pouvoient donner plus d'énergie & de vigueur à leurs attaques. Ils chasserent souvent les Prussiens hors de leurs tranchées;

ils enclouerent des canons, & ramenerent fréquemment des prisonniers à Dresde.

FRÉDERIC, aigri par ces revers, s'en prit au régiment de Bernbourg, qui ne s'étoit pas défendu affez long-tems dans les tranchées, & qui avoit cédé au nombre fupérieur des ennemis. La punition qu'il lui infligea étoit fans exemple dans les annales militaires de la Pruffe. On ôta les fabres aux fimples foldats, & aux officiers les treffes étroites qui ornoient leurs chapeaux. Ils pouvoient facilement fe paffer de l'un & de l'autre : c'étoit un allégement pour le foldat, & à peine s'appercevoit-on, fur l'officier, de l'ornement qui manquoit à fon uniforme. Cette diftinction fuffit néanmoins, pour produire le plus grand effet chez des guerriers fenfibles au point d'honneur. Ce régiment, que le célebre Prince LÉOPOLD de Deffau avoit jadis formé lui-même, & qui avoit fréquemment donné des preuves de fa bravoure & de fa bonne difcipline, en fut humilié à l'excès. Prefque tous les officiers, riches ou pauvres, convaincus d'avoir fait leur devoir autant que les circonftances avoient pu le leur permettre, demanderent leur démiffion, qui cependant leur fut refufée. En France & en d'autres pays, un officier quitte le fervice lorfqu'il le juge à propos; mais dans les armées Pruffiennes, où les officiers de tout rang ne le cedent affurément, en fait d'honneur, aux guerriers d'aucun autre peuple, la voie de la contrainte, qui s'accorde fi peu avec le phantôme du point-d'honneur, a toujours été ufitée fous le regne de FRÉDERIC.

On est porté généralement à envisager chaque procédé de ce grand homme, comme le résultat de maximes d'Etat profondément combinées. Qu'il nous soit cependant permis de ranger ce système de contrainte de FREDERIC, système aussi contraire à la saine raison qu'à l'expérience, parmi ceux des caprices de ce Prince que les circonstances firent naître, & qui ensuite devinrent des maximes. L'histoire de ce Monarque fourmille de pareils traits, que ses apologistes passent sous silence, que le Philosophe recueille à regret, & que l'historien place avec peine dans ses récits.

J'en reviens maintenant au siege de Dresde, qui ne se continuoit plus que par point d'honneur. Les Autrichiens, qui desiroient ardemment de le voir finir, tenterent, de concert avec les troupes de l'Empire, de surprendre l'armée du Roi qui couvroit ce siege. Le quartier général de FREDERIC étoit dans un village, à quelque éloignement du camp Prussien. Cette circonstance paroissoit favoriser une entreprise hostile: on se flattoit de faire ce Prince prisonnier, & en général de renouveller la scene de Hochkirch.

Ce projet, qui devoit s'exécuter à la pointe du jour, manqua néanmoins, quelque célérité qu'on eût mise dans son exécution. Les troupes légeres des Autrichiens pénétrerent en avant: les gardes avancées des Prussiens se replierent, & le Roi eut à peine le tems de monter à cheval, & d'abandonner le village. Ce village fut le terme où s'arrêterent les assaillans; car avec une promptitude incroyable, l'on vit l'armée de Pruſſe déja ſous les armes. Peu d'inſtans auparavant, cette armée étoit dans ſes tentes, plongée dans un profond ſommeil: un ſilence pareil à celui de la mort régnoit dans ſes lignes; & toutefois, en trois minutes de tems, infanterie, cavalerie & artillerie, tout fut en ordre de bataille. Le ſoleil venoit de ſe lever, & annonçoit un beau jour d'été, lorque le cri effroyable *aux armes*, répété par des milliers de voix, retentit dans tout le camp *). Les ſoldats, à moitié habillés, ſe précipiterent hors de leurs tentes, ſe placerent chacun à ſon rang, & tout le corps d'armée s'avança, dans le meilleur ordre, contre l'ennemi, qui ſe retira en hâte; Daun ne voulant point hazarder de bataille formelle.

Cet événement occaſionna du changement dans la poſition de l'armée royale. Le camp Pruſſien fut éloigné du lieu appellé le *grand jardin;* & afin de couvrir le flanc gauche de cette nouvelle poſition, on fit, de ce jardin, un abattis. On renverſa ces arbres majeſtueux, dont l'âge inſpiroit une eſpece de reſpect, que leur rareté rendoit inappréciables, & qui, rangés dans le plus bel ordre, formoient les allées les plus magnifiques. En un mot, tout ce jardin, que ſa grandeur, l'art & la magnificence faiſoient diſtinguer de tous les autres, digne à tous égards d'appartenir au plus grand Monarque de l'Europe, & l'un des ornemens de l'Allemagne, fut changé, en peu d'heures, dans le plus affreux

---

*) L'auteur parle encore ici, comme témoin oculaire.

désert. Avant le siege, les Saxons avoient enlevé les statues de marbre dont il étoit orné, & ils avoient enterré cette collection d'antiques, une des plus précieuses qui fussent en deça des Alpes. Les Prussiens n'en connoissant aucune trace, ces monumens de l'art furent conservés pour les Saxons.

Depuis ce changement de position, le siege ne fut continué que foiblement. Tout espoir de prendre Dresde étoit évanoui; & à mille autres obstacles se joignit encore la perte d'un transport considérable de munitions & de bleds, chargés sur huit barques venant de Magdebourg, & qui tomberent toutes au pouvoir des Autrichiens. Les vivres commençoient aussi à manquer aux Prussiens, & l'ennemi étant maître de l'Elbe, les convois destinés pour les assiégeans ne pouvoient arriver sans courir de grands dangers.

Au moment où FRÉDERIC étoit sur le point de lever ce siege, on reçut la nouvelle de la prise de Glatz. Les assiégés l'annoncerent par des feux de joie, & par des décharges de leurs canons chargés à boulets, faites tout autour de la ville. Laudon, dont l'activité demandoit à tirer le meilleur parti des avantages qu'on avoit remportés, assiégea Breslau. Cette nouvelle accéléra la retraite du Roi. Ce fut dans une nuit fort-pluvieuse & orageuse, que les Prussiens décamperent de devant Dresde. Quelques canons entretenoient le feu dans les tranchées: ce feu foiblit par degrés, & enfin il cessa entiérement.

Telle fut l'issue de siege de Dresde, qui avoit coûté aux Prussiens 1478 morts & blessés. Six églises de cette résidence, & 416 maisons, palais & bâtimens publics, étoient réduits en cendres, & de ces maisons mêmes, la plupart avoient-été remarquables par leur beauté & par leur hauteur. Quantité d'habitans avoient perdu la vie, ou étoient estropiés : un plus grand nombre encore, qui avoient vécu jusqu'alors dans l'abondance, se trouverent réduits à la mendicité. Plusieurs centaines de familles, qui s'étoient élevées par l'industrie de quelques générations successives, perdirent sans retour tout ce qu'elles possédoient. Des individus, liés ensemble par les nœuds de la plus tendre amitié, se virent maintenant réduits à se séparer. Les hommes abandonnerent leur patrie, pour aller chercher un chétif entretien sous un ciel etranger. De jeunes personnes du sexe, nourries ci-devant dans l'abondance, & servies par plusieurs mains, renoncerent à tout espoir agréable, & chercherent elles-mêmes à servir, afin de trouver leur nourriture.

Maintenant encore, après plus de 28 ans écoulés, les effets de ce funeste siege ne sont encore que trop-sensibles. Le pays s'est remis de ses pertes ; & sa capitale, dont les habitans ne se nourrissoient point du commerce, mais de leur industrie, est restée en arriere. On a enlevé les décombres : on voit des maisons & des palais occuper la place des bâtimens incendiés. Mais le précédent bien-être d'une résidence de tant d'Electeurs & de Rois, d'une résidence où les arts alloient de pair avec la magnificence, où les talens trouvoient les plus grands encouragemens, & où régnoient des mœurs douces, réunies avec la plus grande industrie, où enfin les jouissances les plus délicates servoient de modele aux plus grandes villes du monde; en un mot, de l'ancienne Drede, il ne reste que peu de vestiges.

Cette entreprise malheureuse sur Dresde termina enfin cette enchainure de malheurs, qui, depuis une année entiere, avoient éclaté coup sur coup sur FRÉDERIC. Comme la campagne de 1757 est sans exemple dans l'histoire, il n'étoit pas moins inouï, qu'aucun Monarque eût jamais éprouvé autant de revers successifs, sans succomber entiérement. La bataille de Zullichau, que gagnerent les Russes en Juillet 1759, fut comme le premier chaînon de ces revers funestes: elle fut suivie de la terrible défaite de Kunersdorf & de la perte de Dresde. Bientôt après, Finck est pris non loin de Maxen avec un corps de troupes considérable: Dierke, qui en commandoit un moins nombreux, a le même sort près de Meissen. À ces malheurs succéderent une cruelle campagne d'hyver & des contagions mortelles: ensuite vint la bataille perdue de Landshut, la prise de Clatz, & enfin le siege infructueux de Dresde.

Le Roi marcha maintenant en Siléfie, afin de délivrer Breslau, que Laudon assiégeoit dans les formes. Cet événement donna lieu à une scene des plus surprenantes. FRÉDERIC, qui, avec le coup d'œil perçant de l'aigle, savoit choisir les Généraux de ses armées, étoit presque toujours indifférent dans

le choix des Commandans de fes places de guerre.
Il fuivoit ordinairement, à cet égard, l'ancienneté du
rang, ou abandonnoit au hazard, qui devoit commander, d'un O ou d'un Heiden *). Cette fois fon
bon génie le fervit à fon fouhait.

La garde du Roi, depuis la bataille de Kollin,
où elle fut prefque entiérement détruite, avoit fon
quartier à Breslau; & fon chef, le Général Tauenzien, devint ainfi le Commandant de cette capitale
de la Siléfie. Cet officier, élevé dans l'école militaire de Potzdam, & blanchi fous les armes, réunifloit aux idées les plus relevées de l'honneur, le
plus grand courage, des connoiffances & des talens
militaires. Ces qualités portées en lui au plus haut
degré, étoient indifpenfables dans une fituation qui
peut-être n'eut jamais de pareille.

Laudon environnoit la ville avec 50,000 hommes; & dans l'enceinte de fes murs fe trouvoient
19,000 prifonniers de guerre Autrichiens, fur le
point de fe foulever. A tous ces ennemis, tant in-

---

*) FREDERIC ne connoiffoit ni l'un ni l'autre de ces
deux officiers; & il fut aufli furpris de l'indigne
conduite du premier, que de l'admirable réfiftance
qu'oppofa le fecond à l'ennemi. Heiden, avec fon régiment de garnifon, n'avoit point été deftiné à fervir
dans les camps, & avec une perfpective bien bornée
relativement à la gloire militaire, il paroiffoit réduit à mener une vie obfcure dans une petite ville.
Son rare courage déconcerta néanmoins, par la défenfe de Colberg, à diverfes reprifes, les plus vaftes
projets des Ruffes.

térieurs qu'extérieurs, Tauenzien n'avoit à oppoſer que 3000 hommes, renfermés dans une grande ville; & de cette foible garniſon, deux mille ſoldats étoient des transfuges, ou avoient été forcés à prendre ſervice, ou étoient invalides. Ce Commandant ne pouvoit donc compter que ſur la garde du Roi, forte alors d'environ 1000 hommes: même encore de ceux-ci, la plupart étoient des étrangers, dont le plus grand nombre, mécontens de la modicité de leur paie, ne ſervoient qu'à contre-cœur, & que des principes d'honneur & de diſcipline militaire retenoient ſeuls ſous leurs drapeaux. De telles circonſtances caractériſent d'une maniere frappante l'eſprit militaire des Pruſſiens, & en général, celui de notre ſiecle: circonſtances dont la réalité, quoique des mieux conſtatées, paroit un problême au Philoſophe, & que, vu leur peu de vraiſemblance, l'Hiſtorien éclairé oſe à peine conſacrer dans ſes récits. La force de la diſcipline des armées Pruſſiennes pouvoit ſeule opérer la merveille, de tenir en bride une armée priſonniere dans l'enceinte d'une ville, & réſiſter en même tems aux attaques des nombreuſes troupes qui l'environnoient; & cela dans une place médiocrement fortifiée, & avec un petit nombre de ſoldats, pour la plupart mécontens ou invalides. Si, juſqu'à la poſtérité la plus reculée, les Hiſtoriens & les poëtes célebrent & louent les vertus militaires, Hochkirch & Breslau, où ſe manifeſta le triomphe de cette diſcipline, feront aſſurément, pour nos derniers neveux, des objets perpétuels d'admiration.

En fommant le Commandant de fe rendre, Laudon lui repréfenta, que ,, Breslau n'étant point ,, une fortereſſe, il feroit contraire aux ufages de la ,, guerre, de la défendre; que le Roi étoient au-,, delà de l'Elbe, & le Prince HENRI non loin de ,, la Warthe; que les Ruſſes paroitroient, dans deux ,, jours, avec 75,000 hommes; qu'il laiſſeroit la gar-,, niſon maîtreſſe des articles de la capitulation; ,, mais qu'en cas de réfiſtance, la ville feroit miſe ,, en flammes, par le feu de quarante-cinq mortiers." Tauenzien répondit en peu de mots, ,, que Breslau ,, étoit une fortereſſe, & qu'il attendroit l'ennemi ,, fur les remparts, quand-même toutes les maifons ,, de la ville feroient réduites en cendres."

Le bombardement commença donc. Le Commandant prit fes mefures avec tant de fageſſe & de vigueur, tant contre les ennemis intérieurs que contre ceux du dehors, que toutes leurs tentatives manquerent; & comme, en en forçant la charge, on pouvoit atteindre avec des coulevrines le quartier-général de Laudon, il ne laiſſa aucun repos à ce Général; mais il le contraignit, à force de boulets, dont pluſieurs même tomberent dans fon appartement, à s'éloigner davantage de la ville. Cependant Tauenzien, dans l'incertitude s'il feroit délivré, & convaincu de fa foibleſſe, raſſembla les officiers de la garde du Roi, leur expofa fa fituation & la poſ-fibilité qu'il y avoit que la ville fût emportée par les ennemis, encore avant l'arrivée du Roi. Il déclara que, dans ce cas, il fe fépareroit avec fa garde, fur les remparts, d'avec le reſte de la garnison, & se défendroit jusqu'à la derniere goutte de sang, afin de n'être pas témoin d'un spectacle aussi inouï, que celui de voir la garde entiere de FRÉDÉRIC prisonniere de guerre. Les officiers, animés d'honneur militaire, & pénétrés d'amour pour leur patrie, approuverent cette généreuse résolution, & se déterminerent à mourir les armes à la main.

Heureusement, cette scene de désespoir n'eut pas lieu; car le Prince HENRI s'approchoit à fortes journées, & Laudon leva le siege. Il n'avoit duré que cinq jours, pendant lesquels cependant la ville avoit souffert beaucoup de dommages. Parmi les malheurs qu'il causa, on a remarqué comme une circonstance singuliere, que la plus belle personne du sexe qui fût dans la ville & le plus beau soldat de la garde du Roi y furent tués, & que le feu consuma le plus beau palais de Breslau: le bâtiment qui servoit de demeure au Roi, lorsqu'il étoit à Breslau, fut également réduit en cendres.

La prompte arrivée de HENRI sauva non-seulement la ville, mais aussi toute la Silésie. La principale armée Russe se trouvoit déja dans le cœur de cette province, à une lieue de cette capitale; & son Général se proposoit de se réunir incessamment aux Autrichiens. Les sages mesures du Prince HENRI déconcerterent ce plan pour cette fois; desorte que Soltikow ne se hazarda pas à passer l'Oder. Le tems étoit extrêmement précieux à l'une & à l'autre des parties belligérantes; car FRÉDÉRIC, qui craignoit aussi pour Breslau, s'avançoit à grands pas. Il avoit laissé Hülsen en Saxe, avec un corps de troupes considérable, traversé l'Elbe, la Sprée, la Queisse & la Bober, & passé entre deux corps de troupes commandés par Lascy & par Riedesel ; quoique, dans ce même tems, il eût eu en front un corps ennemi aux ordres de Beck, & en dos l'armée Autrichienne. Malgré qu'il eût avec lui un train de deux mille chariots de vivres, & que les ponts fussent détruits, il fit néanmoins, en cinq jours, avec son armée, vingt miles d'Allemagne, & atteignit enfin, sans essuyer de pertes, la frontiere de Silésie. Daun le suivit pas à pas ; mais il évita toujours d'engager une bataille, & se réunit enfin avec l'armée de Laudon, afin d'empêcher, s'il lui étoit possible, le Roi de joindre son frere HENRI. Jamais la Silésie n'avoit vu, sur son sol, autant d'armées différentes : il s'y trouvoit maintenant plus de 80,000 Prussiens, 75,000 Russes & 80,000 Autrichiens. FRÉDERIC & Daun se côtoyoient l'un l'autre ; & leurs deux armées n'étoient séparées que par le petit ruisseau de Katzbach.

Les Russes, qui se trouvoient encore sur la rive opposée de l'Oder, non loin de Breslau, ne furent point satisfaits des mouvemens précautionnés des Autrichiens. Ils croyoient, que puisqu'on n'avoit pas empêché le Roi de passer l'Elbe, la Sprée & la Bober, on ne s'opposeroit pas non-plus maintenant à ce qu'il passât l'Oder & se réunit avec le Prince HENRI, pour tomber ensuite, avec toutes ses forces, sur leur armée. *Il n'en coûte au Roi qu'une de ses marches forcées & une de ses ruses ordinaires,*

difoit Soltikow, *pour effectuer un pareil projet.*
Ce Général déclara en même tems, qu'il fe retireroit
en Pologne, fi l'on laiffoit le Roi paffer encore l'Oder.

Cette menace obligea Daun à hazarder une
bataille, afin d'arrêter le Roi. On devoit affaillir,
le 15 d'Août, le camp Pruffien près de Liegnitz.
Son affiete n'étoit point avantageufe, & le plan des
ennemis étoit des mieux combinés. À la pointe du
jour, on devoit attaquer FRÉDERIC de quatre côtés
à la fois, & renouveller, s'il étoit poffible, en cette
journée, la fcene de Hochkirch. La veille du jour
de l'exécution, un hazard inftruifit le Roi de ce
deffein, & incontinent le plan de ce Monarque fut
formé. À nuit tombante, il fortit, avec fon armée,
du camp, dont des payfans entretenoient cependant
les feux avec foin : il fe porta fur les hauteurs de
Liegnitz, & fe mit, dans le plus grand filence, en
ordre de bataille. Le jour commençoit à poindre,
lorfque Laudon s'approcha. Ce Général devoit attaquer, dans fon camp, avec un corps de 30,000
hommes, l'aile gauche des Pruffiens, dont, d'après
leur précédente pofition, il fe croyoit encore éloigné.
Mais il apperçut bientôt, à fa grande furprife, qu'il
avoit en front toute l'armée du Roi, dont la feconde divifion tomba fur lui. FRÉDERIC en avoit
deftiné la premiere divifion à obferver Daun, pofté
vis-à-vis de fon aile droite. Laudon, dans la confiance où il étoit d'être fecouru par fon Général en
chef, ne refufa pas le combat, dont il attendit l'é-
vénement de la bravoure de fes troupes, & de ce
bonheur qui l'accompagnoit fi fréquemment. Il fit

avancer sa cavalerie, qui attaqua celle des Prussiens ; mais elle fut incontinent repoussée. L'infanterie Prussienne s'ébranla ensuite, & repoussa entièrement celle d'Autriche. Son espoir d'être secourue fut trompé ; car Daun, vû la nature du terrein, ne pouvoit attaquer, qu'avec le plus grand désavantage, la seconde division de l'armée Prussienne qui l'attendoit. Il fit, mais sans succès, quelques tentatives pour pénétrer en avant. Laudon se retira donc, après avoir fait tout ce qu'on pouvoit attendre de lui, & s'être exposé lui-même dans le plus fort du danger. Il abandonna au Roi le champ de bataille, quatre-vingts-deux canons & 6000 prisonniers : 2500 Autrichiens avoient été tués ou blessés. L'armée de FRÉDÉRIC ne perdit, dans cette bataille, que 1186 morts & blessés.

C'étoit un des plus beaux jours d'été : le soleil dardoit ses rayons sur le champ de bataille, couvert de sang, de cadavres & de mourans ; mais il éclairoit aussi une scene touchante & agréable. Le régiment de Bernbourg, qui, ainsi que nous l'avons rapporté, avoit été dégradé, étoit allé au combat avec la ferme résolution de regagner l'honneur qu'il avoit perdu, ou de s'immoler au démon de la guerre. Cette résolution, gravée dans tous les cœurs, sans distinction de rang ni d'âge, & dont les officiers développerent les germes avec le plus grand zele, produisit des traits de bravoure admirables, dignes à tous égards du nom Prussien. Ils n'échapperent point à l'attention du Roi. Après la bataille, ce Prince passa, à cheval, devant ce régiment. Les officiers gardoient un profond silence, espérant dans la justice de leur Souverain ; mais quatre vétérans saisirent la bride de son cheval, embrasserent ses genoux, & implorerent le retour de sa faveur qu'ils avoient perdue. FRÉDERIC touché leur répondit: *Oui, mes enfans, elle vous sera rendue: tout sera oublié.* Le même jour, on rendit au régiment les armes & les ornemens dont il avoit été privé ; & FRÉDERIC, en donnant le mot de la parole, fit connoître à toute l'armée la brave conduite du régiment, ainsi que la grace pléniere qu'il lui avoit accordée.

Cette bataille de Liegnitz ne dura que deux heures : à cinq heures du matin, dans ces heures où les personnes de ce qu'on appelle le grand monde, dans tous les pays de l'Europe, sont encore ensevelies dans un profond sommeil, & où celles de la classe qui se nourrit de son travail ont à peine quitté leur lit ; à cette heure, dis-je, il s'étoit déja livré une grande bataille, & l'on venoit de remporter une victoire qui empêcha la réunion des Russes & des Autrichiens, & fit évanouir leurs vues sur diverses forteresses de la Silésie. FRÉDERIC fit faire sur-le-champ un feu de joie dans toute l'armée, & se mit sans délai en marche. L'armée fit, le même jour, trois miles d'Allemagne. Rien n'empêcha plus dès-lors la réunion du Roi avec le Prince HENRI. Les Russes se retirerent au-delà de l'Oder, & la route de Breslau fut ouverte aux Prussiens.

Jamais on ne vit le Roi plus satisfait que dans cette journée. La fortune, qui l'avoit persécuté depuis si long-tems, paroissoit de nouveau lui sourire. Il venoit de remporter une victoire, pour ainsi dire, en pleine marche, & sur le même terrein, où, en 1241, il s'étoit donné une sanglante bataille entre les nations chrétiennes & les Tartares. Une lettre que ce Monarque écrivit peu de jours après au Marquis d'Argens, dépeint les sentimens qu'il éprouvoit dans ces circonstances.

„ Ci-devant, mon cher Marquis, *lui écrivoit*
„ FRÉDÉRIC, le combat du 15 Août auroit beau-
„ coup décidé ; mais maintenant, ce n'est plus
„ qu'une rixe. Il faut une grande bataille pour dé-
„ terminer notre sort. Selon toute apparence, elle
„ ne tardera pas à avoir lieu, & alors nous pour-
„ rons nous réjouir, si l'issue nous en est favorable.
„ Je vous remercie toutefois de la part sincere que
„ vous prenez à cet événement. Il ne falloit pas
„ peu d'industrie, pour amener les choses à ce point.
„ Ne me parlez pas tant de dangers : le dernier
„ combat ne m'a coûté qu'un cheval & un habit.
„ C'est acheter une victoire à bon marché. Je n'ai
„ pas reçu la lettre dont vous faites mention. Notre
„ correspondance est, pour ainsi dire, bloquée; car
„ d'un côté sont les Russes, &, de l'autre, les Autri-
„ chiens. Il a fallu un petit combat, pour frayer
„ un chemin à l'aide-de-camp Cocceji. J'espere
„ qu'il vous aura remis ma lettre. De ma vie je
„ ne me suis trouvé dans une position aussi critique,
„ que durant cette campagne. Soyez assuré qu'il
„ faut encore une espece de miracle, pour sur-
„ monter tous les obstacles que je prévois. Je
„ ferai assurément mon devoir ; mais souvenez vous
„ tou-

„ toujours, mon cher Marquis, que je ne puis
„ gouverner la Fortune, & que, dans toutes mes
„ entreprises, je suis obligé de compter beaucoup
„ sur le hazard, puisque je manque de moyens
„ pour la rendre constante. Ce sont des travaux
„ d'Hercule que j'ai à terminer; & cela dans un
„ âge où les forces du corps m'abandonnent,
„ où mes infirmités augmentent, & enfin, pour
„ dire vrai, où l'espérance même, cette seule
„ consolation des malheureux, commence à me
„ manquer. Vous n'êtes pas assez instruit des nos cir-
„ constances, pour pouvoir vous faire une idée
„ claire de tous les dangers qui menacent l'Etat.
„ Je les connois, & je les cache. Je réserve pour
„ moi les inquiétudes, & ne communique au monde
„ que l'espérance, & le peu de nouvelles qui me
„ sont favorables. Si le coup que je médite réussit,
„ alors seulement, mon cher Marquis, il sera tems
„ de se livrer à la joie. Je mene ici la vie d'un
„ chartreux militaire. Mes affaires n'occupent pas
„ peu mon esprit: le reste de mon tems, je le donne
„ aux belles-lettres, qui sont mon unique consola-
„ tion, comme elles faisoient celle de ce grand
„ Consul qui fut le pere de sa patrie & celui de
„ l'éloquence. Je ne sais si je verrai la fin de cette
„ guerre. Si cela a lieu, je suis fermement résolu
„ de passer le reste de mes jours, éloigné de tout
„ tumulte, dans le sein de la philosophie & de l'a-
„ mitié. Ma maison à Breslau a été mise en cen-
„ dres dans le dernier bombardement. Nos enne-
„ mis nous envient jusqu'à la lumiere du jour & à

P

„ l'air que nous respirons: il faudra bien cependant
„ qu'ils nous laissent quelque endroit, & s'il y a
„ de la sûreté pour nous, je serai charmé de vous
„ y voir. Vous voyez, mon cher Marquis, que vos
„ compatriotes sont plus aveuglés que vous ne l'au-
„ riez cru. Ils perdent le Canada & Pondichéry,
„ pour faire plaisir à la Reine de Hongrie & à la
„ Czarine de Russie. Fasse le ciel, que le Prince
„ Ferdinand puisse les récompenser dignement de
„ ce zele ! &c. "

Le Duc régnant de Würtemberg, qui, non content, comme Prince de l'Empire, de fournir son contingent en soldats, avoit voulu prendre personnellement part à cette guerre, étoit venu, dans l'intervalle, en Saxe, avec 12,000 hommes de ses propres troupes. Là il se joignit à l'armée des Cercles. À l'approche de forces aussi supérieures, Hülsen, qui étoit campé près de Meissen, abandonna ce poste & prit un camp retranché près de Strehlen. Le 18 Août, il y fut attaqué de tous côtés. Mais les Prussiens se maintinrent dans leur position, repousserent l'ennemi après un combat très-animé, & firent sur lui 1300 prisonniers. Après ce combat, Hülsen marcha à Torgau, afin de couvrir ses magazins. Il s'y retrancha, & maintint son poste pendant six semaines.

On voyoit donc triompher les armes Prussiennes, en Saxe comme en Silésie. Les avantages remportés n'étoient cependant pas assez décisifs, pour que les ennemis n'eussent pu trouver les moyens de continuer la guerre, & de porter préjudice à leur formidable adversaire. Après la bataille de Liegnitz, Daun s'étoit bien vu obligé, par les savantes manœuvres du Roi, de se retirer dans les montagnes, afin de ne pas voir couper sa communication avec la Bohême. Soltikow avoit renoncé à tout projet de réunion avec les Autrichiens ; & il étoit observé par le Général Golz, posté près de Glogau avec un petit corps de troupes Prussiennes. Mais les troupes Russes en Poméranie n'étoient point oisives. Une flotte de la Russie étoit arrivée sur les côtes de cette province ; sur quoi Colberg fut investi, du côté de la mer, par vingt-sept navires Russes & Suédois, tant vaisseaux de guerre, que frégates & galliotes à bombes : du côté de terre, il étoit attaqué par 15,000 hommes.

Mais cette tentative n'eut pas plus de succès que les précédentes. Heiden se défendit de nouveau avec la plus grande bravoure, jusqu'à ce que Werner fût venu, de la Silésie, à son secours. Ce Général n'avoit avec lui que 6000 hommes, avec lesquels il fit quarante miles en douze jours, & arriva ainsi, le 18 Septembre, près de Colberg, où il attaqua les Russes le sabre à la main. Ceux-ci, à qui l'éloignement des Prussiens inspiroit la plus grande sécurité, ne songeoient pas même à la possibilité d'un secours pour la place assiégée. Ainsi le petit corps de Werner fut à même de répandre parmi eux une telle terreur, que non contens de lever incontinent le siege, ils s'enfuirent même avec la plus grande précipitation. Non seulement ils abandonnerent leur artillerie, leurs munitions, tentes, fourrages & bagages, mais encore leurs vivres les plus néceſſaires, afin de ſe mettre à couvert des Pruſſiens qui s'approchoient. Les uns s'enfuirent ſur les vaiſſeaux, les autres plus avant dans les terres. La flotte ennemie diſparut également quelques jours après. On frappa une médaille, en mémoire de cet événement extraordinaire, avec cette légende tirée d'Ovide : *Res ſimilis fiɛta*. Ramler, ce grand poëte lyrique des Allemands, chanta, dans une ode des plus excellentes, la délivrance de cette ville, qui s'honorera toujours de l'avoir vu naître dans ſon enceinte.

Après avoir terminé cette belle expédition, & ne trouvant plus de Ruſſes à vaincre, Werner tourna ſes armes contre les Suédois. Il les ſurprit dans le faux-bourg de Paſewalk, leur enleva ſept canons, & fit ſur eux 600 priſonniers.

L'été s'étoit écoulé : la ſaiſon déſagréable s'approchoit, & tant les Ruſſes que les Autrichiens commençoient à penſer à leurs quartiers d'hyver. L'idée cependant de n'avoir rien fait de toute cette campagne, avec des armées auſſi ſupérieures en nombre, n'étoit pas peu humiliante pour les ennemis de FRÉDERIC, & elle leur inſpira le projet d'une tentative ſur Berlin. Vingt mille Ruſſes, commandés par Czernifchew, & quatorze mille Autrichiens, ſous les ordres de Laſcy, ſe mirent donc en marche pour le pays de Brandenbourg, que Soltikow couvroit. Le Comte de Tottleben, Allemand de naiſſance, & qui avoit vécu long-tems à Berlin, commandoit l'avant-garde du corps Ruſſe ; & il fit une telle diligence, que, le 3 Octobre, six jours après son départ de Beuthen en Silésie, il parut avec 3000 hommes devant les portes de cette capitale.

Cette résidence royale, dont l'étendue est immense, sans murailles ni remparts, n'avoit qu'une garnison de 1200 hommes, & se trouvoit par conséquent hors d'état de se défendre. Le Commandant, Général Rochow, le même qui, deux ans auparavant, avoit reçu une visite de la part des Autrichiens, fut cependant sollicité de se défendre, par des hommes respectables & dont le mérite devoit donner du poids à leur opinion. Tel fut aussi l'avis du vieux Feld-Maréchal Lehwald, & du grand Général Seidlitz, dont la blessure n'étoit pas encore guérie. Ces deux héros se trouvoient à Berlin, ainsi que le Général Knoblauch; & leur patriotisme les engagea à vouloir bien défendre en personne de petites redoutes, au dehors de son enceinte. Sur la sommation qui lui en fut faite, le Commandant ayant refusé de se rendre, il s'ensuivit, au jour même de l'arrivée des ennemis, un bombardement de boulets rouges, & de grenades; & dans la nuit, on fit attaquer vivement deux portes. Les flammes éclaterent à plusieurs endroits; mais elles furent bientôt éteintes, & les assaillans se virent repoussés avec vigueur. Le généreux exemple de Généraux couronnés de gloire, qui, oubliant leur rang & leur ancienneté, faisoient le service d'officiers subalternes, aiguisoit le courage de chaque combattant, & suppléoit au défaut d'un nombre suffisant de défenseurs. Les Russes renoncerent à l'assaut.

Le lendemain le Prince EUGENE de Würtemberg arriva avec 5000 hommes au fecours de la ville. En un feul jour, il avoit fait neuf miles de chemin; & à peine fes troupes fe furent-elles un peu repofées, qu'il attaqua Tottleben, & le repouffa jufqu'à Cöpenick. Mais dans ce moment même fe montra le corps de Czernifchef. Ce Général Ruffe étoit cependant fur le point de fe retirer fans combattre, mais il en fut empêché par l'éloquence perfuafive du député François, Marquis de Mont-Alembert. Tottleben fut confidérablement renforcé, & il s'avança de nouveau contre la ville; les Pruffiens étant obligés de céder à des forces de beaucoup fupérieures.

Hulfen étoit cependant auffi arrivé de la Saxe à Berlin. On fe crut alors affez fort pour fe maintenir devant les portes de la ville; & effectivement, fi cela eût eu lieu quelques jours plutôt, cette capitale auroit été fauvée. Car FRÉDERIC lui-même étoit en pleine marche, revenant de la Siléfie; & l'on avoit réfolu formellement, dans un confeil de guerre, de rappeller les deux grands corps, Autrichien & Ruffe, avant encore qu'on fe fût emparé de Berlin. Mais les Commandans Pruffiens crurent trop hazarder, quand ils eurent appris que la grande armée des Ruffes étoit déja arrivée dans les environs de Francfort fur l'Oder, & que le Général Panin étoit en route avec fept régimens, pour fe joindre à Czernifchef. Les deux corps Pruffiens nouvellement arrivés marcherent donc à Spandau, & abandonnerent Berlin à fa deftinée.

Elle fut moins terrible qu'on ne pouvoit s'y attendre. La ville capitula sans délai, & se rendit à Tottleben, qui y trouva une quantité d'anciens amis; &, se rappellant le séjour agréable qu'il y avoit fait ci-devant, il traita cette capitale avec une douceur qui formoit le plus grand contraste avec les cruautés ordinaires des armées Russes. Il dépendoit uniquement de lui, de causer au Roi de Prusse des pertes irréparables. Berlin, cette nouvelle Palmyre, où de magnifiques ouvrages d'architecture s'élevent au milieu d'une mer de sable, & remplissent des rues dont l'œil ne peut appercevoir les extrémités, étoit alors la plus grande ville manufacturiere de l'Allemagne, & le centre d'où les Prussiens tiroient tous les objets nécessaires à leurs armées. Là se trouvoit une quantité prodigieuse de munitions de guerre en tout genre, & plusieurs milliers d'hommes étoient occupés sans cesse, dans leurs atteliers, à augmenter ces provisions, ou plutôt à en réparer l'immense consommation. Jamais le commerce n'avoit fleuri à Berlin autant qu'alors. On y trouvoit des négocians, qui, tant à l'égard de leurs richesses, qu'à celui de leur crédit étendu & de l'immensité de leurs entreprises, ne le cédoient en rien aux premieres Maisons commerçantes de l'Europe. Le négociant Oenicke avoit livré, dans l'espace d'une année, en vertu de ses engagemens, 400,000 marcs d'argent fin à la monnoie. Le marchand Gotzkowsky avoit contracté, avec son Roi, l'engagement de livrer des munitions de bouche, pour la somme de sept millions, 500,000 écus d'Empire ; & bientôt après il fit à la ville de Leibzig, pour des contributions qu'elle devoit payer, une avance de deux millions d'écus. Aucun particulier de l'Europe, ne possédoit une manufacture égale à celle du négociant Wuegelin. Les négocians Juifs, Ephraïm & Itzig, avoient pris la monnoie à ferme ; & ils furent tirer un si grand parti de ce grand ressort de l'Etat, qu'ils purent diriger à leur gré le cours du change dans les plus grandes villes commerçantes de l'Europe, & qu'ils devinrent les Israélites les plus opulens de cette partie du globe.

Tel étoit l'état florissant de Berlin, lorsque Tottleben s'en empara. Il commandoit dans cette capitale, lorsque Lascy y arriva également, & vit avec le plus grand déplaisir les doux procédés des Russes. Tottleben fut contraint de jouer maintenant toutes sortes de différens rôles. En public, il prononçoit les plus grandes menaces & les plus forts juremens ; mais en particulier, il témoignoit les meilleures intentions, dont les effets prouverent la réalité. Les demandes des ennemis de FRÉDÉRIC, qui, dans la résidence de ce Monarque, ne mettoient point de bornes à leurs projets destructeurs, étoient barbares. On vouloit, entre autres, faire sauter en l'air l'arsenal, un des plus magnifiques édifices du monde, & un chef-d'œuvre de notre Architecture moderne. Les effets de cette cruelle destruction eussent été effroyables. Il s'agissoit de faire sauter, par la force de la poudre, une masse prodigieuse de pierres de taille, dans le centre des rues les plus peuplées, au milieu des plus beaux palais de l'Allemagne, & près du palais royal. Tottleben fut contraint de céder; & il envoya un détachement de 50 Russes, prendre la poudre nécessaire à cette horrible destruction, dans un moulin situé non loin de la ville. Ces Russes, peu au fait du service auquel on les employoit alors, s'approcherent du magazin sans aucune précaution: il eut bientôt pris feu, & ils volerent tous en l'air avec le bâtiment. Comme les ennemis n'étoient pas abondamment pourvus de poudre, cet événement sauva l'arsenal.

Le gazettier de Berlin avoit parlé sans retenue des horreurs commises par les Russes. Pour l'en punir, on se proposoit de le faire passer par les verges. Mais quelques personnes de condition s'entremirent en sa faveur, & la punition n'eut pas lieu.

D'après la capitulation, la petite garnison de Berlin avoit été faite prisonniere de guerre. La moitié du corps des Cadets de l'école militaire subit ce sort. On avoit éloigné les plus âgés & les plus grands de ce corps, tous jeunes gens approchant de l'adolescence; & il n'étoit resté que des enfans de neuf, dix à onze ans. Leur extrême jeunesse devoit les protéger; aussi n'avoit-on pas même fait mention d'eux dans la capitulation, qui ne regardoit que la garnison effective. Ces enfans néanmoins furent entraînés avec elle, obligés de marcher pendant des journées entieres, de coucher en plein air, & encore ne leur donnoit-on pas même du pain. Ils pleuroient, & supplioient qu'au moins on ne les laissât pas mourir de faim : enfin on voulut bien leur donner un mouton. Dans un âge où l'on ne connoit encore aucun souci, où l'on fait à peine les noms des alimens, ces enfans furent obligés de tuer & de préparer eux-mêmes cet animal. On n'eut d'eux aucun soin, & on leur diftribuoit du pain comme une aumône. Ces fatigues, qui furpaffoient de beaucoup leurs forces, en firent périr plufieurs.

Berlin paya 1500 mille écus d'Empire, à titre de contribution, & 200 mille comme un préfent pour les troupes Ruffes & Autrichiennes. À ces conditions, il fut convenu qu'aucun foldat ne feroit mis en quartier dans la ville. Lafcy n'y eut cependant aucun égard ; mais avec quelques régimens du corps de troupes à fes ordres, & malgré les Ruffes, il prit par force fes quartiers dans la ville, qui devint alors le théatre des plus grands excès. Non contens des vivres & boiffons qu'on leur fourniffoit, les Autrichiens extorquerent des habitans de l'argent, des joyaux, des vêtemens, en un mot, tout ce qui pouvoit fe transporter à bras. Berlin devint en peu de momens le rendez-vous tumultueux de Cofaques, de Croates & de huffards, qui, en plein jour, dans les rues & les maifons où ils entroient, commettoient des brigandages & abimoient de coups & bleffoient les hommes qu'ils rencontroient. Quiconque, le foir, fe hazardoit à fortir dans les rues, étoit dépouillé tout nud. Il y eut deux-cens-quatre-vingt-deux maifons qu'ils forcerent & pillerent entiérement. Dans ces excès, les Autrichiens furpaffoient de beaucoup les

Russes. Sans aucun égard pour la capitulation, ils n'écoutoient que leur haine nationale contre les sujets du Roi, & cette soif du pillage dont ils étoient dévorés. Ils pénétrerent comme des furieux dans les écuries royales, auxquelles, d'après la capitulation, on ne devoit pas toucher, & qui même étoient gardées par un détachement de vingt-quatre Russes. Ils en enleverent les chevaux, & après avoir dépouillé les carosses du Roi de tous leurs ornemens, ils les mirent en pieces. La demeure de l'Intendant de ces écuries, Schwerin, fut également pillée. Les hopitaux mêmes, ces lieux de refuge pour des hommes malades ou dans le besoin, & que des peuples barbares auroient épargnés, n'eurent pas un meilleur sort. Leur mot du guet étoit *pillage*. Les églises ne furent pas mieux traitées: on enfonça la sacristie de l'église dite de Jérusalem, dont on enleva les vases précieux & la caisse des pauvres. Quelques tombeaux même furent ouverts, afin de dépouiller des cadavres corrompus, des linges dans lesquels on les avoit ensevelis.

 Cette rapacité barbare fut comme une épidémie. Les soldats Saxons, qui ne le cedent en civilisation aux troupes d'aucun peuple de l'Europe, & que leur discipline éleve presqu'au niveau de celles de Prusse, démentirent ici leur caractere national. Leur quartier étoit à Charlottenbourg, village qu'une superbe maison de plaisance du Roi a rendu célebre. Oubliant que le Roi de Prusse reviendroit vraisemblablement bientôt en Saxe, où par conséquent il seroit à même d'en tirer une vengeance févere, ils entrerent comme des furieux dans le palais, & y détruifirent tout ce que leurs yeux purent appercevoir. Les meubles précieux furent fracaffés, les glaces & porcelaines réduites en pieces, les tapis mis en lambeaux, les tableaux percés à coups de couteaux, les planchers, les parois & les portes mutilés à coups de hache. Quantité d'effets précieux furent fauvés de la deftruction, mais non du pillage; car les officiers les mettoient en fûreté & les réfervoient pour eux. La chapelle royale de ce château fut également pillée, & fon orgue mife en pieces. Mais ce qui mit le comble à cette conduite barbare, & ce qui fut le plus fenfible au Roi, ce fut la deftruction de rares & en partie inappréciables chefs-d'œuvres de l'antiquité, travaillés par les Grecs & raffemblés à Rome. FRÉDERIC avoit acquis cette fuperbe collection du Cabinet du Cardinal de Polignac; & maintenant elle devint non la proie du tems ni celle de ces hordes barbares qui font gloire de dédaigner les arts; non! elles furent détruites par les guerriers d'un peuple qui cultive les arts & les fciences. Non feulement on brifoit, mais l'on réduifoit en menus morceaux les têtes, bras & jambes de ces ftatues, afin d'empêcher qu'on ne pût jamais en rejoindre les fragmens.

Les Autrichiens & les Ruffes, qui fe trouvoient avec les Saxons, ne refterent point en arriere pendant ces deftructions : leurs Chefs même, s'ils ne les excitoient pas par leur approbation, regardoient ces ravages avec indifférence. Les habitans de Charlottenbourg crurent avoir acheté leur sûreté par une contribution de 15,000 écus. Ils se tromperent. Toutes leurs maisons furent pillées, & ce qui ne pouvoit être emporté, fut brisé. Des hommes furent déchirés jusqu'au sang, à coups de fouët, & blessés avec des sabres. Des femmes & des filles furent violées. Deux de ces hommes, ainsi blessés pour servir d'amusement aux ennemis, expirerent sous les yeux de leurs bourreaux.

Schönhausen, maison de plaisance de la Reine, eut un pareil sort. Il y vint huit hussards Russes, qui, sous de terribles menaces, en demanderent toute l'argenterie. On eut beau leur dire qu'elle avoit été enlevée: ils parcoururent tout l'édifice, & comme ils n'y trouverent rien, le concierge & sa femme furent dépouillés nuds, battus de verges, & pincés avec des fers ardens. Quelques jours après arriverent d'autres cohortes, qui traiterent ce beau château comme l'avoit été Charlottenbourg: tout y fut mis en pieces & détruit. Un domestique du Roi fut assis sur des charbons ardens; un autre mis en pieces à coups de sabres. Les personnes du sexe furent forcées d'assouvir aussi leur brutalité.

Tant les Autrichiens que les Russes songeoient à prendre leurs quartiers d'hyver dans le pays de Brandebourg, & regardoient la guerre presque comme terminée. Ces deux nations avoient de grandes armées dans le centre des Etats de FEÉDERIC, d'où elles inonderent toutes les provinces voisines. Les Suédois s'étoient ébranlés: les troupes des Cercles étoient en Saxe, & en possession de l'Elbe: Laudon se trouvoit en Siléfie, & Daun côtoyoit fans ceffe le Roi, à la tête de forces très-fupérieures.

Mais ce triomphe imaginaire ne dura que peu de jours. FRÉDERIC, avec la rapidité d'un torrent, s'avança de la Siléfie, & la fcene fut entièrement changée. Ces mots : *le Roi vient*, eurent l'effet d'une fecouffe électrique qui frappa les armées des ennemis, & les mit toutes en un fubit mouvement. La grande armée Ruffe paffa promptement l'Oder. Les Autrichiens & les Ruffes abandonnerent Berlin. Czernichef & Tottleben fe retirerent, en faifant des marches fi précipitées, que deux jours après ils étoient déja à douze miles de cette capitale. Lafcy fe hâta de fe retirer en Saxe, afin d'y joindre l'armée de Daun.

Cette retraite cependant, qui faifoit évanouir toutes leurs efpérances, fut accompagnée de toutes les cruautés imaginables. Auparavant on avoit plus toléré qu'ordonné des ravages : maintenant ils furent la fuite d'un fyftême réfléchi. Les villes de Cöpenick, Fürftenwalde, Befcow, Landsberg, Oranienbourg, Lübenwalde, le château de plaifance de Fréderiesfeld, & en général toutes les villes du Brandenbourg où ces monftres pafferent, furent entiérement pillées & ravagées. Depuis les portes de Berlin, jufqu'aux frontieres de Pologne, de Siléfie & de Saxe, tout le plat pays étoit femblable à un défert. Aucune piece de bétail ne fut laiffée aux pauvres habitans ; aucun meuble, aucun lit, aucun aliment. Les grains, que les ennemis ne pouvoient emporter, furent jetés dans la boue, ou difperfés au gré du vent.

La ville de Francfort, ſur l'Oder, qui déja s'é‑
toit vue ſi ſouvent viſitée par les Ruſſes, ne de‑
meura point épargnée cette fois. On menaça de
la réduire en cendres; & déja l'on avoit allumé un
grand feu ſur la place du marché. On fit fouëtter
publiquement un de ſes Bourgmaîtres : les autres
magiſtrats furent menacés de pareilles cruautés, &
en général on traita les habitans comme s'ils euſ‑
ſent été des chiens. Par ces moyens les Ruſſes
remplirent leur but. Tout ce que les habitans pu‑
rent ramaſſer, fut livré à ces barbares ennemis. Outre
leur propre miſere, la ſituation locale de cette ville
en mettoit les habitans à même d'être témoins des
autres ravages exercés dans leur patrie. Plus de
cent mille bêtes à cornes & chevaux, avec un
butin immenſe, en furent enlevés. Tout le pays d'a‑
lentour n'offroit que des pillages, des meurtres & des
viols. On ſe faiſoit un amuſement d'incendier des
villages. Des payſans, des bourgeois & des gentils‑
hommes furent battus d'une maniere cruelle. Les
femmes & les filles, ſans égard pour l'âge ni pour le
rang, furent violées aux yeux de leurs époux ou
des auteurs de leur naiſſance. On eût dit, que les
nations ennemies s'étoient données un défi, à qui
porteroit la barbarie au plus haut degré.

Les Autrichiens, ſous les ordres de Laſcy, com‑
mirent également les plus cruels excès. Dans leur
retraite, ils n'épargnerent pas même les tombeaux.
À Wilmersdorf, village appartenant à la Famille des
Schwerin, le lieu de la ſépulture des Seigneurs de
cette terre fut ouvert : tous les cadavres, dont plu‑

fieurs fervoient de pâture aux vers déja depuis plufieurs années, furent arrachés de leurs cercueils, dépouillés nuds & abandonnés dans la pleine campagne. De telles horreurs, qui font très-rares parmi des peuples civilifés, & que les fauvages Iroquois ne connoiffent même point, doivent être retracées dans l'Hiftoire, & tranfmifes à la poftérité, comme un des traits caractériftiques de cette guerre.

De toutes les maifons de plaifance du Roi, Sanffouci & le château de Potzdam furent les feules qui échapperent à ces ravages. Là commandoit le Général Autrichien Efterhafy, qui, dans cette expédition, fauva l'honneur de l'Autriche, fe diftingua par la plus louable difcipline, & non content d'admirer les monumens précieux de l'art, du goût & de la magnificence renfermés dans ces édifices, empêcha qu'ils ne fubiffent aucun dommage.

Le Roi venoit d'atteindre les frontieres de Saxe, lorfqu'il fut inftruit de tous ces excès. Aucune perte ne fut plus douloureufe pour lui, que les dégâts exercés à Charlottenbourg. La colere, à cette occafion, l'emporta chez lui fur la philofophie. Pendant tout le cours de la guerre, les Pruffiens n'avoient touché à aucun palais Royal en Saxe: au contraire, ces édifices avoient toujours été protégés par des gardes de foldats. Mais FREDERIC ordonna maintenant le pillage du château de Hubertsbourg. Le bataillon-franc de Quintus-Icilius fut chargé de cette commiffion. Cette opération fut terminée en peu d'heures, & avec une telle ardeur, qu'il ne demeura que les fimples murailles du bâtiment. La

Cour

Cour de Saxe eut moins de reſſentiment de cette vengeance, que des circonſtances qui l'avoient occaſionnée. Les Commandans s'excuſerent en alléguant la fureur de leurs ſoldats, à laquelle on n'avoit pu mettre aucun frein.

Lors de l'arrivée de FREDERIC en Saxe, l'armée des Cercles s'étoit campée près de Leibzig. Cette ville opulente, pourvue de toutes les commodités de la vie, au point qu'en Allemagne il y a peu qui l'égalent à cet égard, étoit ſans ceſſe l'objet de l'attention des petites comme des grandes armées. Amis & ennemis s'en diſputoient continuellement la poſſeſſion. Ses fortifications étoient capables, tout au plus, de réſiſter à des troupes légeres; & cette ville ne pouvoit être défendue que par une armée campée devant ſes portes. Mais au lieu de fortifications, elle avoit des richeſſes qui occaſionnerent diverſes entrepriſes ſur elle. Aucune ville, dans cette guerre, ne changea plus ſouvent de maître. Cette fois, les troupes de l'Empire ſongerent ſérieuſement à y prendre leurs quartiers d'hyver, & les habitans, las de ces grandes contributions qu'exigeoient les Pruſſiens, & qu'ils ſavoient multiplier ſans ceſſe ſous toutes ſortes de dénominations, deſiroient eux-mêmes ce changement avec ardeur. Mais FREDERIC n'oublia jamais, dans ſes plans, cette riche mine d'or. A peine fût-il arrivé en Saxe, qu'il envoya le Général Hülſen contre Leibzig. Les troupes de l'Empire s'éloignerent avec précipitation, & la ville fut repriſe ſans coup férir.

Q.

Daun avoit fermement résolu de se maintenir à tout prix en Saxe. Dresde, la plus grande & la plus forte ville de ce pays, ainsi que la plus grande partie de l'Electorat, se trouvoient en sa puissance; & presque toutes les forces de l'Autriche se voyoient concentrées dans cette importante province. D'ailleurs, l'hyver qui avoit déja commencé, faisoit regarder la campagne comme finie. Mais le Roi de Prusse n'étoit pas moins ferme dans sa résolution, de ne point se départir de la possession de la Saxe. Il falloit donc qu'une bataille décidât à qui elle appartiendroit. FRÉDÉRIC étoit prêt à en courir l'événement; mais Daun, malgré la grande supériorité de ses forces, ne vouloit rien hazarder. Il se flattoit, qu'en se bornant à une simple défensive, il pourroit mieux réaliser ses desseins. En conséquence, il prit le camp très-fort que le Prince HENRI avoit occupé l'année précédente, près de Torgau, & où Daun n'avoit jamais voulu tenter de l'attaquer. Le Roi ayant perdu toute espérance d'engager volontairement son adversaire à une bataille, il prit la résolution hardie, malgré tous les obstacles qu'il avoit à vaincre, d'attaquer le camp des Autrichiens. Il fit même, le 2 Novembre au soir, publier cette résolution dans l'armée; & il prit toutes les mesures pour livrer bataille, dès le lendemain.

Le 3 Novembre fut ce jour mémorable dans les annales des guerres; jour où des torrens de sang humain coulerent comme des ruisseaux; où la destruction entiere des deux armées, si souvent triomphantes, ne tint qu'à un fil; où la victoire fut long-tems incertaine, & ne fut gagnée par les Prussiens qu'au milieu de l'obscurité de la nuit.

Le Roi marcha, sur trois colonnes, à travers la forêt de Torgau. Son plan de bataille étoit des plus sublimes. L'armée Autrichienne devoit non seulement être vaincue, mais entiérement anéantie. Dans l'impossibilité de se retirer au-delà de l'Elbe, les vaincus & les fuyards devoient n'avoir le choix que de mourir en combattant, ou de se précipiter dans le fleuve, ou de mettre bas les armes. Les deux ailes des Autrichiens, ou plutôt les deux extrémités de ce Croissant que formoit l'armée de Daun, devoient être attaquées en un même tems, & poussées sur leur centre. A cet effet, le Général Ziethen fut envoyé avec la moitié de l'armée Prussienne, afin de garnir les hauteurs de Siptitz, situées non-loin de Torgau. Si, avec l'autre moitié, le Roi eût battu l'ennemi, toute la grande armée Autrichienne eût été perdue sans ressource : les forces de MARIE-THERESE eussent été anéanties pour toute cette guerre, & le nom de Torgau, comme celui de Cannes, seroit devenu immortel chez les poëtes & chez les Historiens.

Mais pour effectuer un dessein aussi vaste, il falloit surmonter des obstacles extrêmes. Daun se trouvoit, avec l'elite des forces Autrichiennes, dans la position la plus avantageuse. Son aile gauche touchoit à l'Elbe : sa droite étoit couverte par des hauteurs pourvues de grandes batteries, & son front se trouvoit garanti par des bois & des marais. FREDERIC traversa la forêt, où il rencontra le régiment des dragons Autrichiens de St. Ignon, qui marchoit féparément, & qui fe trouva, à l'improvifte, renfermé entre les colonnes du Roi. Les iffues de la forêt furent auffi-tôt garnies par l'infanterie Pruffienne, tandis que la cavallerie environnoit de tous côtés le régiment ennemi. Ce fut principalement aux huffards de Ziethen qu'échut cette opération, dont ils s'acquitterent avec beaucoup de courage. Tous les dragons, qui ne tomberent pas fous leurs coups, furent faits prifonniers avec leur Général.

Le Roi cependant continua fa marche : il tourna l'aile gauche ennemie ; & quoique les colonnes fuffent encore en arriere, il attaqua, fans perte de tems, l'armée Autrichienne, avec fon avant-garde, compofée de dix bataillons de grenadiers. Une canonnade qu'on entendoit dans l'éloignement, & qui fit croire au Roi que Ziethen en étoit déja aux mains avec les ennemis, juftifia cette réfolution précipitée. Jamais les momens ne lui furent plus précieux. Il étoit deux heures de l'après-midi : il ne pouvoit s'écouler que peu d'heures avant le retour des ténebres ; & ces heures devoient décider du fort de FREDERIC, peut-être même de celui de la Monarchie Pruffienne.

Daun reçut les Pruffiens avec un feu d'artillerie tel qu'on n'en avoit pas vu fur la terre depuis l'invention de la poudre. Il fe trouvoit là deux cens canons, dirigés, pour ainfi dire, fur un même point, & dont les gueules enflammées répandoient fans ceffe la mort & la deftruction.

C'étoit une image de l'enfer, qui fembloit s'ouvrir pour engloutir fa proie *). Les plus anciens vétérans des deux armées n'avoient jamais été témoins de fcenes auffi foudroyantes. Le Roi même dit à diverfes reprifes, en parlant à fes aides-de-camps: *Quelle terrible canonnade! en avez-vous jamais vu de pareilles?* Auffi l'effet qu'elle produifit fut-il affreux au-delà de toute idée. En une demi-heure de tems, les 5500 grenadiers Pruffiens qui avoient formé l'attaque, furent étendus, ou morts ou bleffés, fur le champ de bataille, la plupart même avant d'avoir pu faire une feule décharge. Il n'en refta que 600, à même de fervir le lendemain. Il tomboit une forte pluie; mais les foudres de l'artillerie, qui déchiroient l'air avec tant de force & coup fur coup, diviferent les nuages fur la région du champ de bataille, & le ciel devint un peu férein.

---

*) Si l'on trouve cette defcription trop animée, on voudra bien la pardonner à l'auteur. Ce n'eft point une imagination échauffée par la lecture ou par des relations qui lui ont été faites, qui guide ici fa plume; mais c'eft une efquiffe de ce qu'il a vu de fes propres yeux. L'auteur s'eft trouvé à cette bataille, dans le premier bataillon du régiment de Forcade, placé dans la divifion du Roi, à la tête de la principale colonne, & qui s'avança, dans cette pofition, contre l'ennemi. L'autre bataillon du même régiment était avec la divifion de Ziethen. Ce feul régiment, dans cette bataille meurtriere, eut plus de 800 hommes tués, bleffés & égarés, avec vingt-fix officiers bleffés ou morts.

Dans cet intervalle, la principale colonne s'avança hors de la forêt. Encore avant que ces braves guerriers pussent appercevoir l'ennemi, les sommets des arbres, fracassés par les boulets, tomberent sur leurs têtes. Les échos de la forêt répétoient d'une maniere effroyable, les mugissemens causés par l'explosion de l'artillerie. C'étoit comme la trompette de la mort. Enfin, en sortant du bois, & en traversant des nuées de la fumée que causoit la poudre, les Prussiens, au lieu d'une scene qui leur promit la victoire, n'apperçurent que le spectacle effroyable d'un champ de bataille couvert de cadavres, ou d'hommes mutilés & fracassés, qui se rouloient dans leur sang, en poussant des râlemens avant-coureurs d'une mort certaine. Ils n'étoient plus, ces grenadiers dont l'on attendoit le triomphe. L'armée de Ziethen se trouvoit dans l'éloignement: l'on étoit incertain sur son sort, & l'ennemi se tenoit inébranlable derriere ses nombreuses bouches à feu. Les artilleurs Prussiens tenterent de faire avancer leurs canons; mais à peine attelloit-on les chevaux, qu'ils étoient étendus morts par des boulets: ceux de leurs conducteurs, qui ne chercherent pas leur salut dans la fuite, eurent le même sort, & les roues & affuts des canons furent fracassés.

L'infanterie néanmoins fit une nouvelle attaque, avec ce courage & cet ordre qui distinguent si fort les armées de Prusse dans les batailles. Les Autrichiens, animés par la destruction des grenadiers, s'étoient avancés; mais maintenant ils reculerent.

Le feu de leurs canons chargés à mitrailles faisoit cependant parmi les Prussiens des ravages épouvantables. Des bandes entieres furent renversées: on se rapprochoit sans cesse pour remplir les vuides des rangs: de vieux officiers tomboient-ils, de jeunes prenoient leurs places, & encourageoient, par leur exemple, même des soldats vétérans. Ainsi l'on gagna du terrein, l'on surmonta des hauteurs, & l'on prit des batteries.

Mais la scene fut bientôt changée. Daun mena des troupes fraîches au combat: ses cuirassiers tomberent sur l'infanterie Prussienne, y firent un carnage épouvantable, & la chasserent jusques dans la forêt. La cavalerie de Prusse vint au secours de son infanterie; mais elle fut également repoussée. Une nouvelle attaque de cette cavalerie fut plus heureuse: elle mit l'infanterie Autrichienne en désordre, & fit sur elle quelques milliers de prisonniers, parmi lesquels étoit la moitié du régiment de l'Empereur. Leur ligne entiere étoit en danger, lorsque la cavalerie des Autrichiens se précipita de tous côtés sur celle de Prusse, qui fut contrainte de céder à la supériorité des forces ennemies. FRÉDÉRIC tenta une nouvelle attaque avec son infanterie; mais sans succès. La nuit survint: les forces étoient épuisées, le Roi lui-même blessé, & la bataille parut entiérement perdue pour lui. Daun expédia des couriers qui porterent cette nouvelle à Vienne. Ils entrerent dans cette capitale, environnés de postillons qui sonnoient du cor, & annoncerent une victoire complette.

Mais c'étoit le triomphe de FRÉDERIC, & non celui de MARIE-THERESE, qui étoit écrit dans le livre du Deftin. Ziethen n'étoit point demeuré dans l'inaction avec fon armée. Il avoit vaincu toutes les difficultés, pour venir au fecours du Roi. Il s'approcha du village de Sipritz, qui étoit en feu. Le Major de la garde, Möllendorf, maintenant Lieutenant-Général, & célebre pour fes grands talens militaires, confeilla une manœuvre qui eut les plus heureufes fuites, & qui décida du fort de la journée. Quelques bataillons marcherent à travers le village, affaillirent les hauteurs voifines & une grande batterie. En peu de tems ils en furent les maîtres. D'autres troupes, traînant leurs canons à force de bras, & couvertes par la cavalerie, fuivirent ce fentier de la victoire. Alors commença, du fommet de ces hauteurs, une canonnade inattendue & des plus violentes, qui augmenta extrêmement le défordre répandu déja parmi les Autrichiens. Cependant les troupes de l'aile gauche Pruffienne s'avancerent aufli. Lafcy fit une tentative pour les chaffer des hauteurs; mais il fut repouffé, & les Pruffiens fe maintinrent dans le pofte dont ils s'étoient emparés. Cet heureux fuccès décida du fort de la bataille, & les Autrichiens ne penferent plus qu'à faire leur retraite, que favoriferent trois ponts de bateaux établis fur l'Elbe.

Le murmure des eaux de ce fleuve fervit de bouffole aux Autrichiens, dans une nuit où le ciel étoit couvert d'épaiffes nuées, & où l'obfcurité empêchoit de rien découvrir à la plus petite diftance.

Les Prussiens n'avoient point un tel guide: ils erroient, en grandes & petites troupes, dans la forêt & sur le champ de bataille. Incertains de l'endroit où se trouvoit l'ennemi, chaque mouvement qu'ils entendoient excitoit leur attention, & tous leurs pas étoient accompagnés d'inquiétude. Ainsi qu'au milieu de la nuit, la crainte offre des spectres à l'imagination des ames foibles & craintives, tels les Prussiens ne voyoient au lointain que des ennemis. Des cohortes, qu'un cas fortuit amenoi vers le même lieu, faisoient feu les unes sur les autres, jusqu'à ce que l'une d'elles eût reconnu l'erreur réciproque, & se fût fait connoître. Il périt ainsi un nombre considérable de Prussiens, par le feu de leurs propres compatriotes. On ne pouvoit ni donner, ni suivre des ordres. Les chefs étoient ou morts, ou blessés; ou ils erroient sur le champ de bataille, en cherchant leurs bataillons épars. Cette nuit d'hyver, qui devoit durer quatorze heures, étoit extrêmement froide. Quelques cohortes eurent le bonheur de pouvoir rassembler du bois & allumer des feux; mais d'autres furent obligées de se passer d'un besoin aussi indispensable, & les soldats couroient dans l'obscurité comme hors de sens, afin de se réchauffer par le mouvement de leurs corps. Depuis le matin, ils n'avoient rien mangé, & étoient exténués du travail sanguinaire de la journée. Quiconque avoit encore son havresac, & ne le trouvoit pas vuide, ne savoit cependant où découvrir de l'eau pour se désaltérer. Tourmentés par la faim, la soif & la lassitude, ils attendoient avec impatience le retour du jour, & avec lui de nouvelles scenes sanglantes. Le Roi passa la nuit dans l'églife d'un village, où il fit panfer sa douloureuse bleffure, reçut des rapports & donna des ordres.

Quelque dure que fût cependant cette situation des soldats errans & épuifés de fatigues, il y en eut, dans cette nuit épouvantable, une infiniment plus cruelle. Les bleffés, dont l'état le leur permettoit en quelque maniere, chercherent à atteindre des villages voifins; mais les autres fe voyoient enchaînés, par leur trifte fort, au fol du champ de bataille. Là, engourdis par le froid, avec des membres fracaffés & des os mis en pieces, nageant dans leur fang & dénués de tout fecours, ces malheureux ne defiroient qu'une prompte mort. Mais plufieurs centaines d'entre eux étoient réfervés à de plus cruels tourmens. Quantité de perfonnes, rebut de l'humanité, des foldats, des valets d'armée & des femmes, parcouroient, dans cette nuit affreufe, le champ de bataille, pour dépouiller les morts & les vivans. Ils ne laiffoient pas même la chemife aux malheureux bleffés. En vain ces infortunés faifoient retentir l'air de leurs plaintes: elles fe confondoient dans le bruit de mille voix qui s'élevoit jufqu'aux nues. Un grand nombre de ces bleffés furent maffacrés par ces monftres, qui craignoient de fe voir découverts. Plufieurs n'étoient bleffés qu'aux jambes, fans aucun danger: ils fe voyoient feulement hors d'état de marcher. Mais dans une nuit de Novembre, fe roulant nuds fur un terrein glacé, cette privation barbare de leurs vétemens les rendit victimes de la mort.

Le Roi cependant, dans l'églife du village où il s'étoit retiré, étoit dans une pleine activité. Ignorant encore la retraite de l'ennemi, il penfoit à renouveller la bataille. À cet effet, avant que le jour parût, il donna les ordres néceffaires, en vertu defquels l'infanterie ne devoit point faire feu, mais tomber fur l'ennemi la bayonnete au bout du fufil. On n'attendoit que l'aube du jour, pour raffembler les cohortes difperfées, & les remettre en ordre de bataille. Mais à peine le crépufcule eût-il éclairé le champ de morts, que FRÉDÉRIC apperçut qu'il n'avoit plus d'Autrichiens à combattre. Il fe vit maître du champ de bataille : la victoire étoit décidée, & la Saxe demeuroit en fon pouvoir. Les Autrichiens pafferent l'Elbe, & fe retirerent, en marchant le long des rives de ce fleuve, vers Dresde : les Pruffiens allerent prendre leurs quartiers d'hyver.

Daun avoit été griévement bleffé dans cette bataille : il s'étoit éloigné, & avoit remis le commandement au Général Baccow. Celui-ci ayant eu, immédiatement après, le bras fracaffé d'un coup de feu, le commandement en chef de l'armée Autrichienne fut dévolu au Général O'Donnel. Celui-ci fe hâta de couvrir Dresde, & de prendre un camp très-fort près de Plauen. Ziethen le pourfuivit fans relâche dans cette retraite, & fit fur lui beaucoup de prifonniers.

Les deux armées avoient été extrêmement affoiblies par cette bataille. Les Autrichiens comptèrent 9000 morts & blessés, & 8000 hommes prisonniers : ils perdirent en outre cinquante canons, trente drapeaux & vingt pontons. La perte des Prussiens, en morts & blessés, ne fut pas moindre ; & quinze cens hommes de leurs troupes étoient tombés au pouvoir de l'ennemi.

Daun avoit fait une très-belle défense, & les troupes de MARIE-THÉRÈSE avoient montré la plus grande valeur. Aussi, quoique, le lendemain, le courier qui annonça à Vienne ce changement de scene, eût mis fin aux cris de joie excités par la nouvelle de la victoire, l'Impératrice-Reine ne laissa pas d'être fort-contente de son Feld-Maréchal, qui, tout blessé qu'il étoit, se rendit à sa Cour. Elle eut la magnanimité d'aller au devant de lui jusqu'à quelques lieues de distance, pour le féliciter sur son retour. En général, cette grande Princesse ne négligeoit aucun encouragement pour ses troupes. Ordinairement elle étoit présente, lorsque des cohortes défiloient près de Vienne, pour aller joindre l'armée : elle animoit le courage de ses soldats, par les expressions les plus gracieuses : elle les appelloit *ses enfans*, & leur sourioit avec complaisance, lorsque le nom de *mere* retentissoit de rang en rang : enfin, elle ne les congédioit jamais sans leur faire des présens considérables.

Les suites de cette victoire furent des plus importantes : toute la Saxe, hormis Dresde, se trouva de nouveau au pouvoir des Prussiens, &

leurs quartiers d'hyver furent assurés. FREDÉRIC se vit en état d'envoyer des troupes en Silésie, dans la Marche de Brandenbourg, & dans la Poméranie, afin de chasser les ennemis hors de ces provinces. Il put même renforcer le Duc FERDINAND, par un corps de 8000 hommes. Les Prussiens reprirent possession du Mecklenbourg. Laudon avoit assiégé Kosel: maintenant il se désista de cette entreprise, & se retira vers Glatz. Le Général Werner repoussa les Suédois jusqu'à Stralsund, & les Russes retournerent en Pologne, reprendre leurs anciens quartiers d'hyver.

Le Roi prit le sien à Leibzig, où quantité de blessés avoient été transporté après la bataille. Cette ville fut punie bien sévérement de son patriotisme. Ses habitans auroient souhaité de conserver les troupes de l'Empire, comme auxiliaires de leur Roi ; & ils avoient ouvertement manifesté ce desir. Maintenant il leur fut fait, par les Prussiens, de nouvelles demandes des plus considérables. Ils devoient payer des sommes d'argent immenses, & faire des livraisons prodigieuses en denrées. Le magistrat allégua l'incapacité où il étoit de fournir ce qu'on exigeoit : il réclama les promesses que le Roi lui avoit faites par écrit, & où il étoit fixé, aux livraisons, un terme qu'on vouloit maintenant outrepasser. Ce terme étoit une contribution de 500,000 écus, qu'on avoit acquittée. Mais ces réclamations furent vaines ; & comme l'on continuoit de résister, les Prussiens eurent recours à la violence. On avoit déja plusieurs fois joué la farce, de menacer d'incendier la ville : même l'on en avoit souvent suspendu des torches aux maisons. Le refrein étoit : *de l'argent, ou la ville est en cendres*. Mais les habitans croyoient le Roi incapable d'une pareille cruauté, & comme ils comprirent bientôt que cette menace ne provenoit que de quelques avides Commandans subalternes, Elle ne fit pas le moindre effet. On rioit, au lieu de trembler, & l'on finissoit par enlever les torches.

On recourut enfin à d'autres moyens plus sérieux. Les principaux magistrats & les plus riches négocians furent jettés dans la prison, & traités comme des criminels. On les renfermoit, entassés les uns sur les autres, dans des chambres où ils étoient couchés sur la paille : les commodités les plus communes leur étoient refusées : on ne leur permettoit ni lits, ni aucun aliment chaud. Dans les commencemens, cent & vingt personnes respectables subirent ce sort ; mais cela ne dura que dix jours, après lesquels on les relâcha à l'exception de dix-sept, qui languirent dans des cachots pendant quatre mois. Des personnes, accoutumées à la plus grande aisance, furent réduites à se contenter des plus grossiers de tous les alimens ; à rouler, sur un dur plancher, leurs corps amollis par le luxe de notre siècle, & enfin à regarder comme un bien précieux, un peu de soupe qu'en venant leur rendre visite, leurs tendres & vertueuses filles cachoient sous leurs riches habits. Ils vivoient dans l'ordure, & avoient de longues barbes, semblables à celles des Juifs. *Eh bien, chiens, voulez-vous payer ?* tel étoit, tous les matins, le salut ordinaire du maître de contributions, qui trouvoit son avantage particulier dans ces cruels traitemens. Renfermés chacun séparément, peut-être eût-on rempli son but ; mais tous ensemble, ils s'encourageoient réciproquement, & s'excitoient à la patience. Il naquit, parmi eux, un certain esprit de corps, qui bravoit toutes les mortifications & toutes les cruautés. Leur courage ne s'éteignit que lorsqu'on eut fait la menace ingénieuse de renfermer à Magdebourg ces chefs d'une ville opulente, de les y traîner à pied, les mains liées derriere le dos, & qu'on eut fait des préparatifs pour cette cruelle mesure. Alors on promit tout ce qu'il étoit possible d'exécuter.

Ces cruautés, dont toute la rigueur ne provenoit vraisemblablement pas des ordres du Roi, coûterent la vie à plusieurs individus. Le chagrin fit descendre au tombeau des hommes, des femmes & des enfans. Quantité de particuliers abandonnerent Leibzig : son commerce fut suspendu pour la plus grande partie, & les fameuses foires de cette ville ne l'emportèrent guere plus sur des marchés publics.

La nécessité où se trouvoit FRÉDÉRIC, de soutenir une guerre longue & dispendieuse, malgré que plusieurs de ses provinces fussent ravagées ou prises par l'ennemi, l'avoit contraint de recourir à toutes sortes de ressources extraordinaires. La principale de celles-ci fut de baisser le titre des monnoies de Prusse & de Saxe. La monnoie étoit affermée au Juif Ephraïm, de Berlin. Celui-ci fit frapper, chaque année, aux coins de Prusse & de Saxe, une immense quantité de monnoies d'or & d'argent, où il entroit beaucoup d'alliage. Chaque année, cet argent devenoit de plus mauvais aloi, desorte qu'enfin la valeur intrinseque des *Augustes-d'or*, composés presqu'entièrement de cuivre, ne passa guere celle d'une risdale de bon argent. Au lieu de cinq écus, qu'ils avoient valu précédemment, les anciens *Augustes-d'or* valurent vingt écus de ces especes altérées, qui furent mises maintenant en circulation. C'est avec cet argent qu'étoient payés les troupes Prussiennes & tous les besoins de l'armée, que l'on acquittoit les appointemens des officiers civils, & que se faisoit le commerce. Tout le Nord de l'Allemagne en fut inondé. Les plus grandes villes de commerce possédoient des millions de ces especes, qu'on altéroit de plus en plus, sans cependant que leur forme, leur grandeur & leur coin subissent aucun changement. Les possesseurs de ces grandes sommes se flattoient de richesses imaginaires. Même les Hollandois en acquirent une grande quantité : ils croyoient, qu'après la paix, ils pourroient acheter à très-bas prix les grains & les bois de la Prusse. Toutes les productions, tant brutes que manufacturées, & en général toutes les marchandises hausserent de prix à proportion de celui de l'argent. Il n'y eut que les vivres les plus indispensables qui ne renchérirent pas considérablement, parce qu'autrement le soldat n'eût pu pourvoir à son entretien alimentaire.

MARIE-

MARIE-THERESE employa une autre reſſource, afin de diminuer, pour le moment, les beſoins immenſes d'argent où elle ſe trouvoit. Tous les officiers de l'Etat-major, depuis les Majors, juſqu'au Feld-Maréchaux, recevoient leurs appointemens non en argent, mais en billets. Ces papiers ne reſſembloient point à des billets de banque, & n'étoient pas non-plus deſtinés à circuler : c'étoient proprement des obligations de l'Etat. Quiconque ne pouvoit en attendre le payement, qui lui étoit promis après la fin de la guerre, vendoit ces papiers, avec une perte conſidérable, à une banque établie à cet effet par l'Empereur FRANÇOIS. C'étoit de ſes propres tréſors, ſeparés de ceux de ſon auguſte épouſe, que ce Monarque tiroit un pareil parti. La plupart des livraiſons pour les troupes étoient auſſi payées avec de tels papiers.

A ces reſſources ſe joignirent encore pluſieurs ſacrifices émanés d'un noble patriotiſme. Le Prince Wenceslas de Lichtenſtein, le plus riche des ſujets de la Monarchie Autrichienne, donna à cet égard un grand exemple. Comme chef du corps d'Artillerie, il en entretenoit une partie à ſes propres frais. D'autres particuliers opulens manifeſterent de diverſes manieres leurs ſentimens patriotiques, & les Dames de la Cour de Vienne, afin de ne pas témoigner moins de zele, s'occuperent à faire de la charpie. Une idée de bienfaiſance ſe joignit à ces traits patriotiques ; & ils furent appuyés par le ſublime exemple de MARIE-THERESE, qui travailla de ſes propres mains à

R

faire de la charpie pour panſer ſes ſoldats bleſſés. Ce fut d'abord un ton, & enſuite une épidémie qui ſe répandit dans toute la ville. Les femmes de ſimples ouvriers vuiderent leurs armoires, afin de prendre, par le ſacrifice de leur linge, une part active à cette guerre. Le commerce en toileries commença, en Autriche, à fleurir plus que jamais, & l'on envoya, dans les hopitaux de campagne, une telle quantité de tonneaux remplis de charpie, qu'il fallut enfin demander qu'on mît un terme à cette bonne œuvre.

Après une guerre infructueuſe de cinq ans, l'eſpoir de conquérir la Siléſie n'étoit aucunement affoibli dans cette réſidence Impériale. Au contraire, la priſe de Glatz nourriſſoit cette eſpérance, & les puiſſans Alliés de l'Autriche continuoient à témoigner les meilleures diſpoſitions. Ils regardoient la victoire de Torgau, vu la quantité du ſang qui y avoit été verſé, comme une défaite du Roi de Pruſſe; & ils perſévérerent plus fermement que jamais dans le principe de ne point rançonner ſes priſonniers. Ce Prince ne manquoit cependant pas de ſoldats. L'agriculture étant entiérement ruinée dans ſes Etats, par les ravages qu'y commettoient ſans ceſſe les ennemis, des milliers de jeunes campagnards échangeoient avec joie la charrue contre le mouſquet. On regardoit peu maintenant à la hauteur de la taille. On avoit beſoin d'hommes; & de ces hommes on faiſoit bien vite des ſoldats. Auſſi-tôt que de pareilles recrues étoient engagées, & avant même qu'elles quittaſſent leur patrie, quantité d'officiers & de bas-officiers envoyés à cet effet, s'efforçoient jour & nuit de les former. À peine leur permettoit-on de prendre un peu haleine. L'on n'avoit égard ni au froid, ni à la neige, ni à l'obscurité, ni aux jours de dimanche ou de fêtes. Chaque jour on s'occuppoit à les dreſſer & à les exercer, dans des places publiques, dans des écuries ou des granges, deforte qu'ils arrivoient toujours formés & dreſſés aux régimens, & qu'on pouvoit d'abord les employer pour le ſervice militaire.

Après tant de batailles, dans toutes les armées belligérantes, le nombre des anciens ſoldats ne pouvoit être que peu conſidérable. Mais chez les Pruſſiens, cet eſprit militaire, ſucé avec le lait, tenoit lieu du nombre des années de ſervice. Comme il avoit péri une grande quantité d'officiers, & que le Roi n'aimoit pas à les remplacer par d'autres que par des gentilshommes, ou tirer ſans ceſſe, du corps des Cadets à Berlin, de jeunes gens fort éloignés encore de l'âge viril, pour les envoyer à l'armée *). Mais ces jeunes gens étoient des ſoldats parfaitement dreſſés, & à l'exception des forces du corps, ils égaloient les vétérans d'autres armées. Malgré leur naiſſance noble, élevés ſous le mouſquet, accoutumés à une nourriture groſſiere, & endurcis, par les veilles, au froid

---

*) L'auteur n'avoit pas encore quatorze ans accomplis, lorſqu'en Décembre 1758, il fut envoyé, avec trente-neuf autres Cadets, au quartier-général du Roi, à Breslau.

& au chaud, ils connoissoient encore toutes les parties du service, & n'avoient, dans leurs cœurs, que des idées sublimes concernant l'honneur militaire. Souvent on les employoit, peu après leur arrivée à l'armée, à d'importantes opérations, dont ils s'acquittoient comme les plus anciens officiers, avec le sérieux de l'âge viril, avec intelligence & avec zele. Quelquefois ils faisoient exercer les recrues des régimens, formées en gros pelotons : on leur donnoit de petits détachemens à commander : on les faisoit Aides-de-camp. Dans les combats, ils animoient, par leurs discours, même des anciens soldats, & les encourageoient par leur exemple. Les Autrichiens trouvoient souvent de tels jeunes gens parmi leurs prisonniers ; & comme ils n'envisageoient que leur âge, en faisant peu d'attention à leur capacité, ils en concluoient que FRÉDERIC devoit être dans une grande disette d'hommes, puisqu'il étoit contraint de recourir à des enfans, pour réparer ses pertes en soldats.

Mais ces pertes mêmes étoient en partie remplacées par des soldats Autrichiens, qui, vers la fin de la guerre, désertoient en aussi grand nombre que ceux du Roi de Prusse. On avoit de plus grands soins pour ces derniers. Pendant tout le cours de sept campagnes sanglantes, dans lesquelles la fortune varia si fort, les armées de Prusse ne manquerent jamais de paie, jamais de pain ni de fourrages, très-rarement de légumes, & moins rarement encore de viande. Ordinairement, le soldat Prussien avoit du pain en réserve pour trois jours &

même plus. Sa portion journaliere étoit de deux livres ; & même après des batailles perdues, où quantité de magazins avoient été détruits, son havre-sac ne se trouvoit jamais entiérement vuide. Les légumes arrivoient toujours au camp Prussien, par une suite des bonnes mesures prises à cet effet, des villes & des villages ; & l'on ne pouvoit en trop hausser le prix. L'exactitude du payement, & la bonne discipline, engageoient les vendeurs à y porter leurs denrées. Le Roi donnoit, en outre, à chaque soldat, une livre de viande par semaine. Les régimens achetoient des troupeaux entiers de bêtes à cornes, qu'on ne laissoit point éloigner du camp sans la derniere nécessité.

Ce présent en viande, quoique peu considérable en lui-même, ne laissa pas d'attirer, sous les drapeaux du Roi de Prusse, une quantité de transfuges. Cet amour pour la liberté, qu'en naissant tout homme apporte au monde, lui fait envisager, même dans de rudes guerriers, & au milieu de l'esclavage, une moindre contrainte comme un sort digne d'envie. Chez les Autrichiens, les simples soldats se voyoient obligés de céder la plus grande partie de leur fort-petite paie, pour l'entretien de la chambrée. Le caporal prenoit cet argent, & nourrissoit comme il lui plaisoit les hommes soumis à ses ordres : le soldat n'en recevoit que ce qui étoit demeuré. Les Prussiens ne connoissoient point cette gêne. On les exhortoit à faire ménage ensemble : la viande de munition & la chaudiere commune, destinée à chaque tente, faisoient le reste. Quan-

tité de transfuges avouerent avec franchise, que c'é-
toient ces avantages qui les avoient engagés à dé-
serter.

Les gardeurs de bétail, chez les Prussiens, étoient eux-mêmes des soldats, qui, accoutumés dans les campagnes à cet ouvrage, prenoient en main le fouët, & portoient le mousquet sur le dos. Comme natifs du pays, on étoit assuré qu'ils ne déserteroient pas ; & leurs armes suffisoient pour les mettre à même d'écarter les essaims de hussards ennemis. Cette économie en fait d'hommes, dans les armées du Roi, s'étendoit à tout : elle diminuoit le train & les besoins de l'armée : elle favorisoit l'ordre, & dans toutes les opérations, elle en remplissoit plus parfaitement le but. Chaque compagnie avoit son cordonnier & son tailleur, qui étoient affranchis du service ordinaire, & qui, dans les quartiers, dans les camps & dans les postes, travailloient pour leurs camarades. Plusieurs compagnies avoient leur propre boucher, qui achetoit & tuoit le bétail, & vendoit la viande à juste prix. D'autres soldats étoient vivandiers. L'infanterie avoit ses charpentiers & ses armuriers ; la cavalerie ses maréchaux & ses selliers ; l'artillerie ses charrons. Tous étoient soldats. Chaque officier avoit un domestique, qui étoit aussi soldat, portoit l'uniforme, & ne faisoit de service qu'avec son maître. Dans chaque compagnie, se trouvoit un bas-officier, qu'on appelloit *capitaine-d'armes*, & à qui étoit commis le soin des armes & des uniformes : chacune avoit aussi un fourier, qui pourvoyoit aux vivres & aux fourrages, & traçoit la place qu'elle devoit occuper dans le camp. Dans ce travail, le fourier avoit sous lui deux hommes pour l'aider, & qui étoient auſſi ſoldats. Lorſqu'on avoit choiſi un camp, on leur faiſoit précéder, dans les marches, les autres troupes: ſouvent auſſi ils formoient une eſpece d'avant-garde. Comme ſoldats, ils n'avoient beſoin d'aucune eſcorte: au contraire, ſouvent ils attaquoient eux-mêmes l'ennemi, lorſqu'il tentoit de les troubler dans leur travail.

Cette économie en fait d'hommes n'étoit point en uſage dans les armées Autrichiennes. Les fouriers entre autres étoient des perſonnes de l'état bourgeois, dont les idées, les principes & les actions étoient entièrement oppoſés aux ſentimens des ſoldats, & qui ne connoiſſoient preſque aucune ſubordination. Ces circonſtances donnoient ſouvent lieu à des animoſités & à des déſordres, dont on n'appercevoit aucune trace chez les Pruſſiens. Dans leurs camps, tout étoit ſoldat, & par conſéquent tout tendoit, chez eux, à un but commun & général. Cet artiſan militaire, qui dans les quartiers d'hyver, dans les poſtes & dans les camps, étoit franc de monter la garde & de faire ſentinelle, étoit obligé de prendre les armes, lorſque l'ennemi venoit à ſe montrer, ou que ſon corps ſe mettoit en marche. Rien ne pouvoit le diſpenſer d'aſſiſter à des ſieges ou à des batailles: il devoit prendre ſa place dans ſon rang, & partager tous les dangers avec ſes camarades ; que ce fût ſur un champ de bataille, dans des tranchées, ou pour monter à un assaut.

Après ces détails historiques, dignes d'être conservés à la postérité, j'en reviens maintenant aux opérations ultérieures de cette la guerre.

Les François ouvrirent la campagne, de l'année 1760, avec 140,000 hommes, dont 100,000 devoient agir en Westphalie, & 30,000 sur le Rhin. Broglio espéroit de contraindre ainsi les forces des Alliés à se partager. L'exécution de ses plans éprouva beaucoup d'obstacles de la part de quelques Généraux qui lui étoient subordonnés, & qui étoient mécontens de la promotion du Maréchal, à laquelle son rang ne l'appelloit pas encore. Cette désunion entrainoit une irrésolution, qui donna le tems au Duc FERDINAND, d'attirer à lui, par la voie d'Embden, des renforts de troupes Angloises, qui porterent l'armée Britannique, sous ses ordres, à 20,000 hommes.

FERDINAND desira alors d'attaquer les François, qui faisoient mine de pénétrer dans le pays d'Hannovre. En conséquence, il se mit en mouvement. Le Prince héréditaire commandoit l'avant-garde, & rencontra l'ennemi près de Corbach. Dans l'idée que ce n'étoit qu'un corps détaché, il l'attaqua sans délai ; mais ce corps tenoit de fort-près à la grande armée Françoise, & recevoit sans cesse des secours en troupes fraiches, tandis qu'il n'étoit pas possible que FERDINAND vint encore à tems secourir le Prince héréditaire. Il ne resta donc, à ce dernier, d'autre parti que celui de la retraite.

La cavalerie Françoife fit bien fes efforts pour l'en empêcher; mais le Prince fe mit lui-même à la tête de la fienne, & repouffa celle de l'ennemi. Les Alliés perdirent, dans ce combat, 800 hommes tués, bleffés & prifonniers, & quinze canons. Le Prince héréditaire fut lui-même bleffé, & admiré d'amis & d'ennemis, tant pour le courage perfonnel qu'il avoit manifefté, que pour les fages mefures par lefquelles il prévint une totale défaite. Le 16 de Juillet, fept jours feulement après le combat de Corbach, il attaqua, près d'Emsdorf, un autre corps de François, qui fut totalement défait, & fur lequel il fit 2000 prifonniers. À cette occafion, on il s'empara en outre de fix canons, ainfi que d'une grande quantité de bagages & de munitions de guerre.

Le corps des troupes de Würtemberg s'en retourna dans fon pays, dès le commencement de la campagne. Il avoit quitté le fervice de France, parce que le Duc ne vouloit point fervir fous les ordres du Prince XAVIER de Saxe, qui, en qualité de frere de la Dauphine, avoit à Verfailles plus d'influence que le Duc. Les Généraux François qui étoient mécontens, le Comte de St. Germain, le Comte du Luc & le Marquis de Voyer quitterent auffi l'armée, & renoncerent au fervice de leur Roi. Leur éloignement de l'armée occafionna beaucoup de défordres. FERDINAND, qui défiroit de s'en prévaloir, attaqua près de Warbourg les François commandés par le Chevalier May, en flancs, en dos & en front. Le combat ne fut pas long: les

François prirent la fuite, en laiſſant 1500 morts ſur le champ de bataille. Seize-cens priſonniers, avec dix canons, tomberent entre les mains des vainqueurs.

Le manque de forY, dans la Baſſe-Saxe & la Weſtphalie, occaſionna beaucoup de vivacité dans la petite guerre, ainſi qu'une variété continuelle dans les priſes & repriſes de villes & de provinces, dont on s'emparoit auſſi vite qu'on les abandonnoit. Souvent les François étoient maîtres d'une province qu'ils regardoient comme leur propriété, & où ils envoyoient des fermiers de Paris, afin de les ruiner à leur maniere; mais ſouvent auſſi, lors de l'arrivée de ces fermiers, il ne reſtoit, entre les mains des François, pas un ſeul village de la province qu'on deſtinoit à la ruine. Les conquêtes de ces troupes produiſoient donc peu d'impreſſion ſur les eſprits, & ne faiſoient que déterminer les Alliés ſur le choix du lieu où ils attaqueroient d'abord l'ennemi.

On vit alors un événement ſemblable. Durant les progrès de la grande armée, Minden, Caſſel, Göttingue & Eimbeck avoient été priſes, & Hameln étoit menacée d'un ſiege. Mais tout cela, vu la briéveté du tems, fut comme un ſonge. Lückner parut peu de jours après, repouſſa les conquérans, & fit ſur eux quantité de priſonniers. De leur côté, les François firent priſonniers, à Ziegenhayn, 700 hommes des Alliés: le lazareth de campagne de l'armée de FERDINAND tomba également entre leurs mains à Caſſel, où ils firent mine de vouloir ſe maintenir.

Broglio avoit des forces de beaucoup supérieures en nombre : il ne vouloit cependant point hazarder de bataille, à cause du mécontentement général qui régnoit dans son armée. Au contraire, il se retrancha près de Cassel, & laissa FERDINAND, par ses partis, affoiblir les moyens de subsistance qu'avoient les François, & détruire même plusieurs de leurs magazins.

Dans ce même tems, les Anglois étoient les maîtres absolus de la mer, & leurs progrès, dans d'autres parties du globe, augmentoient de jour en jour. Les François avoient été entiérement défaits près de Québec, & tout le Canada étoit au pouvoir des vainqueurs, qui porterent maintenant leurs vues sur les isles Françoises dans les Indes-Occidentales. Le Cabinet d'Angleterre, que le grand Pitt gouvernoit alors avec un pouvoir absolu, résolut, s'il étoit possible, de porter la guerre dans le sein de la France. En conséquence de ce plan, le Prince-héréditaire fut envoyé à Cleves, avec un corps de troupes, afin d'en chasser les François. Il passa le Rhin, fit sur l'ennemi quantité de prisonniers, & investit Wesel. Mais des pluies continuelles, qui rendirent les chemins impraticables & qui firent enfler les rivieres, arrêterent beaucoup ses opérations. Néanmoins, dès le 10 d'Octobre, la tranchée fut ouverte devant cette forteresse, & le siege commença dans les formes. L'importance de cette place engagea Broglio à prendre les mesures les plus efficaces pour la délivrer. Le Général, Marquis de Castries, y fut envoyé avec un corps considérable; & il arriva à

Rheinberg, apres plusieurs marches forcées. Une bataille étoit maintenant inévitable. Le Prince héréditaire attaqua avec vigueur l'ennemi, qui étoit avantageusement posté près d'une forêt. On combattit avec un courage extrême de part & d'autre, depuis le matin jusqu'au soir. Il ne fut cependant pas possible aux troupes des Alliés, de chasser les François hors de la forêt : toutes leurs tentatives à cet effet furent infructueuses. Le Prince-héréditaire n'épargna point sa propre personne : il fut blessé une seconde fois, & eut un cheval tué sous lui. Les Alliés se retirerent enfin dans le plus grand ordre, sans être poursuivis par l'ennemi, quoiqu'ils fussent obligés de passer le pont du Rhin, endommagé par le courant de ce fleuve. Ils avoient fait prisonnier un Général distingué, le Baron Wrangel, & quelques centaines de soldats François : ils s'étoient en outre emparés de quelques canons. Ce combat avoit été sanglant : les Alliés comptoient mille hommes tués, blessés ou égarés ; & les François en avoient perdu un nombre encore plus considérable. Le siege de Wesel fut ensuite levé ; & le Prince héréditaire se campa près de Bruynen. Là fut livré de nouveau un petit combat, où les François furent défaits, & perdirent 1200 hommes.

Pendant ce tems, la grande armée Françoise étoit toujours près de Cassel. Ces troupes s'étoient emparées aussi de Göttingue, qu'elles avoient fortifiée & pourvue d'une nombreuse garnison. FERDINAND bloqua cette ville pendant vingt jours conſécutifs ; mais ſa garniſon ſe défendit avec beaucoup de bravoure , & fit , le 12 d'Octobre , une ſortie furieuſe : ſur quoi le blocus fut levé.

On regarda alors la campagne comme terminée ; mais FERDINAND avoit formé pluſieurs deſſeins hardis, qu'il vouloit exécuter au plus fort de l'hyver. Les François étoient maîtres de la Heſſe, où ils avoient de fort grands magazins. La poſition de leurs armées étoit telle, qu'elles formoient un immenſe Croiſſant, qui s'étendoit depuis Weſel juſqu'à Göttingue.

1761. Ce fut le 11 Février, 1761, que FERDINAND ſe mit en marche ſur quatre colonnes, & attaqua de tous côtés les quartiers d'hyver des François. Ceux-ci tombèrent dans la plus grande conſternation, & prirent la fuite ſans lui oppoſer aucune réſiſtance. Ils abandonnèrent Caſſel, Göttingue, Marbourg, en un mot, toutes les places qui avoient formé les chaînons plus forts de leur cordon. Caſſel demeura garni de 10,000 hommes, & Göttingue, de 7500. Les poſtes peu fortifiés des François furent perdus l'un après l'autre. Ils détruiſoient leurs magazins, & prenoient la fuite. Mais les Alliés les ſuivirent de ſi près, qu'ils ſauvèrent encore cinq grands magazins, dans l'un deſquels ils trouvèrent 80,000 ſacs de farine, 50,000 ſacs d'avoine, & un million de rations de foin. Afin d'augmenter encore ces avantages, le Général Hannovrien, Spörke, s'approcha avec un corps de troupes des frontières de Saxe. Son deſſein étoit de s'y réunir avec un corps de Pruſſiens. Mais les troupes

Saxonnes, réunies avec celles de l'Empire, firent leurs efforts pour l'en empêcher. Il se donna donc, le 15 Février, un sanglant combat près de Langensalze, où les François furent battus & perdirent 5000 hommes. Une suite de cette victoire fut que l'ennemi abandonna plusieurs postes qu'il gardoit encore, & que des transfuges passèrent par troupes du côté du vainqueur. Mais tous ces avantages devoient être de peu de conséquence, tant que Cassel se trouveroit entre les mains des François. Le siege de cette ville offroit de grandes difficultés: elle étoit abondamment pourvue de tout: elle avoit une fort-nombreuse garnison, & un Commandant plein d'honneur & de courage. C'étoit le Comte de Broglio, frere du Général François.

FERDINAND posta son armée de maniere à pouvoir bloquer Marbourg & Ziegenhayn, & couvrir en même tems le siege de Cassel contre toute attaque. Après ces dispositions, la tranchée fut ouverte le 1. de Mars, encore au fort de l'hyver. Mais le Général de Broglio attachoit trop d'importance à la conservation de cette place. Il ramassa toutes ses troupes vers le Bas-Rhin, se porta en avant, & attaqua le Prince héréditaire près de Stangerode. La situation du terrein étoit avantageuse aux François, & la supériorité de leurs forces décida pleinement la victoire en leur faveur. Les Alliés perdirent 2000 hommes qui furent faits prisonniers: on leur enleva en outre douze canons & dix-huit drapeaux.

Ce revers fut suivi de plusieurs autres. Les blocus de Ziegenhayn & de Marbourg, & enfin le siege de Caffel, furent levés; & tous les postes, dont les Alliés s'étoient emparés depuis peu, furent abandonnés. FERDINAND se rendit, avec son armée, à Paderborn, & les François, qui se voyoient de nouveau maîtres de toute la Hesse, avoient une route ouverte pour entrer dans l'Electorat d'Hannovre. Rien n'arrêtoit plus le cours de leurs opérations, si ce n'est le manque de magazins, dont la perte eut l'influence la plus importante. Les deux parties se contenterent donc, de retourner tranquillement dans leurs quartiers d'hyver.

Toutes les Puissances belligérantes témoignoient être portées à la paix; mais leurs prétentions étoient telles, qu'on ne pouvoit y travailler serieusement. FRÉDERIC avoit cependant fait une perte équivalente à celle d'une province entiere. C'étoit celle de GEORGE II, Roi d'Angleterre, mort en Octobre 1760. Avec sa vie, l'on vit s'éteindre cette ardeur pour continuer vigoureusement la guerre dans l'Empire, ou, selon l'expression de Pitt, pour conquérir l'Amérique en Allemagne. Toute la nation Angloise, mécontente ci-devant de cette guerre de terre, étoit maintenant convaincue de son utilité, & en desiroit unanimement la continuation. Pitt, qui gouvernoit la Chambre des Communes, avoit bien encore en mains le timon de l'Etat; mais son influence dans le Cabinet n'étoit plus la même. Il fut obligé de partager son pouvoir avec le Lord Bute, favori du nouveau Roi, Ministre dénué de

toute la capacité nécessaire pour gouverner, qui ne connoissoit d'autre talent que celui de se rendre nécessaire à son Souverain, & de savoir précipiter, du faîte de sa grandeur, un puissant & florissant Empire. Bute, qui sentoit l'incapacité où il étoit de tenir en mains le gouvernail de l'Etat, & qui néanmoins vouloit dominer, crut y trouver, pendant la paix, moins d'obstacles qu'au milieu de troubles extérieurs. Il avoit formé en outre, pour l'extension des pouvoirs de la Couronne, des projets qui ne pouvoient s'exécuter en tems de guerre. La paix étoit donc l'objet de ses desirs. Mais comme les autres Ministres, le Parlement & la nation entiere étoient d'un sentiment opposé, il n'osoit manifester le sien. Il travailla cependant sous main à atteindre son but. Les effets se manifesterent bientôt. Le traité avec la Prusse ne fut point renouvellé; & FRÉDERIC ne reçut plus de subsides, quoique GEORGE III, dans le premier discours qu'il tint à son Parlement, eût solemnellement promis de remplir tous les engagemens pris envers ses Alliés. Cette promesse avoit excité une joie générale : le Parlement même témoigna la sienne, dans son adresse au Roi, dans laquelle étoient contenues ces expressions si glorieuses pour FRÉDERIC, de la part du Sénat d'une nation étrangere : ,, Nous ne pouvons assez admirer la fer-
,, meté inébranlable du Roi de Prusse, notre Allié,
,, non plus que les ressources inépuisables de son
,, esprit. — C'est de tout notre cœur, & sans au-
,, cun délai, que nous accordons les subsides pour
,, son appui. " Mais Bute ne voulut plus entendre
parler

parler de subsides : d'abord on eut recours à toutes sortes de faux-fuyans & de subterfuges, & enfin on refusa nettement de les payer.

Le Roi de Prusse, dans ses quartiers d'hyver, n'oublia ni les Sciences ni les Arts, auxquels il consacroit une partie de son tems. Le Colonel Quintus-Icilius jouissoit chaque jour de sa conversation. Ce savant officier, dont le nom de famille étoit Guischard, possédoit de rares connoissances dans la littérature ancienne & moderne : il avoit sur-tout donné des soins particuliers à l'étude de la tactique des Grecs & des Romains, qu'il avoit parfaitement développée dans ses écrits. Cette circonstance fit naître, en FRÉDERIC, l'idée de lui donner le nom de Quintus-Icilius, qu'il emporta dans le tombeau. Après la bataille de Torgau, comme FRÉDERIC passoit, pour la premiere fois, l'hyver à Leibzig, Quintus l'engagea à avoir des entretiens avec des Professeurs de cette Université. Les préjugés de FRÉDERIC, contre les Savans Allemands, n'avoient point de bornes. Il ne daignoit vouloir en connoître aucun particuliérement : il ne lisoit aucun livre écrit dans sa langue maternelle, supposant que, dans l'année 1760, la littérature Allemande étoit encore telle qu'il l'avoit vue en 1730, époque où le bouffon de la Cour, Gundling, siégeoit à la tête de l'Académie des Sciences de Berlin. Gottsched, qu'on regardoit alors comme un génie extraordinaire, n'étoit rien moins que capable de dissiper ces préjugés, lorsqu'il fut honoré d'un entretien avec le poëte couronné. La réputation qu'il s'étoit acquise malgré ses talens bornés, & fon manque total de génie & de goût, confirmerent plutôt l'opinion défavantageufe du Roi à l'égard des gens-de lettres Allemands, & déterminerent ce fentiment pour tout le refte de fes jours. Sur les inftances de Quintus, FRÉDERIC fit enfin venir le Profeffeur Gellert auprès de lui. Les connoiffances profondes de ce Savant, fon bon goût, & fa maniere de s'énoncer, étonnerent ce Prince, & donnerent lieu à des éloges qui confondirent le modefte Gellert *). La franchife même avec laquelle ce digne homme reprocha au Roi fon penchant extrême pour les François, ainfi que le peu de protection qu'il accordoit à la Littérature Allemande, ne lui déplut point. Ce fut cependant le feul entretien qu'eut FRÉDÉRIC avec ce Savant, quoiqu'il l'eût invité à revenir fouvent le trouver. Mais *Gellert*, ainfi qu'il l'écrivit à Rabener, fuivoit à la lettre ce précepte de Sirach : *n'approchez point de trop près les Rois.*

Les fubfides de la Grande-Brétagne, qu'on lui retenoit d'une maniere auffi inattendue, ne contribuerent peut-être pas peu à la réfolution que prit FRÉDÉRIC, de fe borner à agir défenfivement pendant la campagne prochaine. Les Autrichiens, qui n'étoient point accoutumés à de telles précautions

---

*) Le Roi, qui, comme il a été dit, ne connoiffoit les gens-de-lettres de l'Allemagne ni par leurs écrits, ni perfonnellement, fe fervit de cette expreffion à l'égard de Gellert: ,, *C'eft le plus raifonnable de tous les Savans Allemands.*

de fa part, regarderent cette conduite comme un piege au moyen duquel il méditoit quelque grand coup. Ils ne voulurent pas non plus agir offenſivement, & ſe contenterent de l'obſerver de fort près.

La Siléſie étoit toujours l'objet des deſirs des Ruſſes & des Autrichiens. Le Roi y marcha donc, au printems de cette année, & laiſſa le Prince Henri avec une armée en Saxe. Daun, demeura auſſi dans cet Electorat, avec ſes troupes, & laiſſa Laudon tenter ſa fortune contre le Roi. Ce Général ſe vit maintenant, pour la premiere fois, à la tête d'une grande armée, avec laquelle il pénétra en Siléſie. Son principal deſſein étoit, comme l'avoit été le plan de la précédente campagne, de ſe réunir avec la grande armée Ruſſe. Le Roi gagna néanmoins, par la célérité de ſes marches, l'avance ſur lui; & il mit pendant long-tems les Ruſſes, qui étoient venus de la Pologne, & qui, comme par amuſement, canonnoient Breslau de ſept batteries, dans l'impoſſibilité de paſſer l'Oder. Ce ne fut qu'en Août, qu'ils purent paſſer ce fleuve; & enfin, le 12 du même mois, l'on vit s'effectuer cette jonction ſi long-tems deſirée, & à laquelle on avoit travaillé depuis quatre ans.

C'étoit le Feld-Maréchal Butterlin, qui commandoit les forces de Ruſſie en Allemagne. Son armée étoit forte de 70,000 hommes, & celle des Autrichiens, de 60,000. Fréderic n'avoit que 50,000 hommes à leur oppoſer; & avec cette armée, il prit un camp près de Buntzelwitz, non loin de

Schweidnitz. Les armées ennemies l'y environnerent, & formerent un Croissant autour de lui; desorte qu'il ne lui resta de libre que le dos. Peu de jours auparavant, il étoit arrivé, au quartier-général des Russes, deux chariots chargés de médailles frappées à l'occasion de la bataille de Künersdorf, & qui representoient cette victoire importante: elles furent distribuées aux soldats.

La situation politique & militaire de FRÉDÉRIC avoit souvent été des plus critiques dans le cours de cette guerre; mais jamais jamais elle ne le fut autant que dans ces conjonctures. Une bataille, en tout autre tems, ressource si avantageuse pour lui, eût été une témérité, vu l'extrême supériorité des forces ennemies. Une victoire même, que sa situation actuelle lui auroit rendu si difficile à remporter, ne pouvoit qu'être achetée fort-cher, & n'eût été que d'un foible avantage: une défaite, au contraire, eût entraîné les suites les plus terribles. Le Roi ne fut pas long-tems à se décider sur le parti qu'il avoit à prendre; & il résolut, pour la premiere fois en sa vie, d'éviter une bataille avec soin. Dans son armée principale, qui étoit composée de l'élite de ses troupes, & sur-tout lorsqu'il se trouvoit à sa tête, il n'avoit jamais été question de se retrancher. On n'étoit accoutumé, dans ses camps, selon les usages de la guerre, qu'à élever des épaulemens pour les piquets de l'infanterie, & à dresser des batteries pour le gros canon. Maintenant il s'agissoit de retrancher le camp en entier. Cette action de FRÉDÉRIC fut frappée au coin de l'extraordinaire, & exécutée avec une célérité dont l'on ne trouve point d'exemples dans les annales des anciens tems.

Le centre de ce camp étoit à environ une lieue de Schweidnitz. Toute son enceinte, où l'infanterie étoit campée, devint une enchaînure de lignes, de retranchemens munis de profonds fossés, & dont vingt-quatre grandes batteries formoient l'enchaînure: devant les lignes, on planta des palissades, on posa des chevaux-de-frise, & devant ceux-ci, trois rangs de fosses-de-loup. Chaque batterie avoit en outre deux fougasses, des fosses remplies de poudre, de balles & de grenades, situées à peu de distance des batteries, & qui, par des saucissons, communiquoient avec elles. Le Roi avoit encore tiré 150 canons de Schweidnitz, pour en renforcer ses batteries.

Telle étoit la disposition du camp de Buntzelwitz, semblable à une forteresse, & que les ennemis ne pouvoient attaquer qu'avec la plus grande difficulté. Si la maniere dont il étoit fortifié étoit admirable, la célérité mise dans l'exécution de ces travaux ne le fut pas moins; puisqu'un travail aussi prodigieux & aussi diversifié avoit été l'ouvrage de trois jours. Une moitié de l'armée travailloit sans relâche, tandis que l'autre prenoit du repos; ce qui continua jour & nuit, jusqu'à ce que tout fût achevé. Dans une grande plaine, à laquelle aboutissoient les retranchemens, se trouvoient quatre-vingt-dix escadrons de cavalerie Prussienne, brûlant tous de combattre contre l'ennemi, & de déployer sur ce terrein, les favantes manœuvres auxquelles Seidlitz les avoit formés.

C'avoit d'abord été le deffein des Généraux ennemis, d'attaquer le Roi. Mais pour cela il falloit un plan que la diverfité d'opinions oppofées, celle de principes tant militaires que politiques parmi les Généraux Autrichiens & Ruffes, leurs ufages différens dans la guerre, quantité de doutes & de craintes particulieres, ne permettoient pas de combiner & d'arrêter en un jour. FRÉDÉRIC tira parti d'un tems auffi précieux pour lui; & lorfque les doutes de fes ennemis furent levés, que tout eut été déterminé par eux, & que leurs chefs d'armée fe furent enfin unanimement décidés à une attaque, ce ne fut plus un camp Pruffien qu'ils virent devant eux, mais une chaîne de retranchemens, qui, fi l'on peut s'exprimer ainfi, s'étoient élevés hors du fein de la terre, comme par magie. La maniere dont on attaqueroit, ou plutôt celle dont on donneroit l'affaut à ce camp, demandoit de nouvelles combinaifons: on ne pouvoit que s'attendre à voir couler des torrens de fang, avant de combattre les troupes Pruffiennes dans l'intérieur de leur camp. L'idée feule de cette entreprife faifoit pâlir les plus courageux guerriers de leurs armées : un tel combat devoit être plus décifif qu'aucun autre qu'on eût vu pendant tout le cours de cette guerre.

FRÉDÉRIC cependant étoit à toute heure prêt à livrer bataille. De jour, lorfque l'on pouvoit appercevoir tous les mouvemens des camps ennemis, fes foldats devoient prendre du repos; mais à peine le crépufcule étoit-il furvenu, qu'on abattoit toutes les tentes, qu'on envoyoit tous les bagages de l'armée fous les canons de Schweidnitz, & que tous les régimens fe mettoient fous les armes, derriere leurs retranchemens. C'eft ainfi qu'infanterie, cavalerie & artillerie, fe trouvoient, toutes les nuits, en ordre de bataille. Le Roi demeuroit alors ordinairement auprès d'une des principales batteries, où l'on avoit dreffé une tente pour lui. Tous les foirs, fes bagages étoient auffi renvoyés avec ceux de l'armée, & revenoient dès le lendemain matin. Ses troupes ne pofoient les armes, & ne relevoient leurs tentes, qu'après le lever du foleil. La chaleur étoit accablante, &, excepté le pain, il régnoit une grande difette de vivres. Les foldats n'avoient rien à cuire, & dans la néceffité où ils étoient de faire diete au pain & à l'eau, il fe répandit parmi eux un mécontentement extrême. À tous ces défagrémens, fe joignit le befoin du fommeil, qui, chaque jour, les preffoit de plus en plus. Le nombre des malades augmentoit à un point furprenant, & l'on en voyoit fans ceffe des bandes entieres que l'on conduifoit à Schweidnitz. Le mécontentement dans l'armée étant général, les défertions y fuffent devenues très-fréquentes, fi pendant le jour, les lignes, & de nuit, la néceffité d'être fous les armes, n'euffent rendu toute évafion impoffible. Cette circonftance augmenta l'irréfolution des Généraux ennemis, ainfi que leur incertitude à l'égard de la force ou de la foibleffe des divers poftes du camp.

Le Roi attendit tout du tems & de la famine. Les magazins remplis qu'il avoit à Schweidnitz, & qui du moins ne le laiſſoient manquer ni de pain ni de fourrages, le tranquilliſoient à ce dernier égard. Mais la diſette de ces premiers de tous les beſoins ne pouvoit tarder à ſe manifeſter parmi les nombreuſes armées ennemies, qui, reſtreintes dans un petit diſtrict entouré de montagnes, ne pouvoient y trouver long-tems leurs ſubſiſtances. Le boiſſeau de bled s'y vendoit juſqu'à quinze écus, & cependant, les habitans des campagnes regardoient comme un gain, lorſqu'ils pouvoient s'en procurer à ce haut prix. Les Ruſſes furent les premiers à qui cette diſette parut inſupportable. A des circonſtances auſſi fâcheuſes, ſe joignit celle que le Général Platen, que le Roi avoit envoyé avec 7000 hommes pour inquiéter leurs poſtes éloignés, s'empara d'un de leurs convois de 5000 chariots, en battit l'eſcorte forte de 4000 hommes, fit 1900 priſonniers, & détruiſit trois de leurs grands magazins.

Leur principal magazin, qu'ils avoient dans la province de Poſen, étant même menacé par Platen, les Ruſſes crurent qu'il étoit grand tems de ſe retirer. Après avoir conſumé vingt jours à faire des projets & à les rejetter; après que les armées ennemies furent deux fois ſorties, le matin, pour attaquer le camp des Pruſſiens, & rentrées enſuite ſans avoir fait aucune tentative, on renonça à tout projet d'attaque. Butterlin ſe retira avec l'arméeRuſſe, & paſſa l'Oder, le 13 de Septembre, après avoir laiſſé Czerniſchef, avec 20,000 hommes, auprès de l'armée Autrichienne.

La nouvelle de cette retraite des Russes excita les transports d'une joie générale dans le camp des Prussiens. On s'y réjouissoit, comme si l'on eût remporté la victoire la plus signalée. Quoique l'armée de Laudon fût encore beaucoup plus forte que celle du Roi, toutes les mesures défensives cesserent cependant dans l'armée Prussienne. Il ne fut plus question, le soir, d'abattre les tentes, ni d'envoyer les bagages hors du camp, ni de passer la nuit sous les armes. Les canons, tirés de Schweidnitz, furent renvoyés dans cette forteresse : on vuida les fougasses : on combla les fosses-de-loup : on brûla les chevaux-de-frise, & l'on rasa une grande partie des retranchemens. La communication fut aussi rétablie avec le plat-pays, & le camp Prussien se vit de nouveau pourvu abondamment de tous les objets nécessaires.

FRÉDÉRIC ne demeura, dans cette position, que quinze jours après la retraite des Russes. Il ne regarda pas la campagne comme terminée : au contraire, il desira de la rendre mémorable par quelque action importante. Laudon étoit posté dans un camp d'une très-forte assiete. Le Roi crut pouvoir l'en éloigner par des marches menaçantes, le chasser en Boheme, ou trouver une occasion avantageuse pour lui livrer bataille. Conformément à ce plan, il leva son camp, & s'éloigna de deux marches de Schweidnitz.

Cette forteresse, comme toutes celles des Prussiens, ne se trouvoit que foiblement garnie ; & encore une grande partie de la garnison n'étoit-elle composée que de transfuges ou de foldats peu affidés. La place même, quoique si souvent assiégée, & célebre par plusieurs combats mémorables donnés sous ses murs, n'étoit rien moins qu'une forteresse du premier rang. Mais son Commandant, le Général Zastrow, paroissoit réparer ces défectuosités par son expérience, sa prudence & son habileté dans l'art de la guerre. D'ailleurs, le Roi étant dans le voisinage, on ne pouvoit s'attendre à aucun siege.

Effectivement, Laudon étoit loin d'y penser; mais il prit les plus sages mesures pour une surprise. Czernischef offrit, pour cet effet, toutes les troupes à ses ordres, dont on n'accepta cependant que 800 grenadiers Russes. Le secret des préparatifs, la connoissance que l'on avoit de la maniere de vivre du Commandant, qui étoit grand ami de la bonne-chere; la foiblesse de la garnison; tout assuroit le succès de cette entreprise. Il y avoit, dans la forteresse, 240 pieces d'artillerie, mais seulement 191 artilleurs. Zastrow ne craignoit rien, & il poussa la sécurité jusqu'à n'envoyer que rarement de la cavalerie, pour observer les mouvemens des ennemis. Laudon put donc faire ses préparatifs sans empêchement & sans être observé. Il fit d'abord environner la forteresse par des troupes légeres, & tenta, le 1. Octobre, avec ses Croates, une fausse attaque, pendant laquelle vingt bataillons, divisés en quatre colonnes, s'avancerent avec des échelles & des fascines, & arriverent à trois heures après minuit, sans être apperçus, vers quatre différens endroits des ouvrages extérieurs. Ils ne s'y arrêterent pas long-tems : ils fe précipiterent dans le chemin couvert, pénétrerent dans les retranchemens, en chafferent la garnifon ou la maffacrerent, braquerent les canons des Pruffiens, dont ils s'étoient emparés, contre la fortereffe, & donnerent enfuite l'affaut au rempart.

On avoit jugé convenable, d'animer, par de l'eau-de-vie, le courage des affaillans : ceux-ci devinrent infenfibles à tout danger. Les Ruffes, furtout, s'avançoient en troupes confufes comme hors de fens. Au milieu de l'obfcurité, ils donnerent fur une profondeur creufée dans les ouvrages de la place. Le pont-levis étoit rompu. Ceux qui marchoient à la tête, crierent pour qu'on leur apportât des échelles & des fafcines ; mais quelques Commandans Ruffes trouverent que cela entraîneroit trop de longueurs : ils crurent pouvoir tout auffi bien remplir cette profondeur avec des hommes, & ils contraignirent ceux qui marchoient les derniers, de s'avancer. Les malheureux, qui fe trouvoient à la tête, furent ainfi précipités dans l'abime, & ceux qui les fuivoient s'avancerent en marchant fur leurs corps. Les Ruffes maffacrerent tout ce qu'ils trouverent devant eux. On demandoit quartier fur un baftion dont on étoit fur le point de s'emparer : mais les Ruffes en fureur répondirent : *point de pardon*. Dans cette fituation, un artilleur Pruffien ne voulut point mourir fans vengeance : il alluma un magazin à poudre, & fit ainfi périr 300 ennemis avec lui.

Le Comte de Wallis, Commandant du régiment de Laudon, fit la derniere attaque fur un fort principal que les Prussiens défendoient avec la plus grande valeur. Deux fois les Autrichiens se virent repoussés; mais Wallis leur cria: „ Il faut que nous „ pénétrions dans la forterefse, ou je veux périr ici. „ Je l'ai promis à notre Chef: notre régiment porte „ son nom: ainsi mourons ou vainquons." Cette harangue militaire opéra des miracles. Les officiers apporterent eux-mêmes des échelles, & le fort fut emporté par ces braves guerriers. Dans l'exécution de cette entreprise, les Autrichiens ne firent aucun ufage du canon, jusqu'à ce qu'ils fe fuffent emparés de ceux des Prussiens dans la forterefse. Avant ce moment, ils n'avoient employé d'autres armes que la bayonnete & le sabre.

Après un affaut qui avoit duré trois heures, à la pointe du jour, la forterefse de Schweidnitz fut emportée, & fe trouva, avec fa garnifon forte de 3000 hommes, tous fes arfenaux & tous magazins, fans aucun fiege ni aucune capitulation, au pouvoir des ennemis de la Pruffe. Laudon, afin de détourner fes foldats du pillage, leur avoit promis 100,000 florins; ce qui prévint, en partie, de grands défordres. Le pillage ne dura que quelques heures. Les grenadiers Wallons n'y prirent aucune part: même la promesse que Laudon leur avoit faite d'un dédommagement, n'eut pour eux aucun attrait. *Menez nous feulement*, s'écrierent-ils d'une voix commune, *au chemin de la gloire: nous n'avons que faire d'argent.* Le Commandant Zaftrow eut l'adresse de se justifier auprès du Roi, & prétendit avoir fait une bonne défense. FRÉDÉRIC répondit, que cet événement étoit une énigme pour lui, & qu'il différeroit son jugement. Il eut vraisemblablement quelques motifs particuliers, pour ne point traduire, après la paix, ce Général devant un Conseil de guerre. Il se contenta de le congédier de son service.

Laudon venoit de procurer aux armes d'Autriche un avantage des plus importans. Par la conquête de Schweidnitz, les Autrichiens, après six campagnes sanglantes, furent mis en état, pour la premiere fois, de prendre leurs quartiers d'hyver en Silésie. Mais la récompense de ce Général ne fut aucunement proportionnée à la grandeur de ce service. Il fut payé d'ingratitude, & il eût subi une punition formelle, si l'Empereur FRANÇOIS, ainsi que le vieux Prince WENCESLAS de Lichtenstein, que l'Impératrice honoroit comme un pere, ne l'eussent protégé de toute leur influence. Ces puissans patrons, soigneux de l'honneur de leur Cour, allerent plus loin encore. Ils firent ensorte, qu'afin de ne point rendre la Cour, par ses cabales, l'objet de la risée du reste de l'Europe, Laudon reçût de sa Souveraine non seulement une lettre des plus gracieuses, mais encore des présens. Néanmoins, on ne lui pardonna point ce qui s'étoit passé. Son crime étoit d'avoir formé une entreprise aussi importante, sans consulter le Conseil de guerre de Vienne, & sans sa permission; formalités qui vraisemblablement eussent fait manquer tout le plan, par les délais qu'elles auroient entraînés.

L'avancement rapide de Laudon aux plus hautes dignités militaires, fans aucune menée ni protection à la Cour, mais uniquement à caufe de fon mérite perfonnel, & cela dans un pays tel que l'Autriche, étoit un événement dont on n'avoit pas vu d'exemples dans notre fiecle. Ce même Major de Croates, Laudon, qui, en 1757, fe voyoit réduit à folliciter humblement, chez les fecretaires des Dicafteres Autrichiens, l'expédition des ordres de l'Impératrice-Reine, & obligé d'attendre à cet effet leur commodité, étoit regardé, en 1761, par toute l'Europe, comme le plus ferme appui du trône de MARIE-THÉRESE; & il l'étoit en effet. C'étoit lui, qui avoit combiné le plan de la furprife de Hochkirch: c'étoit lui, qui avoit fauvé Olmütz, en enlevant un grand convoi deftiné pour le camp Pruffien en Moravie. Il avoit battu le corps de troupes de Fouquet, & fait ce grand Général prifonnier. Il avoit pris Glatz. C'étoit lui, & non Soltikow, qui avoit battu le Roi près de Künersdorf. Les Autrichiens lui étoient encore redevables de plufieurs autres avantages confidérables, quoique moins importans; & maintenant, il venoit de s'emparer de Schweidnitz.

Les grands talens de ce Général avoient cependant paru deftinés pour l'avantage de FRÉDERIC. Avant la guerre, Laudon s'étoit rendu à Berlin, & follicitoit une place de capitaine au fervice de Pruffe. Le Roi lui refufa fa demande; & alors s'éloigna, de fes Etats, un homme qui paroiffoit alors fort-indifférent en lui même, mais que la fortune deſtinoit à avoir, ſur toute cette guerre, la plus grande influence. Si Laudon ne ſe fût pas trouvé dans les armées de MARIE-THÉRESE, on n'eût pas combattu pendant ſept campagnes conſécutives, & toutes les opérations de FRÉDERIC, ainſi que les conſéquences qu'elles auroient entraînées, euſſent eu un ſuccès tout différent. Il avoit fait part, à l'Empereur, de ſon plan pour la ſurpriſe de Schweidnitz, & lui avoit expoſé les obſtacles que des formalités & des délais ne pourroient manquer d'amener dans une pareille entrepriſe. Rien ne pouvoit en aſſurer le ſuccès, ſi-non la célérité dans l'exécution. Les opérations du Roi étoient incertaines, & la moindre découverte de ce ſecret rendoit toutes les tentatives impoſſibles. Dans cette circonſtances, l'Empereur prit ſur lui de le juſtifier auprès de ſon auguſte épouſe : ce fut auſſi ce Prince qui lui donna la premiere nouvelle d'un ſuccès plus important qu'une bataille gagnée. MARIE-THERESE, qui n'étoit point accoutumée de recevoir des dépêches par la voie de ſon époux, & jalouſe au dernier point de ſon autorité, n'en témoigna d'abord aucune joie. Elle étoit irritée; & le Conſeil de guerre, qu'on avoit négligé dans cette occaſion, enflamma encore davantage ſa colere : on n'écoutoit aucun motif, aucune raiſon; & Laudon étoit perdu, ſans la généroſité de FRANÇOIS & de Lichtenſtein.

La nouvelle inattendue de la perte de Schweidnitz plongea l'armée du Roi de Pruſſe dans la derniere conſternation. Aucun échec, aucun revers, dans toute cette guerre, ne produiſirent autant d'impreſſion ſur les courageux Pruſſiens. On venoit de perdre, en un moment, tous les fruits d'une campagne honorable & des plus pénibles, & l'on craignoit, non ſans fondement, les fatigues d'une campagne d'hyver. Dans l'un & l'autre cas, l'on ne pouvoit que s'attendre à un long ſiege. A cela ſe joignirent de terribles nouvelles qui vinrent de la Poméranie. La perſpective pour l'avenir devenoit de plus en plus effrayante. Mais cet état de découragement ne dura pas long-tems. La fermeté de FRÉDERIC anima toute ſon armée. Il aſſembla les principaux de ſes officiers: il leur fit part de ſes revers & de ſes eſpérances, & donna à chacun d'eux la liberté de quitter ſon ſervice, au cas qu'il n'eſpérât plus rien. Aucun ne ſe prévalut de cette offre, & tous ſentirent de nouvelles forces. Jamais le Roi & ſon armée n'avoient deſiré auſſi ardemment une bataille. Mais Laudon, ſatisfait de ſes avantages, quoique d'ailleurs prêt au combat, n'en fourniſſoit aucune occaſion. Il demeura, près de Freibourg, dans ſon camp, & dans une poſition qui conſervoit ſa communication avec la Saxe, la Boheme & la Moravie. Le Roi, de ſon côté, répartit ſes troupes en quartiers de cantonnemens; & prit ſon quartier-général à Strehlen, ſur l'Ohlau.

C'étoit là qu'une trahiſon le menaçoit d'un extrême malheur. Le Baron de Warkotſch, gentilhomme Siléſien, qui poſſédoit des biens dans le voiſinage de Strehlen, avoit fait ſa Cour au Roi, dans ſon quartier général, & avoit été admis à ſa table. Cette gracieuſe réception ne put cependant

étouffer

étouffer le deffein que l'infouciance de FRÉDÉRIC, à l'égard de tout ce qui regardoit fa fûreté perfonnelle, avoit fait naître en lui. Rien n'étoit plus facile que de l'y enlever de nuit. Il avoit fon quartier en-dehors des murs de Strehlen, & pour toute efcorte, une compagnie de grenadiers, dont trente feulement montoient la garde. Dans la ville même, il fe trouvoit 6000 hommes; mais on ne pouvoit compter fur leur fecours, dans une entreprife fubite, & fur-tout au milieu de la nuit. Une forêt, fituée dans le voifinage, devoit favorifer extrêmement un pareil coup-de-main. Il ne falloit, pour l'exécuter, qu'un détachement de huffards bien montés, & un Commandant réfolu. Encore avant qu'on eût eu, dans la ville, le tems dans de prendre les armes, le Roi auroit été fait prifonnier & éloigné. La forêt, qui aboutiffoit à l'armée de Laudon, eût mis une fin à toutes les tentatives des Pruffiens pour délivrer leur Monarque. Warkotfch comprit parfaitement toutes ces circonftances, & forma en conféquence un plan, qu'il communiqua au Général Autrichien. On promit au traître une récompenfe de 100,000 ducats. Un Prêtre, nommé Schmidt, fut l'entremetteur, & c'étoit à lui qu'on adreffoit les lettres. Le fanatifme n'avoit cependant aucune part à ce crime, puifque Warkotfch étoit de la religion Luthérienne. Un chaffeur, qu'il avoit à fon fervice, lui fervoit de meffager. Mais différentes circonftances rendirent cette correfpondance fufpecte à cet homme. Il ouvrit enfin une lettre, qui con-

T

tenoit tous les détails de cette trame, & qu'il porta sur-le-champ au Roi.

C'est ainsi que FREDERIC échappa au danger le plus imminent qui jamais eût menacé sa tête. Warkotsch & son complice, le prêtre, trouverent moyen de s'évader, au moment même où un officier envoyé à cet effet, alloit les emmener prisonniers. Les biens du traître furent confisqués, & lui, avec son complice, écartelés en effigie. Lorsqu'on présenta cette sentence au Roi, pour qu'il la signât, il dit en riant : „ Les portraits ne vaudront vrai-„ semblablement pas mieux que les originaux. " Peu après cet événement, le Roi répartit son armée en quartiers d'hyver, le long de l'Oder, depuis Brieg jusqu'à Glogau, & il prit le lieu à Breslau.

Dans le tems où toutes ces scenes se passoient dans la Silésie, les Russes s'étoient prévalus, dans la Poméranie, de la grande supériorité de leurs forces. Le Général Tottleben, dont les deux procédés à Berlin avoient rendu la fidélité suspecte, avoit été arrêté, & envoyé à Petersbourg. Romanzow fut chargé maintenant d'assiéger de nouveau Colberg. Il s'approcha de cette place, au mois d'Août, avec un corps considérable. Une flotte Russe, de vingt-un vaisseaux de ligne, trois frégates & trois galliotes à bombes, commandée par l'Amiral Mischakow, appareilla de Cronstadt. Elle fut jointe par une escadre Suédoise, de six vaisseaux-de-ligne & deux frégates. Ces forces réunies vinrent appuyer de tous leurs efforts le siege d'une place qui n'étoit pas fort-considérable, & qu'on alloit attaquer pour la troisieme fois.

La possession de Colberg étoit de la derniere importance pour les Russes, qui espéroient d'obtenir par-là un pied ferme dans la Poméranie. Le Général Prussien, Prince de Würtemberg, fit tous ses efforts pour empêcher qu'ils ne s'en emparassent. Il se retrancha, avec 6000 hommes, sous les canons de Colberg. Il fallut donc que Romanzow ouvrît d'abord la tranchée contre ce camp, qui fut canonné, de même que la forteresse, avec la plus grande vivacité. La défense ne fut pas moins vigoureuse. Le Prince de Würtemberg, dans le camp, & le brave Commandant Heyden, dans l'enceinte de la forteresse, disputerent, par un effet de leurs sages mesures, chaque pas de terrein à l'ennemi.

Le bombardement se continuoit sans interruption, tant par terre que par mer: on ne le suspendoit que durant peu d'heures de la journée. Une tempête assaillit les flottes combinées, au commencement d'Octobre. Un vaisseau de ligne Russe échoua, & fut englouti, avec tout son équipage, dans l'abysme de la mer: le feu prit aussi à un vaisseau-hopital, qui fut consumé par les flammes. Les flottes se hâterent alors de s'éloigner des côtes de la Poméranie, & les assiégés purent recevoir, par eau, des vivres qu'on leur envoyoit de Stettin, & dont on commençoit à manquer dans la forteresse.

Les Russes s'étoient emparés d'une des principales redoutes, qui étoit, pour les Prussiens, de la derniere importance, & qu'ils reprirent après un combat très-opiniâtre. Romanzow voulut à toute force s'en remettre en poffeffion. Il en réfulta un combat meurtrier, qui dura trois heures & demie, & fe termina au grand défavantage des Ruffes. Ils furent obligés de fe retirer, après avoir perdu plus de 3000 hommes.

L'hyver s'approchoit, & avec lui s'augmentoient les obftacles qu'éprouvoient les Ruffes. Romanzow ne laiffa pas cependant de continuer le fiege avec courage. Il reçut un grand renfort que lui avoit envoyé Butterlin, qui, après fa retraite hors de la Siléfie, s'étoit auffi porté en Poméranie. Le Prince de Würtemberg fut auffi renforcé par le Général Platen, & le Général Pruffien, Knobloch, fut envoyé à Treptow avec 2000 hommes, afin d'efcorter les tranfports de vivres deftinés pour Colberg. Ces mefures, fi peu confidérables en proportion d'ennemis auffi nombreux, étoient tout ce que FREDERIC, dans fa fituation actuelle, pouvoit faire pour fauver Colberg. Pendant toute cette guerre, les Ruffes n'avoient jamais témoigné autant d'ardeur dans leurs opérations, qu'ils en montrerent alors. Knobloch fut attaqué à Treptow, par 8000 hommes : il fe défendit pendant cinq jours, dans ce lieu ouvert, qui avoit à peine des murailles, & qui manquoit de vivres : il fut enfin obligé de fe rendre prifonnier de guerre, avec fes deux mille hommes. Le corps deftiné à couvrir Colberg, diminuoit les fubfiftances de la garnifon ; & d'ailleurs, les forces de l'ennemi croiffant chaque jour, il n'étoit que d'un foible fecours pour la forterefle. Comme il étoit vraifemblable que des opérations en pleine campagne feroient plus avantageuses à la place, le Prince de Würtemberg, ainsi que Platen, abandonnerent leur camp retranché, & se retirerent à Stettin.

On ne négligea aucune tentative pour approvisionner Colberg. Heyden, avec sa foible garnison, craignoit peu la nombreuse armée des assiégeans. Il ne desiroit que du pain. La disette de ce premier besoin de l'homme augmentoit de jour en jour, & ses soldats, de même que les bourgeois armés, n'en recevoient plus qu'une seule livre, au lieu de deux qu'on leur distribuoit chaque jour. Ils répondirent à Heyden, qui, sur la sommation de Romanzow, leur avoit demandé leur sentiment: ,, nous ,, nous défendrons tant que nous aurons de la pou,, dre & du pain. " Platen se mit en mouvement, afin d'en pourvoir cette forteresse; mais il perdit une partie de son convoi, & fut repoussé à Stettin. Le Prince de Würtemberg chercha aussi à s'approcher de la place ennemie; mais la supériorité des forces de l'ennemi l'empêcha d'y pénétrer. Il fut également impossible d'y faire entrer de petits transports, le Général Russe, Berg, interrompant, avec un corps de troupes considérable, toute communication entre Colberg & Stettin. Pour surcroît de malheur, les Russes s'étoient emparés d'un fort, qui commandoit le port de la place; ce qui lui coupa tous les secours qui auroient pu lui venir par mer. Werner, qui, l'année précédente, avoit si courageusement délivré cette forteresse, & qu'on étoit accoutumé de voir vaincre dans ces contrées, avoit eu le malheur, dans une escarmouche, d'être fait prisonnier par les

Russes. Le Prince de Würtemberg l'avoit envoyé avec un corps de troupes, pour prendre les Russes en dos, détruire leurs magazins & leur couper les approvisionnemens. Werner, à qui tout sentiment de crainte étoit inconnu, négligea les précautions nécessaires: il ne suivit pas exactement ses instructions: il dispersa ses troupes; & enfin, après une défense désespérée, il succomba sous un ennemi très-supérieur en forces.

Il ne restoit donc aucun espoir aux assiégés: néanmoins, tant que Heyden eut encore un peu de pain, il continua de se défendre. Les Russes, qui pouvoien recevoir leurs provisions par mer, ne manquoient de rien. On se trouvoit au mois de Décembre, & la gelée étoit très-forte. Le Commandant fit arroser les murs, qui devinrent glissans comme une glace de miroir. Les Russes donnerent plusieurs assauts; mais il leur fut impossible de monter sur les remparts, & ils furent repoussés, chaque fois, avec grande perte. Enfin, toute la provision du pain, qui restoit aux assiégés, étant consumée, ce Heyden, que ni le fer ni le feu des ennemis n'avoient pu vaincre, fut contraint par la famine à se rendre, le 16 Décembre, après un siege des plus remarquables, qui avoit duré quatre mois.

La prise de Colberg termina cette campagne active en Poméranie, & dans laquelle, malgré l'adversité de la fortune, les Généraux Prussiens avoient recueilli beaucoup de lauriers. Le Prince de Würtemberg marcha dans le Mecklenbourg, & Platen joignit, avec le corps de troupes à fes ordres, l'armée du Prince HENRI qui étoit en Saxe. Pendant toute cette campagne, ce Prince s'étoit maintenu, dans cet Electorat, contre la grande armée Autrichienne de Daun, & contre celle des Cercles. Les Ruffes prirent alors, pour la premiere fois, leurs quartiers d'hyver en Poméranie & dans la Nouvelle-Marche: les Autrichiens, prirent les leurs en Siléfie.

La perte de Colberg & celle de Schweidnitz, qui fe fuccéderent dans un aufli court efpace de tems, furent donc très-funeftes au Roi. Tous les approvifionnemens néceffaires aux Ruffes, tant vivres que munitions de guerre, purent facilement leur venir par mer; & les Autrichiens avoient un pied ferme en Siléfie. De chaffer les ennemis hors de ces provinces, cela demandoit beaucoup de tems, beaucoup de fang, & encore plus de bonheur. Il falloit pour cela plus de forces que jamais; & où les trouver, ces forces? Les anciens foldats étoient tous enterrés, dans les champs de bataille: les revenus de la plus grande partie des Etats Prufliens avoient ou entiérement tari, ou étoient fort affoiblis: les reffources qu'on avoit tirées de la Saxe, commençoient à s'épuifer: les fubfides de l'Angleterre ne fe payoient plus: Dresde & une partie de la Saxe étoient au pouvoir des Autrichiens, toutes les armées ennemies dans le meilleur état, & à même de faire de nouveaux progrès. Le Roi, fans avoir perdu de bataille, fe trouvoit dans une fituation

T 4

plus critique que celles où il fe fût jamais vu à la fin d'aucune campagne.

Le courage inébranlable de fes troupes, le zele foutenu & l'activité infatigable de fes Généraux expérimentés, un tréfor non encore épuifé, & un efprit plein de reffources, rendirent cependant ces revers fupportables. C'étoit un grand gain, que de n'avoir pas encore perdu l'efpérance. Mais fi elle ne manquoit ni à FREDÉRIC, ni à fon armée, fes Alliés & fes partifans, tant au-dedans qu'au dehors de l'Allemagne, étoient dans d'autres fentimens. On trembloit de voir la chûte du plus puiffant de tous les Princes Proteftans de l'Allemagne; de ce Rival naguere fi formidable de la Monarchie Autrichienne; d'un Prince auffi réfolu que capable de protéger les Etats moins puiffans de l'Empire, contre tout abus de l'autorité Impériale, de défendre la religion proteftante, dans l'Empire, contre les attentats du fanatifme, & en état enfin de maintenir la conftitution de l'Allemagne.

Dans cette fituation fi terrible pour le Roi de Pruffe, il étoit encore menacé d'un malheur plus grand que tous ceux qu'il avoit éprouvés, & que même il ne foupçonnoit pas. Il fe trouvoit alors, à Magdebourg, une quantité prodigieufe de prifonniers de guerre de diverfes nations différentes, faits fur les troupes Autrichiennes, Ruffes, Françoifes, Saxonnes, Suédoifes & fur celles de l'Empire. C'étoit la premiere fortereffe des Etats Pruffiens : c'étoit-là qu'étoient gardées les archives de la Monarchie Pruffienne, ainfi que le tréfor royal, ce problême de tant d'hommes d'Etat encore vivans, comme de la poftérité : c'étoit-là que féjournoit la Famille Royale, avec plufieurs des principaux Seigneurs du pays ; où fe trouvoient les grands magazins de Fréderic, le centre de fa puiffance, & où des particuliers de toutes les provinces Pruffiennes avoient mis en fûreté leurs effets les plus précieux. L'Hiftoire moderne n'offre aucun exemple, que le fort d'une Monarchie entiere ait dépendu de la confervation ou de la perte d'une feule place-de-guerre. Magdebourg perdu, tous les triomphes des Pruffiens euffent été fans fruits, & la guerre étoit terminée. Cette fortereffe n'avoit cependant pas une garnifon proportionnée à fon importance. Elle n'étoit que de quelques milliers d'hommes, partie nationaux ou étrangers, & partie transfuges. Toutefois il n'étoit pas poffible d'en tenter le fiege, tant à caufe des grands préparatifs & du tems qu'il auroit exigé, qu'à caufe des armées Pruffiennes qui tenoient la campagne. Fréderic eût facrifié la Saxe, la Siléfie, en un mot, il eût tout abandonné, pour fauver Magdebourg. Les plus nombreufes armées qui auroient formé ce fiege, retranchées ou non, il les eût attaquées avec fureur fous les murs de la fortereffe. La certitude où l'on étoit d'une opération auffi vigoureufe de la part de ce Prince, détournoit les ennemis d'entreprendre ce fiege, & le Roi ne craignoit aucunement pour Magdebourg.

Mais ce qui étoit impraticable par la force des armes, la trahifon pouvoit l'opérer ; & pour cet effet, il fut formé plus d'un projet finiftre. FREDERIC ne foupçonnoit pas même la poffibilité d'un pareil danger, lorfque Trenk, capitaine de cavalerie au fervice d'Autriche, perfécuté par le Roi, au fond d'un affreux cachot & gémiffant fous le poids de fes chaines, penfa aux moyens de furprendre Magdebourg. Peu s'en fallut, que le fort d'un Souverain, que les plus grandes Puiffances de l'Europe, en développant toutes leurs forces, n'avoient pu dompter, n'eût été décidé par un prifonnier chargé de fers, par un homme, qui, couché fur fa pierre fépulchrale, & nourri feulement d'un pain de munition corrompu, ne laiffoit cependant pas de fentir vivement les droits de l'humanité outragée à fon égard, & ne refpiroit que pour la liberté & pour la vengeance. Heureufement pour le Roi, cette entreprife hardie ne fut point exécutée.

Toutes les Puiffances de l'Europe ayant réfolu la perte de FREDERIC, & le Roi d'Angleterre, ce feul puiffant Allié de la Pruffe, voyant fon état avec indifférence, il tourna fes vues du côté de l'Afie, & chercha, par l'entremife de quelques négociateurs, à porter le Chan des Tartares & le Grand-Seigneur, à envahir tant le territoire Ruffe que celui de Hongrie. Le bruit des exploits de FREDERIC avoit pénétré jufques dans cette partie du globe. Sur les rivages de la mer Noire, vers la grande muraille de la Chine, comme fur les rives du Gange, l'on ne prononçoit fon nom qu'avec refpect. Les peuples Orientaux, qui ne connoiffent point la Géographie, fe perdoient dans leur étonnement, de ce qu'un Prince, dont ils avoient toujours ignoré l'existence, résistoit si long-tems aux plus puissantes nations du monde Occidental, sans pouvoir être dompté. Les Turcs étoient ceux dont la surprise étoit la plus forte: ils connoissoient la puissance formidable de la Sultane Allemande, les forces terribles de l'Empire Russe, & ils avoient la plus haute idée des talens militaires des Suédois. *) Que toutes ces Puissances, réunies avec le formidable Empereur de France, ne fussent pas capables de soumettre un aussi petit Roi, c'étoit pour eux une énigme. Les Ambassadeurs des Puissances belligérantes à Constantinople, que les Turcs questionnoient à cet égard, en rejetoient la cause sur le destin. Mais ces raisons ne satisfirent point les Musulmans: leur estime pour le Roi de Prusse augmenta encore, & la Porte-Ottomane, excitée par ses propres intérêts, lorsque la trève avec l'Autriche fut expirée en 1761, eût vraisemblablement fait une alliance avec FRÉDÉRIC, si la Cour de France, qu'on sait avoir toujours une grande influence sur les délibérations du Divan, n'eût détourné ce coup funeste.

En Westphalie, où, vu la supériorité des forces ennemies, le Duc FERDINAND n'agissoit que

---

*) Achmet-Effendi, Ambassadeur de la Porte à la Cour de Berlin, en 1764, demanda à un officier Prussien, si, dans la guerre de sept ans, les Suédois n'avoient pas été les plus formidables de tous les ennemis de la Prusse. La réponse négative qui lui fut faite parut beaucoup l'étonner.

défensivement, & où les François, par la destruction de leurs magazins, se voyoient arrêtés dans leurs quartiers de cantonnemens, ce ne fut qu'au milieu de l'été que la campagne fut ouverte. Seulement vers la fin de Juin, Soubise se mit en mouvement, & passa le Rhin avec son armée. Il s'avança vers Münster, jusqu'à ce qu'il eût rencontré le Prince héréditaire de Brunswick. Broglio se mit également en marche de Cassel, pour se réunir avec Soubise, & attaquer ensuite les Alliés. Il rencontra, dans cette marche, le Corps de troupes du Général Spörker. Celui-ci, quoiqu'avantageusement posté, ne voulut point se commettre avec une armée aussi considérable : il se retira, en abandonnant aux François 800 prisonniers, 19 canons, & 170 chariots.

Ferdinand ne demeura pas dans l'inaction : il fit assiéger les châteaux de Marbourg & de Ziegenhayn. Dans ce dernier, il fut jeté, en 18 jours, 1500 bombes. La ville fut consumée par les flammes, mais la garnison Françoise se défendit courageusement; & comme des pluies continuelles rendoient l'ouverture de la tranchée impossible, les deux sieges furent levés. Toutefois celui de Cassel, que les Alliés avoient entrepris au mois de Mars, fut repris avec vigueur. Le Comte de Broglio, frere du Duc, commandoit dans cette ville : il s'étoit préparé à une longue défense, & avoit fait saler beaucoup de chair de cheval. Les beaux jardins, situés près de la ville, furent rasés au niveau de la terre. Puis il fit tous ses efforts pour tenir téte à l'ennemi. Il réuſſit, & les aſſiégeans ſe retirerent après un mois de tranchée ouverte. FERDINAND fit cependant harceler ſans ceſſe les François par ſes troupes légeres : il détruiſit les nouveaux magazins qu'ils avoient formés, & il intercepta leurs tranſports de munitions. Ces circonſtances inſpirerent à Broglio, quand il ſe fut réuni avec Soubiſe, la réſolution de contraindre les Alliés à une bataille. FERDINAND ayant bientôt pénétré ce deſſein, prit un camp très-fort près de Hohenover. Broglio l'y attaqua, le 15 Juillet, en faiſant un feu très-vif : on combattit juſqu'à la nuit : les François furent repouſſés & ſe retirerent dans les brouſſailles ſituées près du ruiſſeau de Salzbach. Mais le combat fut renouvellé par Broglio, dès le lendemain, à la pointe du jour. Les deux armées Françoiſes s'avancerent en ordre de bataille. Le feu du canon & de la mouſqueterie étoit épouvantable, & dura ſans interruption pendant cinq heures. Les François toutefois ne purent gagner un ſeul pouce de terrein. Enfin, les Alliés s'étant emparés d'une hauteur, ils furent mis en déſordre & repouſſés par l'ennemi. Ils abandonnerent leurs morts, leurs bleſſés & beaucoup de canons, & prirent la fuite. On fit ſur eux quantité de priſonniers, parmi leſquels ſe trouva tout le *régiment rouge*. L'aîle gauche des François, qui, dans l'intervalle, avoit été aux priſes avec le Prince héréditaire, renonça alors au combat, & fit également ſa retraite. La nature du terrein ne permit pas à la cavalerie de pourſuivre les fuyards, & de rendre ainſi la victoire plus brillante. La perte des François, dans ce combat, fut de 5000 hommes tués, blessés & prisonniers : les Alliés comptèrent 300 morts & 1000 blessés. Quelques jours après, le Prince ALBERT-HENRI de Brunswick, qui étoit arrivé peu de tems auparavant à l'armée, afin de se montrer le digne émule de son frere & de son Oncle, eut le malheur, dans une misérable escarmouche, d'être blessé mortellement d'un coup de feu. Soubise envoya lui-même, au camp des Alliés, deux des médecins les plus expérimentés qui fussent dans son armée, & qui cependant ne purent sauver ce jeune Prince, de qui l'on avoit conçu les plus grandes espérances. Quoique FERDINAND eût remporté l'honneur de la victoire, il n'avoit néanmoins rien gagné d'essentiel. La grande supériorité des ennemis rendoit leur perte peu considérable : ils auroient aussi fait vraisemblablement de nouvelles tentatives, pour repousser, encore plus loin, avec leurs deux armées combinées, la foible armée des Alliés. Mais les deux Généraux François ne s'accordoient aucunement : il régnoit entre eux une ancienne inimitié, & peu après le combat, les deux armées se séparèrent, pour se retirer l'une & l'autre. Broglio marcha vers Cassel, & Soubise passa la Röhr. Peu s'en fallut que le premier n'eût eu le malheur d'être fait prisonnier, en allant reconnoître l'ennemi. Déja un Hussard Noir l'avoit saisi au collet, lorsqu'il franchissoit une haie; mais le cheval du hussard se renversa, & Broglio eut le bonheur de pouvoir s'échapper. Toutefois, dix de ses Aides-de-camp, avec 200 cavaliers de fon efcorte, furent pris. Peu de jours auparavant, le Prince héréditaire de Brunswick manqua d'avoir le même fort, en allant aussi reconnoître les François près d'Unna. Ils l'environnerent fubitement ; mais il fe fit jour, avec fon efcorte, à travers le détachement qui l'affailloit.

Ferdinand fe vit contraint de partager de même fes forces, afin d'obferver les deux armées ennemies, qui s'avancerent enfin de nouveau. Broglio avoit fermement réfolu de pénétrer, auffi avant que poffible, dans le pays d'Hannovre ; & Soubife menaçoit d'affiéger Münfter qu'il tenoit bloqué. Mais il avoit, dans le Prince héréditaire, un ennemi très-vigilant, qui s'empara, par un coup de main, de la ville de Dorften, où fe trouvoit un grand magazin, ainfi que la boulangerie. Tout y fut détruit, avec plus de cent fours à cuire le pain, & la garnifon fut faite prifonniere de guerre. Soubife fe vit alors obligé de fe retirer en deçà de la Lippe.

Broglio étoit trop fort, pour fe laiffer fermer l'entrée du pays d'Hannovre. Ferdinand s'efforça de l'engager à une bataille, dans un pofte défavantageux ; mais le Général François évitoit avec foin tout engagement. La force ne pouvant point l'empêcher de faire des progrès, Ferdinand eut recours à la rufe. Il marcha en toute hâte vers la Heffe, & coupa, de ces côtés, toutes les provifions à l'armée Françoife. Cette favante manœuvre, digne à tous égards des plus grands Capitaines, lui réuffit. Broglio rebrouffa fans délai vers la Heffe, & Ferdinand fe porta à Paderborn, afin d'obferver les François, au cas qu'ils vouluſſent renouveller leurs entreprifes contre l'Electorat d'Hannovre. Le Prince héréditaire n'ayant plus à craindre pour Münſter, fe réunit alors avec la grande armée, & détruifit, dans fa marche, les magazins François qu'il trouva dans des endroits non fortifiés.

Cependant Soubife paſſa de nouveau la Lippe, en fe faifant précéder par des partis qui parcoururent la Weſtphalie, & ravagerent cruellement tout ce pays. Broglio envoya des détachemens dans le diſtrict de Harzwalde, où il fit lever de fortes contributions. Le Prince XAVIER de Saxe aſſiégea Wolfenbüttel, qui fe rendit après un bombardement de cinq jours. Il porta enfuite fes vues fur Brunswick; mais le Prince héréditaire, & fon frere FRÉDERIC, fe hâterent de venir au fecours de leur capitale alarmée; & après un combat fort-vif, ils en chaſſerent les aſſiégeans, qui perdirent plus de 1000 hommes avec quelques canons. Non feulement ils leverent auſſi-tôt le fiege, mais ils abandonnerent encore Wolfenbüttel.

Un détachement de l'armée de Soubife s'empara d'Ofnabrück, & traita cette ville de la maniere la plus barbare, parce qu'elle étoit hors d'état de payer immédiatement une contribution prodigieufe. Un autre détachement parut devant Embden, dont deux compagnies d'invalides Anglois formoient la garnifon. Les promeſſes des François, jointes aux inſtances des habitans conſternés, les engagerent à fe rendre. Mais les François eurent peu d'égard aux aſſurances qu'ils avoient données, & ils mirent toute

l'Oſtfrife

l'offrife à contribution. L'énormité des fommes exigées, qui furpaffoient de beaucoup les facultés des habitans, & la maniere cruelle dont on les prélevoit, plongerent ceux-ci dans le dernier défefpoir. Les payfans s'affemblerent, s'armerent auffi bien qu'il leur fut poffible, tomberent de tous côtés fur ces cruels ennemis, & les chafferent hors du pays. Un autre détachement de François étant enfuite furvenu, quantité de ces braves payfans furent punis par la corde, pour avoir pris ainfi la défenfe de leurs biens & de leurs foyers.

La ville Impériale de Breme avoit toujours été comme une épine dans l'oeil des Généraux François. Son affiete avantageufe fur la Wefer, fa grandeur & fes richeffes, fa proximité de la mer, tout les invitoit à en prendre poffeffion. D'ailleurs cette ville étoit remplie de magazins pour les Alliés, & la mer offroit beaucoup de facilités pour les pourvoir continuellement; enfin, elle affuroit la communication avec Stade. Les François avoient déja montré, à Francfort, qu'en cas de befoin leur fyftème étoit de traiter les villes Impériales comme des villes ennemies. Les plaintes, qu'elles pouvoient porter, étoient fans effet auprès du Chef de l'Empire Germanique. Les François réfolurent donc de s'emparer de Breme; mais le bruit de leurs cruautés, & les exemples que l'on en avoit vus, déterminerent les habitans à fe défendre jufqu'au dernier homme, plutôt que de livrer leur ville à un tel ennemi. Il fut repouffé avec perte, & fe retira avec précipitation. FERDINAND renforça la garni-

fon de cette ville, par quelques bataillons de trou
pes Angloifes, afin de faire échouer avec plus de
vigueur encore, de pareilles tentatives, fi l'ennem
eût voulu les renouveller.

Dans cet intervalle, les François s'efforcerent
par toutes fortes de moyens, de s'affurer tout ce
qui pouvoit leur être néceffaire. Les Hannovriens
furent obligés de livrer un grand nombre de chats,
parce qu'il fe trouvoit, dans les magazins ennemis,
une quantité prodigieufe de fouris. Ces chats ne
pouvant fupporter d'être renfermés, on exigea de
grandes livraifons en renards & en hériffons. À Göttingue, on frappoit de coups, fur la place publique,
les cordonniers dont l'ouvrage n'étoit pas trouvé
d'une bonté fuffifante; & l'on contraignoit toute la
maîtrife d'affifter à ces exécutions. Les Etudians de
cette Univerfité, avec divers Profeffeurs, fe rendirent en grand nombre à Claufthal, afin d'y trouver au moins quelque tranquillité.

L'hyver s'approchoit: l'on étoit au mois de
Novembre, & Broglio montroit une inactivité qui
ne lui étoit point ordinaire. Il fe tenoit immobile
dans un camp très-fort près d'Eimbeck, d'où il
avoit détaché plufieurs corps de troupes. Cet affoi-
bliffement, & l'éloignement de l'armée de Soubife,
exciterent dans FERDINAND le defir de livrer bataille. Il employa tous les moyens pour y engager
Broglio, mais inutilement. L'attaquer dans un camp
auffi retranché, c'eût été une entreprife trop ha-
zardée. FERDINAND fe contenta donc de faire
des mouvemens comme s'il eût eu deffein de cou-

per la communication de Broglio avec Göttingue. Il bloqua effectivement cette ville extrêmement importante pour les François, & qui étoit défendue par un corps choisi de 5000 grenadiers de France. Leur Chef étoit le Général de Vaux, vieillard qui avoit assisté à dix-huit sieges, & à qui des coups de feu avoient estropié les bras & les cuisses. Ce brave vétéran prit d'excellentes mesures : la saison avancée vint à son secours : les rivieres & les ruisseaux s'enflerent : il survint, parmi les troupes des Alliés, des maladies qui enlevoient les hommes & les chevaux. Même la quantité des chevaux qui avoient péri, & dont toutes les routes étoient obstruées, rendoit les approvisionnemens très-difficiles. Les Alliés perdirent alors toute espérance de se rendre maîtres de Göttingue, qui d'ailleurs étoit pourvue de vivres pour six mois. FERDINAND cependant remplit entièrement le but dans lequel il avoit entrepris ce blocus. Le Général François se retira, & prit ses quartiers d'hyver à Cassel & dans les environs. Soubise se rendit vers le Bas-Rhin, & cantonna son armée le long de ce fleuve. Les Alliés, qui maintenant n'avoient plus d'ennemis en Westphalie, prirent leurs quartiers-d'hyver dans cette province.

FERDINAND donna alors tous ses soins à remplir de nouveau les magazins que les François avoient ruinés en Westphalie & dans l'Ostfrise. Les achats se firent partie en Hollande & en Angleterre, partie dans les ports de la Baltique, où l'on avoit eu la précaution d'acheter d'avance une grande quantité de vivres & de grains, tant pour l'armée même que pour les provinces épuisées; mesures que facilitoient les guinées toujours prêtes à cet effet, & sans lesquelles la plus grande disette se seroit répandue dans les contrées où l'ennemi n'avoit rien laissé.

Les Autrichiens & les Russes travailloient cependant à s'affermir de plus en plus dans la possession des conquêtes qu'ils avoient faites sur les Prussiens. Jamais ils n'avoient pu réussir à y hyverner. Déja la Cour de Vienne regardoit la Silésie comme une propriété assurée. Par ordre de MARIE-THÉRÈSE, il fut offert, aux habitans des provinces conquises, des bleds pour ensemencer leurs champs: l'on établit à Schmiedeberg un marché de grains qui se tenoit régulièrement chaque semaine. On obligea aussi plusieurs négocians distingués à se rendre à Prague, où l'on vouloit prendre de nouveaux arrangemens pour le commerce. Dès le commencement de l'année, on avoit fait mine de tenir, à Auxbourg, un Congrès pour y traiter de la paix: déja les Ambassadeurs des deux Cours Impériales, qui devoient s'y rendre, étoient nommés, & l'on avoit même déterminé leurs appointemens. Mais toutes ces démonstrations n'eurent aucune suite, & l'on ne pensa plus du tout à la paix.

FRÉDÉRIC, sans secours & presque sans espérance, envisageoit avec fermeté l'approche de sa ruine. Des victoires pouvoient bien arrêter les progrès ultérieurs de ses ennemis; mais pour leur arracher les forteresses conquises, il falloit de longs fieges non interrompus, & une fuite d'heureufes batailles. Le plan d'opérations du Roi, dans cette fituation critique pour la campagne fuivante, eft encore un fecret. Il fut rejetté, ou du moins entiérement changé, lorfqu'un nouveau foleil vint à luire fur lui. La Fortune avoit fréquemment favorifé ce grand Monarque, & trompé l'attente de tous fes ennemis. Mais c'étoit dans ces circonftances critiques, que fon plus grand bienfait lui étoit réfervé; dans un tems, où, accablé de tous côtés par les forces fupérieures des armées ennemies, ce Sage couronné s'attendoit avec tranquillité au plus dur deftin. Il ne pouvoit efpérer aucune magnanimité de la part des ennemis, qui déployoient toutes les forces de leurs puiffans Empires, & qui avoient formé des alliances coloffales, afin d'en opprimer un feul. On ne devoit s'attendre à rien moins qu'à la fin de la Monarchie Pruffienne. L'efprit pénétrant de FRÉDERIC ne pouvoit être ébloui par de fauffes efpérances. Quelquefois les inquiétudes prenoient le deffus dans fon ame. Il étoit cependant prêt à tout événement. Il avoit pris auffi fes mefures pour le cas où il eût été fait prifonnier, & pendant cette campagne, il porta fans ceffe fur lui un poifon, afin de prévenir, par fon moyen, les derniers coups du fort. Le Colonel Quintus-Icilius, l'ami & le compagnon journalier du héros, a configné, dans fes écrits, cette circonftance fecrette & remarquable.

1762. Ce fut dans ces momens défefpérés, qu'un courier apporta au Roi la nouvelle du décès d'ÉLISABETH, Impératrice de Ruſſie, morte le 25 Décembre 1761. Cette mort d'une ſeule perſonne changea entiérement l'horiſon des affaires politiques. Tous les projets des Alliés, tous leurs plans d'opérations, toutes les eſpérances des ennemis de la Pruſſe, furent détruits en un moment ; & les Ruſſes, que leurs ravages rendoient, les plus terribles des ennemis du Roi, devinrent, ſur une ſeule parole de leur nouveau Souverain, les amis de FRÉDÉRIC. Le Succeſſeur à ce vaſte Empire, PIERRE III, étoit autant porté pour le Roi de Pruſſe, que l'Impératrice ELISABETH l'avoit haï. Une des premieres démarches du nouvel Empereur, fut donc d'aſſurer FRÉDÉRIC de ſon amitié. Cette aſſurance fut immédiatement ſuivie d'une ſuſpenſion d'armes, & bientôt après de la paix. À celle-ci ſuccéda une alliance, à l'alliance une correſpondance intime, & enfin un enthouſiaſme ſans bornes de PIERRE pour FRÉDÉRIC, & qui ſe manifeſta de diverſes manieres.

C'eſt à quoi ELISABETH s'étoit attendue ; auſſi étoit-elle morte au milieu des plus ſérieux préparatifs pour continuer la guerre. Sur ſon lit de mort, elle avoit exigé, du Sénat de Ruſſie, la promeſſe ſolemnelle de ne point faire de paix avec la Pruſſe, ſans le concours de ſes Alliés. Elle ſe fit cependant, cette paix, lorſque cette Princeſſe eut à peine fermé les yeux. Les troupes Ruſſes firent des préparatifs pour évacuer le Royaume de Pruſſe, la Poméranie & la Nouvelle-Marche. Colberg, dont elles s'étoient emparées, fut reſtitué : les priſonniers furent remis en liberté, & le corps de troupes, aux ordres de Czernifchef, fut rappellé de l'armée Autrichienne. PIERRE confeilla férieufement la paix; mais comme on ne vouloit y entendre, à Vienne, que fous des conditions inacceptables, Czernifchef reçut ordre de joindre le Roi avec fes 20,000 Ruffes, & de lui obéir fans aucune reftriction.

Cet évenement, qui fit voir, au milieu des armées de Pruffe, ces mêmes troupes qu'elles avoient combattues pendant fix ans avec un acharnement extrême, parut un fonge aux Pruffiens comme aux partifans de l'Autriche. Dans les commencemens, ces derniers fur-tout ne pouvoient fe perfuader qu'il fût réel. Même les officiers Autrichiens qui étoient prifonniers à Breslau, & qui par conféquent voyoient tout de leurs propres yeux, regardoient tout cela comme un ftratageme inventé pour ranimer le courage des foldats; & lorfque Czernifchew, ainfi que les autres Généraux Ruffes, fe furent féparés de leurs troupes, & qu'ils allerent, avec une nombreufe fuite, trouver le Roi à Breslau, les Généraux prifonniers de l'Impératrice-Reine foutenoient que ces Commandans ornés de cordons des Ordres de Ruffie, étoient des officiers Pruffiens déguifés. *)

---

*) L'auteur même, qui fe trouvoit alors à Breslau, en quartier d'hyver, a entendu lui-même, à fa grande furprife, ces jugemens finguliers. Ils prouvent que l'on connoiffoit bien peu le caractere du grand Prince, avec lequel on étoit en guerre depuis fi longtems.

U 4

Tous ces doutes prirent fin, lorsque le corps Russe se fut réuni, au mois de Juin, avec l'armée du Roi.

La guerre prit alors un aspect différent. Tous les Etats de FREDERIC, depuis Breslau jusqu'aux frontieres de Russie, étoient délivrés d'ennemis, & l'on n'avoit plus d'invasions ni de ravages à craindre de leur part. Les Suédois, las de la guerre, & redoutant la Russie, avoient également fait la paix dans le mois de May. PIERRE, qui portoit l'uniforme Prussien, qui, devant les yeux des Russes, baisoit le portrait de FRÉDERIC, & qui respectoit ce Monarque comme s'il eût été son supérieur, se proposoit de le joindre, en personne, avec une nombreuse armée; & l'on ne pouvoit que s'attendre aux plus grands événemens.

Ce fut avec ces brillantes espérances, que FRÉDERIC ouvrit la campagne de 1762, à laquelle assista le Prince-Royal, FRÉDERIC-GUILLAUME, qui regne actuellement. Il entra, dès les premieres années de son adolescence, dans cette carriere militaire, que tous les Princes de sa Maison, sans en excepter un seul, avoient parcourue. Eux tous sacrifierent au Dieu de la guerre, & offrirent ainsi un exemple encore inoui dans l'Histoire, d'une famille Royale dont tous les individus avoient porté les armes. Le Prince-Royal étoit aux côtés du Roi, & dans tous les dangers. Ce fut à cette grande école, qu'il forma son esprit guerrier, dont la grandeur se manifesta depuis dans la guerre de Baviere, où FRÉDERIC lui-même fit l'éloge de son digne successeur.

FRÉDERIC, que tant de rares qualités élevoient
si fort au-dessus du reste des mortels, vengea, pour
ainsi dire, la nature humaine humiliée par la grandeur de son esprit. La confiance dans son nouvel
Allié affoiblit les soins qu'il avoit eus jusqu'alors
pour ses braves troupes, à qui il retint maintenant,
pour la premiere fois, ce qu'on appelloit les dou-
ceurs d'hyver. C'étoient des gratifications, indispensables pour quantité de pauvres officiers réduits à vivre de leur solde. *) Elles leur étoient absolument nécessaires afin qu'ils pussent former leurs
équipages pour la prochaine campagne; & maintenant il les leur retint, sans aucune nécessité, & au
moment où il se voyoit favorisé par la Fortune. Il ne
fut pas seulement allégué de prétexte, pour colo-
rer ce refus d'un présent aussi juste, aussi mérité,
& qui, chaque hyver, avoit été distribué à des guerriers patriotes, idolâtres de leur Roi. À la place
de cette gratification, il fut rendu de sévères régle-
mens, qui n'avoient pour objet que des formalités
peu essentielles. Pendant tout le cours de la guerre,
les officiers, dans les marches, s'étoient servis de
l'épée au lieu de l'esponton, qui, inutile dans la

―――――――――

*) Chaque officier-subalterne recevoit 50 écus; un ca-
pitaine, 500 &c. C'étoit avec cet argent qu'ils réparoient la diminution des chevaux, ainsi que de leurs
équipages ruinés dans la campagne précédente. Les
Chefs de Compagnie devoient aussi procurer, pour
cet argent, les objets nécessaires au soldat; de sorte
que ces gratifications étoient des bienfaits exigés par
la justice.

campagne, ne peut servir d'arme défensive. Mais dès-lors, en toute occasion, il fallut faire usage de cette arme qui n'est que de parade: il en fut de même à l'égard de quantité d'autres objets minucieux, qui tous trahissoient le Chef d'armée tranquille & sans inquiétude sur l'avenir.

Après avoir envoyé un corps considérable de troupes, pour joindre l'armée des Cercles, les Autrichiens rassemblerent toutes leurs forces en Silésie. Ils étoient maîtres de Glatz, de Schweidnitz & des montagnes. Comme ils s'attendoient à voir assiéger cette derniere forteresse, ils firent les plus grands préparatifs pour s'en assurer la possession. Plusieurs milliers de paysans & de soldats durent travailler, pendant tout l'hyver, à transformer en autant de forts, toutes les hauteurs voisines de Schweidnitz. Les montagnes mêmes offroient une chaîne de terrasses fortifiées. On n'avoit pas donné moins de soins à l'égard de la place même: on y avoit mis une garnison de 12,000 hommes de troupes choisies, pourvues abondamment de munitions de guerre & de bouche, ainsi que de tous les objets nécessaires. Le Général Guasco, officier distingué par son courage & par son expérience, en fut nommé Commandant; & on lui donna, pour l'assister, le Général Gribauval, l'un des plus grands ingénieurs de l'Europe.

Telles étoient les mesures prises pour défendre Schweidnitz, lorsque le Roi, réuni avec le corps de troupes Russes, s'avança vers les environs de cette place. Cette réunion n'avoit pu se faire qu'en

Juin, ce qui retarda les opérations. Mais maintenant le Roi envoya le Général Neuwied, avec un corps de troupes, en Boheme, avec ordre de forcer les Autrichiens à couvrir les magazins qu'ils avoient dans le voisinage, & à s'éloigner ainsi de leur communication avec Schweidnitz. Dans ce corps se trouvoient aussi 2000 Cosaques. Ceux-ci, selon leur coutume, se répandirent de tous côtés dans les campagnes, & pousserent leurs incursions jusques sous les remparts de Prague. FREDERIC espéroit, par ces mouvemens en dos de l'ennemi, de porter Daun à abandonner les hauteurs près de Burkersdorf : mais ce Général demeura immobile. Les Prussiens revinrent de la Boheme, charges de butin, & alors furent prises toutes les mesures nécessaires pour le siege de Schweidnitz. Il n'étoit cependant pas possible de l'entreprendre, tant que les Autrichiens seroient maîtres des montagnes fortifiées ; & pour les en chasser, il falloit hazarder une tentative des plus dangereuses, dont le succès étoit incertain.

Telles étoient les circonstances des deux armées, lorsqu'une révolution extraordinaire eut lieu en Russie. L'Empereur PIERRE III, qui venoit à peine de monter sur le trône de ce grand Empire, en fut précipité. Pendant la courte durée de son regne, il avoit soulevé contre lui toutes les classes de la nation, par des mesures précipitées, des loix mal-combinées, & par un défaut total de prudence. Les soldats & les prêtres, qui d'ailleurs s'accordent si peu, furent unanimes cette fois. On haïssoit un Monarque, qui vouloit dépouiller le facerdoce de fes privileges, & les laïques de leurs barbes. Le Sénat fe voyoit entiérement négligé ; & la Nobleffe, ainfi que toute la nation Ruffe, traitées avec un mépris extrême. Les Allemands obtinrent une préférence décidée, & des troupes de cette nation formerent fa garde. PIERRE faifoit peu de cas des loix fondamentales de fon Empire, & les fubordonnoit entiérement à fes volontés. Quelques pures que fuffent fes intentions, fa conduite n'étoit pas moins contraire à fes deffeins. Le peuple defiroit, fans favoir pourquoi, la continuation d'une guerre, qui coûtoit à la Ruffie des fommes prodigieufes d'argent, ainfi qu'une grande quantité d'hommes, & dont le fuccès, même le plus heureux, ne pouvoit qu'ajouter fort-peu à la grandeur de cet immenfe Empire. L'Empereur fe déclara contre ce vœu général de la Nation : il vouloit faire la guerre, non comme ennemi, mais comme allié de FREDERIC, contre tous les ennemis de la Pruffe & contre le Danemarc. Outre ces projets défagréables aux Ruffes, il eut de mauvais procédés à l'égard de fon Epoufe, Princeffe, qui, formée à l'école d'adverfités domeftiques, avoit nourri fon grand efprit, développé fes fublimes talens, & gagné à un haut degré l'amour de la nation qui l'avoit adoptée. PIERRE avoit manifefté ouvertement fon deffein de la répudier : déja un couvent étoit choifi pour lui fervir de demeure, & elle devoit y paffer le trifte refte de fes jours. PIERRE vouloit même exclure fon propre fils de la fucceffion à fon trône.

Tels étoient les moyens par lesquels ce Monarque travailloit sans cesse, comme à dessein, à accélérer sa chûte. Dans ces circonstances, il ne falloit qu'un signe de la part de CATHERINE, & son Tyran étoit sans Couronne. Le soin de sa propre conservation la contraignit enfin à cette grande démarche; & en peu d'heures, ce puissant Empereur, dont les ordres, depuis les rivages de la Baltique jusqu'à l'Océan-Pacifique, devoient être obéis comme des oracles, se vit abandonné de tous les hommes, détrôné sans effusion de sang, & réduit à la déplorable condition d'un prisonnier sans espérance. Toutes les bouches proclamerent CATHERINE Souveraine de Toutes-les-Russies. PIERRE renonça formellement à la Couronne, &, six jours après.... il expira.

Ce fut le 9. Juillet, qu'eut lieu ce grand événement, qui fit descendre PIERRE du trône; jour où commença le regne le plus glorieux, & d'où l'on datera l'époque la plus brillante des annales de la Russie. Comme le Sénat & le peuple vouloient à tout prix la guerre avec FREDERIC, on prépara, à Petersbourg, les ordres nécessaires pour la renouveller. Ils furent suivis d'un manifeste, où l'on exigeoit que les sujets de toutes les provinces conquises sur la Prusse, prétassent serment de fidélité & rendissent hommage à la nouvelle Impératrice. Le préjugé où étoit la nation Russe, que FREDERIC avoit conseillé à l'Empereur détrôné toutes les nouveautés qui avoient si fort déplu aux sujets de l'Empire, & que c'étoit lui qui avoit dicté tous les projets de PIERRE III, contribuerent le plus à ce defir général de lui faire la guerre. CATHERINE elle-même ne regardait pas FREDERIC comme fon ami. Quoique née en Poméranie, & n'ayant point dépouillé fon ancien amour pour fa patrie ravagée, elle ne laiffa pas de céder au torrent, & de réfoudre la perte entiere *de l'ennemi le plus acharné de la Ruffe.* Tel fut le titre qu'elle lui donna dans fon premier manifefte.

Tels étoient auffi les fentimens de tous les Ruffes: la guerre étoit réfolue, & le manifefte, où l'on exigeoit le ferment de fidélité, venoit d'être expédié, lorfque, le lendemain, on rechercha les papiers du feu Empereur. Les lettres de FREDERIC, adreffées à ce malheureux Monarque, cauferent une furprife générale. Elles ne contenoient que les plus fages maximes de gouvernement, & les exhortations les plus preffantes pour qu'il modérât le feu de fes paffions. Toutes ces nouveautés & ces changemens, qui avoient fi fort révolté la nation Ruffe, FREDERIC les avoit déconfeillés. CATHERINE même n'eut pas lieu d'être mécontente de fes expreffions à fon égard. Il avoit conjuré fon époux, de la traiter, fi-non avec tendreffe, du moins avec des égards fimulés. L'Impératrice en fut touchée jufqu'aux larmes: les Sénateurs préfens demeurerent muets, &, dès ce moment, toute haine s'évanouit à l'égard de ce Monarque. Les ordres pour renouveller la guerre furent révoqués, & la paix fut confirmée.

FREDERIC étoit à la veille d'attaquer les Autrichiens fur leurs hauteurs retranchées, lorfqu'il apprit, de Ruffie, la nouvelle effrayante de la chûte de PIERRE, qui fut fuivie immédiatement d'ordres adreffés à Czernifchew, d'abandonner, fans délai, l'armée Pruffienne. Au milieu de ces changemens dans le fyftême de la Cour de Ruffie, le Roi ne pouvoit que s'attendre à voir le corps de troupes, aux ordres de ce Général, joindre fes ennemis en peu de jours, ou agir féparément contre lui. Il dépendoit uniquement de lui, de défarmer ces 20,000 hommes; mais fa conduite à leur égard fut entiérement oppofée. Il laiffa partir les Ruffes, en les comblant de témoignages d'eftime & d'amitié. Dans leur retraite, tant qu'ils fe trouverent fur les terres du Roi, ils furent pourvus de tout ce qui leur étoit néceffaire. Cette conduite généreufe fit que les Généraux s'éloignerent avec beaucoup de regrets de l'armée Pruffienne. Czernichef en particulier fe fépara avec douleur de FREDERIC, qui le combla de riches préfens.

L'ordre qu'avoient reçu les Ruffes de fe retirer, demeura quelques jours un myftere, tant pour eux qui pour les Pruffiens. Dans le camp des Autrichiens, on n'en avoit même aucun foupçon. Il falloit préalablement prendre des mefures pour la marche d'un corps de troupes auffi nombreux; & elles ne pouvoient être l'ouvrage d'un feul jour. FREDERIC tira parti de ce temps précieux, d'une maniere digne des plus grands maîtres. Il réfolut maintenant d'attaquer fans délai les retranchemens des Autrichiens, tandis qu'il auroit encore l'avantage de voir les Russes tenir leur place dans l'ordre-de-bataille, & se défendre s'ils étoient attaqués. Il étoit encore assuré, que Daun opposeroit à ce Corps une partie de ses troupes, & se verroit ainsi obligé de s'affoiblir. Il desiroit, en outre, de donner aux Russes, en prenant congé d'eux, une preuve éclatante du courage & de l'habileté des Prussiens dans la guerre.

Le 20 de Juillet, aussi-tôt qu'il fut nuit, le Roi fit travailler à une grande batterie, dans la plaine située devant les montagnes retranchées. Sur cette plaine, on n'avoit jamais vu un camp, pas même un poste de Prussiens; mais dans cette même nuit, il s'y forma une ligne de troupes, qui, dès la pointe du jour, se montrerent en ordre de bataille. Une batterie énorme, de 45 obus, étoit déja prête, & parut, au bout de peu d'heures, comme sortie hors du sein de la terre. Aussi-tôt que la clarté du jour eût permis de distinguer les objets, les Prussiens commencerent un feu épouvantable. La cavalerie Autrichienne, postée dans les vallées entre les montagnes, fut assaillie par une grande quantité de grenades, mise dans un grand désordre, & repoussée fort-avant dans les gorges des montagnes. On attaqua alors les retranchemens mêmes, par une grêle de bombes & par divers assauts. Plusieurs des meilleurs régimens Prussiens, commandés par le Général de Möllendorf, furent destinés à ce service. Ni les montagnes escarpées, avec leurs épaulemens & leurs fosses-de-loup, ni

les

les paliſſades & les canons, qui formoient un fort de chaque montagne, ne purent arrêter leurs progrès. On aſſailloit de tous les côtés où ſeulement il étoit poſſible de gravir. Le Général de Möllendorf trouva une avenue moins difficile vers ces hauteurs. Il ſe prévalut de cette découverte ; & comme, vu la pente eſcarpée de la montagne, aucun cheval ne pouvoit y parvenir, les ſoldats du régiment du Prince-Royal ſe ſaiſirent d'un canon, & le traînerent ſur le ſommet de la montagne. L'ennemi prit alors de toutes parts la fuite ; & en quatre heures de tems, toutes ces hauteurs retranchées avec tant de travaux & tant de ſoins, furent emportées : 1400 hommes des ennemis avoient été tués, & 800 faits priſonniers. On s'empara d'un nombre aſſez conſidérable de canons, & l'on repouſſa entiérement les Autrichiens ſur le gros de leur armée.

Pendant cette action, toutes les autres troupes, tant celles de Ruſſie que les Pruſſiens, quelque éloignées qu'elles fuſſent du champ de bataille, ſe tinrent ſous les armes, afin d'obſerver la grande armée Autrichienne, qui demeura néanmoins tranquille. Les principaux Généraux des Ruſſes ſe trouverent, comme ſpectateurs, auprès du Roi, dans la vallée où l'on combattoit. C'étoit un ſpectacle militaire, que FRÉDÉRIC donnoit aux Ruſſes avant de ſe ſéparer d'eux. Il eut la ſatisfaction de n'avoir employé ces Alliés à aucune entrepriſe, pendant le tems qu'ils avoient été dans ſon armée. Hormis les Coſaques qui accompagnerent le Général Neuwied en Boheme, les troupes des Ruſſes s'étoient toujours tenues tranquilles dans leur camp. Le sang d'aucun Russe ne fut versé pour FREDERIC, qui, dès-lors comme auparavant, fit la guerre sans aucun secours étranger, contre tous ses ennemis.

Le lendemain du jour de ce grand combat, les Russes quittèrent l'armée Prussienne. C'étoit le 22 Juillet. Les Généraux s'en séparerent avec les plus grands regrets, parce qu'ils n'esperoient plus trouver une pareille école militaire : mais le simple soldat vit avec satisfaction le moment de ce départ, parce que, hormis le pain qui lui étoit fourni régulièrement, il manquoit des autres alimens, que la modicité de sa paie ne lui permettoit pas de se procurer, & qu'il ne pouvoit plus piller dans la Siléfie. Deux livres de pain par jour ne suffisoient pas à un estomac Russe. Aussi, lorsqu'ils voyoient des officiers Prussiens, ces guerriers affamés portoient les mains sur leur bouche, pour indiquer combien la faim les pressoit : plusieurs même couroient au camp des Prussiens, pour y demander du pain. En obtenoient-ils par pitié, ils se jetoient aux pieds de leurs bienfaiteurs, pour leur rendre leurs actions de graces ; & ils s'en retournoient à leur quartier, avec autant de joie que s'ils eussent été chargés de butin.

Daun avoit perdu, par le malheureux combat de Burkersdorf, toute communication avec Schweidnitz ; & la route de cette forteresse étoit maintenant ouverte de tous côtés aux troupes du Roi, qui fit alors les derniers préparatifs pour le siege de cette forterefle. Ce fiege ne commença néanmoins que le 8 d'Août. Le Général Tauenzien fut rappellé de Breslau, & reçut le ocmmandement du Corps deftiné à inveftir la place, compofé de vingt bataillons d'infanterie, & de quelques régimens de cavalerie. Deux armées, commandées l'une par le Roi, l'autre par le Duc de Bevern, couvroient ce fiege. Il fut, à le confidérer militairement, le plus remarquable de toute la guerre, tant à l'égard de l'habileté déployée dans l'attaque & dans la défenfe, qu'à celui de fa durée & de plufieurs autres circonftances fecondaires. Deux François, Gribauval & Le Fevre, commandoient, comme ingénieurs, au-dedans & au-dehors de la place. Le premier étoit encore au fervice de France, & avoit été envoyé par LOUIS XV à l'armée Autrichienne, à caufe de fa grande habileté. Quant à Le Fevre, il fervoit FRÉDERIC. L'un & l'autre étoient liés d'amitié entre eux : ils avoient publié des écrits relatifs à leur art : ils avoient un fyftême particulier fur la maniere d'affiéger des places, & que chacun d'eux avoit défendu dans fes écrits. Maintenant s'offrit la rare occafion, de fe démontrer de part & d'autre, aux yeux de toutes les nations civilifées, la bonté de leur fyftême. Les matériaux pour ces expériences, le fang humain, le fer & la poudre, étoient à leur difpofition. C'étoit principalement par des mines, que Le Fevre vouloit s'emparer de la forterefle. Mais il ne remplit pas fes promeffes, & l'on fut contraint d'en revenir pour la plus grande partie à l'ancien fyftême. Le bombardement étoit très-vif, & on le continuoit jour & nuit fans aucun relâche. La défenfe ne fut pas moins vigoureufe : l'artillerie de la forterefle étoit très-bien fervie, & prefque toutes les nuits, les afliégés faifoient des forties, quoiqu'avec peu de fuccès.

Daun, réfolu de délivrer la place, n'attendit que fix jours pour faire une tentative dont le fuccès lui paroiffoit affuré. Entre l'armée Autrichienne & Schweidnitz, étoit pofté, près de Reichenbach, un gros corps de troupes Prufliennes, commandé par le Duc de Bevern, & féparé du gros de l'armée du Roi. Il s'agiffoit de l'affaillir de tous côtés, & de l'anéantir, avant que le Roi, qui étoit éloigné, pût lui envoyer du fecours. Plein de confiance dans la grande fupériorité du nombre des affaillans, Daun efpéroit de renouveller ici la fcene de Maxen. Quatre corps divers, aux ordres de Lafcy, O'Donel, Beeck & St. Ignon, attaquerent, en même tems, les Prufliens, en front, en flancs & en dos. Dans ces circonftances, le Duc tint la conduite d'un grand Capitaine. Les ennemis donnerent fur les bagages des Prufliens, qui parurent entiérement perdus. Quelques Généraux voulurent les défendre avec leurs brigades ; mais le Commandant en chef leur défendit cette manœuvre. ,, Si nous fommes ,, battus, *difoit-il*, nous ne pourrons fauver qu'avec ,, peine quelque chofe de nos bagages; mais fi nous ,, vainquons, ils feront bientôt récouvrés. " Conformément à cette fage maxime, la même qui, en 1745, fit gagner à FREDERIC la bataille de Sorau, les Prufliens laifferent piller leurs bagages par les ennemis, & combattirent fans rompre leurs lignes. Ils firent front de toutes parts, & attendirent avec confiance, de l'activité de leur Roi, qu'il ne les abandonneroit pas. Cette confiance ne fut point trompée ; car à peine eut-on entendu les premiers coups de canons, que le Prince de Würtemberg monta à cheval, & vint à toute bride, à la tête de la cavalerie du Roi, fe précipiter fur le corps de troupes que commandoit O'Donel, & qui fut incontinent renverfé. L'artillerie à cheval de l'armée Pruffienne fuivit au plein trot cette cavalerie, & après elle venoit FREDERIC avec un corps d'infanterie. Mais déja avant fon arrivée, les ennemis avoient été complétement repouffés. Leur perte fut de 1200 morts & bleffés, & de 1500 prifonniers. Les Pruffiens compterent mille morts & bleffés ; & ils n'avoient perdu qu'une fort-petite partie de leurs bagages. Daun marcha maintenant vers Glatz, en abandonnant Schweidnitz à fon fort.

Cependant le fiege de cette place fe continuoit fans relâche : on la foudroyoit avec foixante-huit canons, & trente-deux mortiers & obus. La garnifon, quoique fans efpérance d'être fecourue, ne perdit point courage. Les vivres ne manquoient point dans la forterefle, & le foldat pouvoit les acheter à bas prix : il recevoit en outre, chaque matin, un verre d'eau-de-vie, &, au dîner, une certaine mefure de vin. Après un mois de fiege, le Général Guafco demanda néanmoins à capituler. Il defira une libre retraite, mais elle lui fut refufée. Cependant les mines artificielles de Le Fevre confumoient beaucoup de tems, & ne produifoient que peu d'effet. C'étoient ce qu'on appelle des globes-de-compreffion, excellente invention de Belidor, par laquelle l'art des mineurs, tant dans fa théorie que dans fa pratique, reçut une nouvelle extenfion, & dont l'on put faire ufage ici pour la premiere fois. Pendant le cours de ce fiege, on prépara quatre de ces globes de compreffion, qui furent remplis & allumés, & dont quelques-uns ne réuffirent point. Quelquefois les mineurs fe rencontroient, de part & d'autre, fous la terre, où ils faifoient ufage, tant qu'ils fe voyoient encore féparés par des parois de terre, de balles étouffantes & enfuite de leurs piftolets. À de plus grandes diftances, on fe fervoit de camouflets, qui boucherent les allées fouterraines des affiégeans. Les mineurs des Autrichiens étoient en plus grand nombre que ceux des Pruffiens, ce qui les mit à même de fruftrer plufieurs tentatives de ces derniers. Le Fevre étoit au défefpoir : il gémiffoit de voir fes efpérances trompées ; &, ne cherchant plus déformais qu'à mourir, il s'expofoit dans les endroits les plus dangereux.

Cependant le feu au-deffus de la terre faifoit fans ceffe des ravages, tant dans la place que parmi les affiégeans. Chaque heure, tant de nuit que de jour, comptoit fes morts. Les volontaires qui étoient dans la fortereffe, & qui jufqu'alors s'étoient chargés des travaux les plus périlleux, commencerent à s'en rebuter. Les récompenfes qu'on leur accordoit, étoient pour eux des gages certains de leur trépas, & c'étoit eux qu'on chargeoit de toutes les entreprises difficiles. FRÉDERIC, qui visitoit fréquemment les tranchées, fut mécontent de ces longueurs inattendues. Il ordonna lui-même de nouveaux arrangemens, qui prouverent ses profondes connoissances dans l'art des sieges. La prise de la place paroissoit fort-douteuse à un grand nombre de personnes ; & après deux mois de travaux sanguinaires, il falloit que Schweidnitz fût emporté dans deux ou trois semaines, ou qu'on renonçât à ce siege. Enfin, un accident, effet d'un pur hazard, vint au secours des assiégeans. Une grenade, lancée par un obus, pénétra dans un magazin à poudre de la forteresse, & y mit le feu. Un bastion entier du fort Jauernick, avec deux compagnies de grenadiers Autrichiens, sauterent en l'air. Huit officiers, qui prenoient alors même leur repas, dans ce lieu consacré au démon de la guerre, devinrent, en ce moment affreux, les victimes de la mort. L'explosion fut si terrible, qu'elle fit trembler les montagnes des environs.

On fit alors des préparatifs pour donner l'assaut ; mais Guasco n'attendit point cette derniere extrémité, & il se rendit le 9 Octobre, après 63 jours de tranchée ouverte. Ce qui resta de la garnison, qui d'abord étoit de 9000 hommes, fut fait prisonnier de guerre. Le Roi sut honorer la bravoure du Commandant, & il l'invita à sa table. Il eut la magnanimité d'oublier, que lors de la prise de Dresde, cet Italien s'étoit conduit avec beaucoup d'indécence à l'égard de la garnison

Pruſſienne. Les Pruſſiens trouverent, dans la place, 353 pieces d'artillerie, 55,000 boulets, bombes & grenades, & plus de 1000 quintaux de poudre. En vivres, il s'y trouva encore 2000 quintaux de farine, 740 quintaux de biſcuit, & 25000 pains. Les priſonniers, tant officiers que ſoldats, furent envoyés en Pruſſe, où ils furent tranſportés ſur des barques, depuis Stettin. Ce ſiege avoit coûté, aux Pruſſiens, 3033, & aux Autrichiens, 3552 morts & bleſſés. Les premiers avoient lancés 172,000, & les derniers 125,000 bombes & boulets.

Le Roi ſe diſpoſa maintenant à marcher en Saxe. Mais auparavant il y envoya le Général Neuwied, avec vingt bataillons, & quarante-cinq eſcadrons, afin de renforcer l'armée du Prince HENRI. Ce Prince avoit fait une campagne fort-active. Le Général Bellin, qui juſqu'alors avoit tenu tête aux Suédois, après que la paix eut été faite avec cette nation, avoit évacué le pays de Mecklenbourg, & joint l'armée de HENRI. Ce Prince ſe trouva alors aſſez fort pour pénétrer plus avant, & empêcher pendant long-tems la réunion des Autrichiens avec les troupes des Cercles. Il attaqua, près de Döbeln, le Général Autrichien Serbelloni, & le mit en fuite avec perte de 2000 hommes. De ſon côté, Serbelloni attaqua, quelques ſemaines après, les poſtes avancés des Pruſſiens; mais il fut repouſſé, & perdit à cette occaſion plus de 1000 hommes. Il ſe donna encore d'autres combats, près d'Auersbach & de Töplitz, où le Général Seidlitz battit les ennemis, prit ſur eux 600 chariots, & fit quantité de prisonniers. HENRI s'étoit campé près de Freiberg, & les Autrichiens, dans l'intervalle, s'étoient réunis aux troupes de l'Empire. Les ennemis, se confiant dans la supériorité de leurs forces, offrirent aux Prussiens une occasion avantageuse de leur livrer bataille. Elle se donna le 29 Octobre, & ne dura que deux heures; mais elle fut sanglante & décisive. Les troupes légeres des Autrichiens furent d'abord renversées; puis on attaqua celles des Cercles dans leurs retranchemens; & elles furent repoussées jusqu'au-delà de la Mulde. Des troupes régulieres Autrichiennes, qui pendant l'action virent devant elles un corps de Prussiens, se crurent trop foibles pour lui disputer seules la victoire, & elles se retirerent. Daun avoit bien envoyé le Prince ALBERT de Saxe, conduire du renfort à Freiberg; mais ce secours arriva trop tard. Dans cette journée, les vainqueurs compterent 1400 morts & blessés: les ennemis en perdirent 3000, outre 4400 hommes pris par les Prussiens, avec 28 canons & neuf drapeaux.

Les armées battues marcherent en Boheme, où Kleist fut envoyé à leur poursuite, avec un camp volant. Il y détruisit plusieurs magazins, & leva des contributions presque jusques sous les murs de Prague. Le Roi reçut, dans sa marche en Saxe, la nouvelle de la bataille gagnée à Freyberg. Il se vit en état de répartir plutôt ses troupes dans leurs quartiers d'hyver. Il tira un cordon, qui s'étendoit depuis la Thuringe, à travers la Saxe, la Lusace & la Silésie; & il conclut une trêve avec les

Autrichiens. Il ne restoit à ceux-ci, à la fin de la septieme campagne, de toutes leurs conquêtes, qu'un petit district près de Dresde, & le Comté de Glatz. Ils trouverent maintenant, que le Roi, délivré des Russes, étoit trop puissant pour eux: ils soupiroient après du repos, & furent très satisfaits de cette tréve, qui ne comprenoit que la Saxe & la Silésie.

Les Alliés avoient ouvert la campagne sous des auspices defavorables. Quoiqu'ils dussent être joints par 20000 Russes, dont la marche étoit réglée, & pour lesquels on formoit déja des magazins, leur principal soutien paroissoit s'affoiblir en Angleterre. Le nouveau Ministere Anglois avoit beaucoup d'éloignement pour la guerre d'Allemagne, & il ne témoigna pas la moindre ardeur pour soutenir les opérations de FERDINAND. Cependant, comme le nouveau Ministre, Lord Bute, ne crut pas devoir braver le vœu de toute la nation, il fut envoyé en Allemagne, au printems, un certain nombre de recrues, ainsi qu'un régiment de montagnards Ecossois nouvellement levés.

Les troupes des Alliés se mirent cependant en mouvement, vers la fin de l'hyver. Le Prince héréditaire attaqua le château d'Arensberg, où se trouvoit une garnison de François, à qui la possession de ce château étoit fort-nécessaire pour conserver leur communication avec Cassel. Le Commandant Muret demanda une libre retraite; mais elle lui fut refusée, & le Château fut canonné avec beaucoup de vivacité. Après une canonnade de six heures, Muret se rendit à discrétion, avec 240 hommes. De part & d'autre, dans cette expédition, il ne fut tué aucun combattant : il n'y eût également aucun blessé, à l'exception d'un seul officier Anglois. Le Prince héréditaire poursuivit ses avantages : il s'approcha du Rhin, leva de toutes parts des recrues & des contributions, & emmena des ôtages. Ces progrès réveillerent enfin les Maréchaux François. Soubise & d'Etrées commandoient vers le Haut-Rhin, & le Prince de Condé, vers le Bas-Rhin. On s'apperçut bientôt, que Broglio n'étoit plus à la tête des armées de France. Une quantité de revers, que les François essuyerent durant cette campagne, vengerent la disgrace non-méritée dans laquelle ce Général étoit tombé à sa Cour. FERDINAND s'étant avancé avec son armée, attaqua les François près de Wilhelmsthal, & après un combat très-vif, il les repoussa jusques sous les murs de Cassel, tandis que d'autres fugitifs se hâtoient de gagner l'autre bord de la Fulda. Ils laisserent, sur le champ de bataille, 4000 morts & prisonniers. Parmi ces derniers se trouvoit la plus grande partie des Grenadiers-de-France. Leur défaite auroit été complette, si la cavalerie des Alliés eût pu prendre part au combat. Les officiers François, faits prisonniers, avoient perdu tous leurs bagages. FERDINAND les dédommagea de cette perte avec magnanimité. Le lendemain du combat, il leur donna un magnifique repas. Au dessert, on avoit placé, parmi les autres plats, un fort-grand bassin couvert. Comme on étoit au moment de se lever de table, le Duc dit aux officiers, en leur montrant du doigt ce baſſin: „ Voici, Meſſieurs, qui eſt encore pour „ vous : " Aucun d'eux ne voulant le faire, FERDINAND découvrit lui-même ce baſſin. Quelle fut leur ſurpriſe, lorſqu'ils apperçurent, dans ce baſſin myſtérieux, une quantité de montres, de tabatieres, de bagues d'or & d'autres bijoux de prix, dont chaque officier put choiſir à ſon gré!

Afin de chaſſer encore les François de leur camp retranché près de Caſſel, FERDINAND leur coupa auſſi la communication avec Francfort.

Le Général François, Rochambeau, qui devoit la maintenir, fut attaqué & mis en fuite après une défenſe des plus opiniâtres. Les magazins conſidérables, formés dans les environs de Rothenbourg, tomberent au pouvoir des Alliés. Le 23 de Juillet, ils remporterent une autre victoire près de Lutternberg, où le corps du Prince XAVIER de Saxe fut attaqué & battu. A cette occaſion, on fit priſonniers mille grenadiers & 500 cavaliers Saxons. Le Prince héréditaire de Brunswick eut auſſi le bonheur de chaſſer les ennemis de la montagne de Kratzenberg, où il fit un grand nombre de priſonniers.

Les François furent tellement affoiblis par ces revers, que le Prince de Condé ſe hâta de marcher en Heſſe au ſecours de la grande armée. Le Prince héréditaire s'avança contre lui, & l'attaqua, le 1er. Septembre, près de Johannisberg. La fortune ſe déclara d'abord pour les Alliés; mais la poſition avantageuſe des François, la ſupériorité du nombre de leurs troupes, & une bleſſure dangereuſe que le Prince héréditaire reçut dans le bas-ventre, déciderent la victoire. FERDINAND, qui ſe trouvoit dans le voiſinage, vint au ſecours des troupes battues, encore aſſez à tems pour prévenir une défaite totale. Les Alliés perdirent, dans cette journée, 2400 hommes.

Rien n'empêcha plus la réunion des armées Françoiſes, qui commencerent de nouveau à agir offenſivement. Elles aſſiégerent le château d'Amœnebourg, ſur l'Ohm. Les Alliés leur diſputerent la poſſeſſion du pont de cette riviere. L'une & l'autre armée envoyerent continuellement des troupes fraiches, pour ſoutenir le combat, qui dura pendant quatorze heures. Il falloit que ce paſſage fût forcé, ſi les François vouloient ſauver Caſſel. La nuit mit fin à ce combat, qui avoit coûté à chaque partie environ mille morts & bleſſés. Ni l'une ni l'autre n'avoit vaincu. Cependant, comme l'on combattoit plus pour l'honneur que pour des avantages réels, & que la force des François les mettoit à même de tenir bon plus long-tems que lui, FERDINAND ſacrifia le poſte qu'on s'étoit ſi opiniâtrément diſputé, & fit retirer ſes troupes. Amœnebourg ſe rendit le lendemain.

L'hyver étoit proche; & quoiqu'on travaillât à la paix, elle n'étoit point aſſurée. FERDINAND deſira donc de terminer la campagne par une action éclatante, & il tourna ſes vues ſur Caſſel. La priſe de cette ville, qui auroit délivré tout le Landgraviat d'ennemis, devoit lui procurer les plus grands avantages. Le Prince FREDERIC de Brunswick, frere du Prince héréditaire, qui, malgré sa jeunesse, avoit déja donné des preuves de cet héroïsme héréditaire dans sa famille, fut chargé du siege de Cassel. Le 16 Octobre, on ouvrit la tranchée. L'attaque & la défense furent également vives. La garnison fit des sorties vigoureuses, mais inutiles. On ne s'y étoit point préparé à soutenir un siege. Tout ce qui étoit nécessaire, manquoit. On ne pouvoit espérer d'approvisionnemens, FERDINAND ayant garni toutes les avenues, & s'étant posté avec tant d'avantages, qu'il étoit impossible aux François d'envoyer du secours aux assiégés. Dès les commencement du siege, on distribua, à la garnison, de la chair de cheval. Mais la famine se manifesta bientôt, au point que, dans la ville, on payoit deux florins pour une livre de la plus mauvaise viande de vache. Cette disette des premiers de tous les besoins contraignit la garnison de se rendre, le 1er. Novembre. Deux jours après, furent signés les préliminaires, qui mirent fin à la guerre entre la France & l'Angleterre. FERDINAND congédia alors ses troupes, par un discours touchant, qui fit verser des larmes à tous ceux qui l'entendirent. Il les remercia, tant de la confiance qu'elles lui avoient témoignée, que de leur obéissance, & il termina son discours en les assurant, que le souvenir d'avoir combattu pour sa patrie avec d'aussi braves troupes, ne finiroit qu'avec sa vie.

Tout retentissoit, en Angleterre, des louanges de ce grand Général. Le Sénat Britannique lui adreſſa des remerciemens ſolemnels, & lui aſſigna, pour le reſte de ſes jours, une penſion annuelle de 3000 livres-ſterling. L'armée Angloiſe, qui, de 25,000 hommes avoit été réduite à 17,000, ſe mit en marche pour s'en retourner dans ſon pays Ces troupes ſe rendirent en Hollande, où elles étoient attendues par des vaiſſeaux de tranſport qu'on y avoit envoyés d'Angleterre.

La France, ce royaume redoutable, étoit, de toutes les Puiſſances belligérantes, celle qui deſiroit la paix avec le plus d'ardeur. Les finances de cette Monarchie étoient entiérement épuiſées; ſon commerce extrêmement affoibli, ſa marine ruinée, & ſes poſſeſſions éloignées conquiſes par les Anglois. Dans toutes ſes provinces, il régnoit une diſette exceſſive d'eſpeces, dont on avoit envoyé des ſommes prodigieuſes en Allemagne, ou que des corſaires avoient interceptées ſur mer, & fait paſſer en Angleterre. LOUIS XV, les Princes du ſang, & la principale Nobleſſe de France, envoyerent leurs vaiſſelle à la monnoie; mais ce ſecours n'étoit pas proportionné à la grandeur du mal: il donnoit, en outre, une preuve du beſoin inexprimable où l'on ſe trouvoit réduit. D'autres ſecours, émanés d'un noble patriotiſme, manquerent également. Les Etats de quelques grandes provinces de ce Royaume, ainſi que diverſes villes conſidérables, armerent à leurs frais des vaiſſeaux & des corſaires; mais ſans ſuccès. À peine parurent-ils en mer, qu'ils devinrent la proie des Anglois. On s'étoit propoſé, avec 4000 bateaux plats, de faire une deſcente en Angleterre. Le tems où devoit s'exécuter cette entreprise étoit proche, lorsque le secret des lieux du débarquement, dont dépendoit tout le succés de l'entreprise, fut trahi à la Cour de Londres par un Irlandois nommé Macallester: Quantité de ces bateaux plats périrent bientôt après sur les côtes de France. Le malheur pourluivoit les François sur mer & sur terre. Voltaire a dit à ce sujet, que ,, la France, ,, par ses liaisons avec l'Autriche, a été plus épuisée ,, d'hommes & d'argent, en moins de six années, ,, que par toutes ses guerres avec cette Maison, ,, durant une espace de plus de deux siecles."

Dans une situation aussi effrayante, la derniere éspérance commençoit également à manquer, après que le nouvel Allié de la France, le Roi d'Espagne, eût été mis, par les Anglois, en une seule année, hors d'état de continuer la guerre. La Havane, cette clef des provinces des Espagnols en Amérique, ce boulevard de leurs mines d'or & d'argent, avoit été enlevée avec tous les trésors qu'on y avoit entassés. La riche Manille étoit également conquise: le Portugal, dont l'Espagne s'étoit emparée, étoit presque entiérement délivré: Pondichery rasé, & le Canada, ainsi que toutes les isles importantes de la France, se trouvoient au pouvoir des Anglois. Le trident de Neptune parut assuré, pour plusieurs siecles, à la Grande-Brétagne. Les flottes réunies de tous les peuples parurent obscurcies devant la puissance colossale de leur marine, qui brilloit sur l'élément des eaux comme un nouveau météore, éclairoit dans toutes les mers les trophées des Bretons,

tons, & dont les rayons s'étendoient jusqu'aux deux poles. Toutes ces conquêtes, achetées par la plus rare bravoure, par des torrens de sang, & par une dette nationale qui doit peser sur de nombreuses générations, hormis le Canada, furent restituées aux ennemis, dans une paix aussi singuliere que l'avoit été cette guerre.

Par cette paix, dont le Lord Bute étoit l'auteur, FRÉDERIC fut abandonné à ses ennemis; & comme si l'on eût voulu susciter à dessein des obstacles à ce héros admiré de toute l'Europe, il fut stipulé expressément, dans le traité, que les pays d'Hannovre, de Hesse & de Brunswick, & les autres provinces des Alliés, seroient *évacués & restitués* par les François; mais quant aux provinces Prussiennes en Westphalie, telles que les Duchés de Cleves, de Gueldre & autres districts dont les François étoient maîtres, il étoit dit seulement qu'elles seroient *évacuées*. Le nouveau Ministere Anglois n'eut aucun égard au traité conclu entre l'Angleterre & la Prusse, & dont le quatrieme article portoit expressément, qu'aucune partie ne feroit de paix séparée, ni de tréve, sans le consentement de l'autre. L'intérêt du Roi & celui de la nation, l'honneur national & les sentimens unanimes du peuple, furent entiérement perdus de vue: aussi le jour où la paix fut proclamée, fut un jour de deuil dans toute la Grande-Brétagne. L'Ambassadeur de Prusse à la Cour de Londres protesta formellement contre cette paix perfide, cette paix contraire aux traités, en tant qu'elle regardoit son Maître;

mais ce fut en vain. Elle fut ratifiée le 10 Février 1763. Cette conduite fit, fur FRÉDERIC, la plus profonde impreſſion, & produiſit en lui un reſſentiment non contre la Cour, qui ſeule étoit coupable, mais contre la nation Angloiſe, qui n'y avoit aucune part, & dont il étoit adoré. Jamais Prince étranger ne ſe vit chéri des Bretons autant que le fut FRÉDERIC. Les plus grands Orateurs du Parlement, de quelque parti qu'ils fuſſent, ne ſe laſſoient pas de l'élever juſqu'au ciel : les poëtes Anglois chantoient ſes triomphes, & le peuple brûloit, dans les places publiques, les effigies des Souverains ſes ennemis. Cette voix unanime d'un peuple libre & auſſi éclairé, qui peſe d'ailleurs ſi fort ſur la balance de l'ambition, ne put effacer, dans l'eſprit de FRÉDERIC, les fautes politiques du Cabinet de St. James. Toute la nation Angloiſe, qu'il ne fut jamais bien connoître, devint l'objet de ſon éloignement. Son noble enthouſiaſme pour lui, & les ſubſides qu'elle avoit fournis ſi généreuſement pour une cauſe étrangere, furent bientôt oubliés. Au lieu de reconnoiſſance, il prit une averſion contre ce peuple, que FRÉDERIC manifeſta de diverſes manieres, & qui ne finit qu'avec ſa vie.

Cette animoſité, qui s'accroit ſans ceſſe entre des nations en guerre, étoit montée inſenſiblement, chez les Autrichiens & les Pruſſiens, à un haut degré dont cette hiſtoire a déja conſigné pluſieurs traits. Les Autrichiens principalement, qui alors étoient encore fort-arriérés dans la civiliſation, & qui manquoient de lumieres & de connoiſſances, ſe diſtinguerent par cette haine nationale. Selon leur idée, cette guerre, commencée par FRÉDERIC, étoit une révolte punissable contre l'Empereur & l'Empire ; &, d'après leurs préjugés religieux, l'on combattoit contre des hérétiques, dont la destruction étoit une œuvre méritoire. Les simples soldats Prussiens, prisonniers parmi eux, étoient renfermés, à Vienne, dans une maison de force destinée pour des criminels ; & là, par divers mauvais traitemens, on les contraignoit de prendre service pour l'Autriche. Quant aux officiers Prussiens qui avoient été faits prisonniers, on les gardoit dans de petites villes, afin qu'ils ne pussent répandre le poison de leurs opinions religieuses. D'après ces principes, on les traitoit d'une manière indigne : pendant cinq mois, on ne leur fournit aucune paie, & l'on abandonna le soin de leur subsistance, à la miséricorde de personnes charitables. Le Général Fouquet, qui se trouvoit aussi prisonnier chez l'ennemi, crut devoir se plaindre hautement de ces procédés à l'égard de ses officiers qui se trouvoient sans secours. Ce Général, l'ami de son Roi, plein d'enthousiasme pour son service, & convaincu qu'à cause de ces qualités on le haïssoit personnellement à Vienne, fit ses plaintes avec trop de chaleur. Il se servit, à l'égard de l'Impératrice & de ses Ministres, d'expressions qu'on n'auroit pu proférer impunément qu'en Angleterre. La punition ne se fit pas long-tems attendre. Fouquet fut conduit & renfermé à Carlstadt en Croatie. Le Roi usa de représailles, & fit garder étroitement, dans la citadelle de Magdebourg, quatre Lieutenants-Généraux Autrichiens, qui jufqu'alors avoient vécu dans la ville fans aucune gêne. Cela occafionna une correfpondance particuliere entre le Margrave CHARLES de Pruffe & le Général Laudon. De part & d'autre, on fe fit des reproches amers, qui cependant n'eurent aucun effet. Les repréfailles continuerent. Par ordre de l'Impératrice-Reine, quatre Lieutenants-Généraux, prifonniers chez les Autrichiens, furent conduits à Kufftein. FRÉDÉRIC, qui avoit en fon pouvoir un bien plus grand nombre de Lieutenants Généraux prifonniers, leur affigna maintenant à tous la citadelle de Magdebourg, pour le lieu de leur féjour; ce à quoi plufieurs ne fe déterminerent qu'avec peine; même l'un d'eux ne put y être contraint que par la force. Les fouffrances de Fouquet, pour la caufe du Roi, ne demeurerent point fans récompenfe. FRÉDÉRIC ne montra jamais plus de reconnoiffance qu'envers ce Général, à qui il permit, après la paix, de vivre entiérement felon fa fantaifie, éloigné de fon régiment & de fon Gouvernement. Fouquet emporta, dans le tombeau, l'affection de fon Souverain.

Le Roi de Pruffe fe prévalut de la fufpenfion d'armes, qui ne s'étendoit qu'à la Saxe & à la Siléfie, & en général aux provinces Pruffiennes & Autrichiennes, pour envoyer, dans l'Empire, un Corps de 10,000 hommes. Il vouloit contraindre, par la force, les Etats de l'Empire fes ennemis, à embraffer le parti de la neutralité. Le Général d'huffards, Kleift, fut chargé de cette commiffion, qu'il exécuta avec autant de célérité que de prudence. Il parut dans la Franconie, qui étoit presque toute liguée contre FREDERIC, & s'empara de Bamberg & de plusieurs autres villes importantes. Bamberg fut taxée à une contribution d'un million d'écus; puis l'on marcha vers Nüremberg, la Venise de l'Allemagne. Cette ville offroit un contraste singulier: par sa langue & par ses mœurs, elle paroissoit Allemande; mais sa constitution, le pouvoir législatif & l'orgueil politique de ses magistrats, la rendoient, à bien des égards, semblable à Venise.

Quelques familles y possedent, à l'exclusion de toutes les autres, les charges du Gouvernement: le citoyen y jouit de peu de libertés: les loix sages, pour favoriser l'industrie, y sont rares; & elle a néanmoins une haute idée de son importance. Le Magistrat de Nüremberg fit ouvrir ses portes au Général Prussien, après qu'il lui eût envoyé le projet d'une capitulation conçue dans ce style barbare de Chancellerie usité dans l'Empire, & après que ses députés eurent bien réservé toutes les libertés de la ville Impériale, *in Sæcularibus & Ecclesiasticis, in Civilibus & Militaribus.* Ce langage étoit nouveau pour le Général des hussards. Il promit de répondre sur tous ces points, aussi-tôt qu'il seroit dans la ville. Sa réponse effectivement ne se fit pas long-tems attendre; mais elle fut d'un autre style. Il s'agissoit de payer 1,500,000 écus d'Empire, & de vuider l'Arsenal. Pendant cette opération, Kleist ne laissa point ses hussards oisifs: ils se répandirent, par essaims, dans tous les environs, extorquerent des contributions, & répandirent la terreur jusqu'aux rivages du Danube. Là ils délivrerent tous les ôtages que pendant le cours de la guerre les troupes des Cercles avoient enlevés des provinces Prussiennes, & entrainés avec elles. Dans les provinces méridionales de l'Empire, on ne connoissoit les Prussiens que par la renommée. Du haut des murailles des villes, on se rioit ordinairement des pelotons de cavalerie légere qui hazardoient de s'approcher. Mais on voyoit maintenant des hussards Prussiens, qui mettoient pied à terre pour aller à l'assaut. C'est ainsi que fut prise la ville Impériale de Windsheim : celle de Rothenbourg, sur la Tauber, ouvrit ses portes à 25 hussards qui menaçoient de donner l'assaut. Les citoyens, qui avoient pris les armes, descendirent des remparts, & payerent cent mille écus à titre de contribution.

Ces hussards, qui ne voyoient de tous côtés que des provinces ennemies très-mal défendues, y pénétrerent plus avant, & arriverent jusqu'à une lieue de Ratisbonne. Les Amphictions de l'Empire Germanique en furent consternés : ceux sur-tout, qui, pendant tout le cours de la guerre, avoient le plus déclamé contre le Roi de Prusse, craignirent maintenant sa vengeance. Plusieurs prirent des mesures pour se sauver : les barques qui naviguoient sur le Danube, furent chargées d'effets précieux, & la Diete parut comme terminée. Dans cet embarras, on oublia tous les principes & plans politiques, ainsi que tout autre intérêt. On ne pensoit plus qu'à fa propre confervation. L'Ambaffadeur de Pruffe, Plotho, que la majorité de l'Affemblée de la Diete avoit fi fort pris en haine, & qu'elle perfécutoit depuis fept années avec le dernier acharnement, fut requis formellement de lui accorder fa protection. On implora de lui la fûreté d'une Affemblée nationale, qui, avec une ardeur infatigable, avoit travaillé à perdre fon Maitre. Le Magiftrat de Ratisbonne lui envoya une députation folemnelle, pour implorer la clémence du Roi de Pruffe. Plotho, muni de plein-pouvoirs très-étendus, accorda la protection qu'on lui demandoit; & les huffards Pruffiens ne fe montrerent plus dans le voifinage de Ratisbonne.

Les troupes Autrichiennes, fe croyant liées par la fufpenfion d'armes, avoient été les témoins tranquilles de toute cette expédition. Enfin cependant il arriva de nouveaux ordres de Vienne. Il vint, de la Boheme, un corps confidérable d'Autrichiens, qui fe réunit avec les troupes des Cercles, fous les ordres du Prince de Stolberg. Cette armée s'avança dans la Franconie: le Prince XAVIER s'approcha auffi de la Saxe avec un corps confidérable, & les François marcherent jufques près de Würtzbourg. Kleift, trop foible pour hazarder un engagement avec une armée entiere, fe retira, & revint heureufement en Saxe, emmenant beaucoup d'ôtages, de grandes fommes d'argent, & un nombre affez confidérable de canons Nürembergeois.

Les Etats de l'Empire prouverent maintenant, par leur conduite, leur éloignement pour la continuation de la guerre. La Baviere donna une marque éclatante de ce penchant pour la neutralité. Les troupes de cet Electorat garnirent leurs frontieres fur le Danube, & refuferent le paſſage aux Autrichiens. Les Bavarois & les troupes Palatines furent auſſi les premieres à fe féparer de l'armée des Cercles, & à retourner chez elles au milieu de Janvier, fans égard pour les ordres des Généraux de la Diete. Dès le mois de Décembre, le Mecklenbourg avoit conclu une paix féparée avec la Pruſſe, & payé au Roi, à titre de reſtes de contributions, 120,000 écus, qui furent avancés par le Roi de Danemarc.

1763. Cette brillante expédition des Pruſſiens dans le fein de l'Empire, fut la derniere de cette guerre, dont MARIE-THERESE defiroit maintenant la fin avec ardeur. L'eſpoir de s'emparer de la Siléfie s'étoit preſque entiérement évanoui, depuis la paix féparée de la Ruſſie & de la Suede; & dès-lors la guerre ne fe continua plus que par point d'honneur. On projetta cependant, du côté de l'Autriche, un plan pour prendre poſſeſſion des provinces du Roi de Pruſſe, dont les François étoient les maitres; & la Cour de Verſailles, qui, par la perfidie ou par la négligence des Miniſtres Anglois, felon la teneur littérale du traité, n'étoit point tenue à *reſtituer*, mais feulement à *évacuer* les poſſeſſions de FRÉDERIC, ne fe montra point éloignée de les remettre aux Autrichiens. La retraite de fes troupes fut donc différée, jufqu'à ce qu'il fe fût aſſemblé, près de Ruremonde, un corps d'Autrichiens. Mais

FRÉDÉRIC, qui ne manquoit plus de foldats, & qui d'ailleurs pouvoit difpofer des troupes maintenant oifives de Heffe & de Brunswick, fit pour s'y oppofer des difpofitions efficaces, & envoya une divifion en Weftphalie. Ces mefures déconcerterent le plan des Autrichiens, que les François ne vouloient point appuyer par leurs armes. Ainfi, dès le mois de Décembre, les Pruffiens prirent tranquillement poffeffion de toutes ces provinces.

L'ardeur pour continuer la guerre s'affoibliffoit continuellement à Vienne. FRÉDÉRIC, qui fe voyoit de nouveau Maître des provinces que les ennemis avoient occupées pendant un fi long-tems, du Royaume de Pruffe ainfi que de fes poffeffions dans la Weftphalie, paroiffoit, après fept campagnes, fans Alliés & fans fubfides, auffi formidable & auffi puiffant que jamais. On s'attendoit à le revoir déja en Boheme, avec de très-grandes forces. MARIE-THERESE, avec fes armées, fe trouvoit feule contre lui, & fans Alliés, après que tous les Etats de l'Empire, extrêmement fatigués de cette guerre, & effrayés par la derniere invafion des Pruffiens, eurent rappellé fucceffivement leurs troupes. La difette d'argent, il eft vrai, n'étoit pas auffi générale en Autriche qu'en France; mais les finances de l'Etat fe trouvoient dans un extrême défordre. Le tréfor, qui, dès les commencemens de la guerre, n'avoit jamais été bien rempli, fe trouvoit vuide malgré tous les emprunts, les impôts, & toutes les reffources de la politique: les befoins toutefois devenoient chaque jour plus preffans. Chez FRÉDÉ-

RIC, au contraire, on n'appercevoit aucune trace d'une pareille détresse. Il ne fut jamais question, chez lui, d'emprunter des capitaux soit dans le pays ou chez l'étranger; & néanmoins, ce qui doit surprendre le plus, jamais ses sujets n'avoient été chargés d'aucune imposition extraordinaire.

L'Allemagne avoit cependant beaucoup souffert pendant cette guerre. Des Cercles entiers avoient été ravagés: dans tous les autres, le cours du Commerce & les Arts étoient interrompus, malgré les flots d'argent qui avoient coulé en Allemagne, de la France, de l'Angleterre, de la Suede & de la Russie, & malgré les sommes que les armées mêmes, ainsi que les subsides, y avoient répandues. On a calculé, que la totalité de ces sommes est allée au-delà de 500 millions de risdales. Toute la Poméranie ultérieure, ainsi qu'une partie du Brandenbourg, étoient un désert. D'autres provinces se trouvoient dans un état non moins triste: ou elles manquoient entiérement d'habitans, ou du moins d'hommes. Dans plusieurs provinces, les femmes menoient la charrue; dans d'autres, elles manquoient également. On appercevoit de grandes étendues de terreins fertiles, où les traces d'une agriculture précédente n'étoient plus visibles. Les sauvages déserts Américains de l'Ohio & de l'Oronoque, trouverent une image fidelle dans les champs cultivés de la Germanie, que baignent les eaux de l'Oder & de la Weser. Un officier écrivit, qu'il avoit traversé sept villages de la Hesse, & n'y avoit trouvé qu'un seul homme. Celui-ci étoit un ecclésiastique, occupé à cuire des fèves pour en faire son repas.

Le 15 de Février mit fin à une misere auſſi générale. Ce jour, la paix fut ſignée dans le Château de Hubertsbourg en Saxe, deux jours après que la Diete de Ratisbonne ſe fût formellement declarée neutre. Quelques ſemaines ſuffirent pour cette importante négociation, parce qu'on avoit pris les meſures les plus propres à l'accélérer. On ne choiſit point, pour négociateurs, des Ambaſſadeurs ou des Miniſtres-d'Etat, qui le plus ſouvent ſe diſtinguent plus par le faſte, par des repas & par l'étiquette, que par un travail aſſidu. Mais on choiſit, à cet effet, trois hommes bien connus pour leur prudence & leur activité, & qui brilloient plus par leur mérite que par des titres. Ce furent, de la part de la Cour de Vienne, le Conſeiller de Cour de Kollenbach ; de la part du Roi de Pruſſe, le Conſeiller de Légation de Hertzberg ; & enfin, pour la Saxe, le Conſeiller privé de Fritſch. Ces trois négociateurs, pourvus d'amples pleins pouvoirs, rédigerent les articles du traité de paix, dont le contenu avoit pour principal objet l'évacuation des provinces & places conquiſes pendant la guerre, ou dans leſquelles on avoit mis des troupes. De part & d'autre, l'on renonça à tout dédommagement. On ſe trouva donc, après ſept campagnes ſanglantes, au même point où l'on avoit été en commençant la guerre. Le but des ennemis de FRÉDERIC fut non-ſeulement déconcerté, mais entiérement manqué. Le héros, dont la perte avoit paru inévitable aux yeux de tous les mortels ; qui, au milieu de ſes triomphes, avoit lui-même douté s'il pourroit éviter fa ruine, fit maintenant la paix, fans perdre un feul village.

Ainfi fe termina cette guerre de fept ans, l'une des plus mémorables qui foient confignées dans les annales d'aucun Empire, & qui ne le cede en rien aux plus furprenantes des tems modernes & de l'antiquité ; guerre féconde en diverfes fcenes extraordinaires, qui trompa l'attente de toute l'Europe, & qui fera inftructive pour les Généraux, les hommes d'Etat, & pour les Philofophes de tous les fiecles futurs.

Fin de l'Hiftoire de la guerre de fept ans.

SUPPLEMENT.

Vies de quelques célèbres Généraux Prussiens.

Conrad Christoph de Schwerin, nâquit le 26 Octobre 1684, dans la Poméranie Prussienne. Il étoit issu d'une famille qui compte près de 700 ans de noblesse. D'après la volonté de son pere, il devoit se vouer aux Sciences, & il fit ses études à Greifswalde, à Rostock & à Leyde. Mais son pere étant mort en 1700, il entra, l'année suivante, au service de Hollande, dans lequel son oncle paternel, qui étoit Lieutenant-Général, possédoit un régiment. Il y fut placé comme Enseigne, dans la compagnie du Lieutenant-Colonel de Schwerin, son frere aîné. Celui-ci, mécontent de ce que son cadet avoit discontinué ses études, lui fit éprouver, dans le plus haut degré, tous les désagrémens du service subalterne, afin de le dégoûter de l'état militaire, & de le ramener à des Sciences paisibles. Mais cette rigueur, au lieu de remplir le but de son frere, contribua plûtôt à former un Général de l'Enseigne Schwerin. L'exactitude avec laquelle il étoit obligé de faire son service, lui apprit à connoître, dans toute leur étendue, les besoins du simple soldat ; & elle le mit à même, malgré la sévérité avec laquelle il maintint depuis la discipline, de gagner l'affection des troupes pour lesquelles il eut toujours les plus grands foins. Mais ce ne fut pas feulement de ces objets qu'il fe vit à portée de s'inftruire : il put acquérir, fous les meilleurs Capitaines de ce tems, toutes les connoiffances effentielles à un homme de guerre. Il combattit fous les yeux d'EUGENE & de Malborough, & affifta, entre autres, aux célebres batailles de Ramélies & de Malplaquet, ainfi qu'à l'attaque du Schellenberg. En 1705, il obtint une Compagnie dans le régiment de fon oncle. Peu de tems après, celui-ci s'étant retiré du fervice, le nouveau Capitaine quitta également celui de la Hollande, & fut fait, en 1708, Colonel dans les troupes du Duc de Mecklenbourg. En 1711, ce Prince l'envoya, chargé d'une commiffion fecrette, auprès de CHARLES XII, Roi de Suede. Il féjourna une année entiere à Bender, & fut honoré de la confiance particuliere de ce Monarque. Il a dit fouvent, en parlant de ce féjour, que c'étoit à Bender qu'il avoit étudié l'art de la guerre, dont il avoit appris, dans fes converfations avec le Roi de Suede, plus qu'il en connoiffoit auparavant. Après fon retour de Bender, où il s'étoit acquitté au mieux de fa commiffion, le Duc l'éleva au rang de Brigadier. Il fembloit alors qu'il ne pourroit jamais manifefter fes grands talens militaires, tant qu'il feroit dans le fervice de Mecklenbourg. L'occafion s'en offrit cependant, quelques années après, d'une maniere inattendue. Le Duc avoit, avec les Etats du pays, des difficultés, pour l'applaniffement defquelles l'Empereur fit marcher dans le Duché une armée de commiſſion de 13000 hommes de troupes Hannovriennes. Schwerin, alors Major-Général, s'avança contre elle avec 12000 hommes, partie Mecklembourgeois, & partie troupes auxiliaires de Ruſſie : il la défit entiérement près de Waldſmölen, & les Hannovriens perdirent, dans cette action, trois régimens de cavallerie. L'année ſuivante, le Duc de Mecklenbourg congédia ſes troupes, ſur les conſeils de pluſieurs Princes voiſins. Schwerin ſe vit alors réduit, comme militaire, à une inactivité totale, & comme la partie de la Poméranie où ſe trouvoient ſes terres, étoit tombée en partage à la Cour de Berlin, il offrit ſes ſervices au Roi FRÉDÉRIC-GUILLAUME, qui les agréa avec joie, & l'envoya en Ambaſſade à Varſovie, parce qu'il n'y avoit aucune place de Colonel alors vacante dans ſon armée. Schwerin devoit s'employer à appaiſer les troubles de Thorn, en faveur des Proteſtans ; mais il n'y réuſſit pas mieux que les Miniſtres d'autres Puiſſances. Dans cet intervalle, il obtint le régiment d'infanterie, à la tête duquel il fut tué depuis à la bataille de Prague. En 1733, étant Lieutenant-Général, il entra, à la tête de trois régimens, dans le Mecklenbourg, afin de forcer à la retraite les troupes Hannovriennes, qui, ſous prétexte que les différens ſubſiſtoient encore entre le Duc & les Etats, ſéjournoient dans ce pays. Cette retraite eut lieu, par un effet des bonnes diſpoſitions que Schwerin avoit priſes : il demanda enſuite, aux Etats, des dédommagemens pour les frais de cette entrepriſe ; & comme il ne lui en fut pas donné, il féqueftra les Baillages de Parchim, Plaue, & Lübs. Ils font demeurés, depuis cette campagne, garnis par des huffards Pruffiens, jufqu'en 1787, que le Roi FRÉDERIC-GUILLAUME II a accepté le rembourfement des fommes que le Duc lui avoit offert. En 1740, FRÉDERIC II étant monté fur le trône, il éleva le Lieutenant-Général à la dignité de Comte, & le nomma en même tems Feld-Maréchal de fes armées. Il fe montra bientôt digne de ces nouveaux honneurs. Il eut une grande part à la victoire de Molwitz; & il montra, même encore dans la guerre de fept ans, qu'une vieilleffe de 71 ans n'avoit affoibli aucune des qualités qui avoient fait de lui un fi grand Capitaine. Sur la fin de la campagne de 1756, il fit, de la Boheme en Siléfie, une retraite digne des plus grand maîtres, à la vue d'un corps fupérieur d'Autrichiens aux ordres du Général Picolomini. Il ouvrit la campagne fuivante, par la prife d'un magazin important près de Buntzlau, & par le paffage de l'Elbe, où il déploya la plus grande habileté. Sa mort héroïque, à la bataille de Prague, a couronné la gloire qu'il s'étoit acquife dans les armées.

Le Comte de Schwerin étoit d'une taille audeffous de la médiocre, mais très-bien prife. Il aimoit jufqu'à la paffion tous les exercices nobles; & même, dans un âge avancé, il s'en acquittoit, fans en excepter la danfe, avec beaucoup de graces. Il parloit avec une égale facilité, le françois, l'italien & le latin. Sa converfation étoit fpirituelle, agréable & gaie. Dans fa jeuneffe, il avoit aimé le

jeu;

jeu ; mais après avoir perdu de grandes sommes, il fe borna bientôt à celui des échecs, plus convenable à un militaire. Semblable aux héros des beaux jours de Rome, il n'étoit pas moins bon agriculteur qu'excellent Général ; & comme tel, il protégea toujours l'habitant des campagnes contre l'oppreffion des foldats. Comme celui-ci, de fon côté, offroit fes denrées avec joie en vente, partout où commandoit Schwerin, l'abondance régnoit toujours parmi les troupes à fes ordres. Il fut marié deux fois ; mais aucun de fes enfans ne parvint à l'âge de l'adolefcence. Le Roi pleura fa mort, & honora fa mémoire, en lui faifant ériger une ftatue à Berlin, fur la place-Guillaume. Il y eft repréfenté vêtu à la Romaine, dans l'attitude où il s'avançoit, le drapeau à la main gauche, contre l'ennemi, au moment où il fut tué. Cette ftatue fut commencée par le fculpteur Adam, & après la mort de celui-ci, achevée par Michel.

FRÉDÉRIC-GUILLAUME, Baron de SEYDLITZ, nâquit le 3 Février 1722, dans le pays de Cléves en Weftphalie; & il entra, dans fa feizieme année, comme Cornette, dans le régiment des cuiraffiers du Margrave de Brandenbourg-Schwedt, où fon pere avoit une compagnie. Il montra, à l'âge de 12 ans, quelles difpofitions il avoit pour devenir bon cavalier, fon pere l'ayant furpris lorfqu'il s'exerçoit fans témoins à paffer fous les ailes mouvantes d'un moulin à vent. Toutefois il étoit né non feulement pour être un cavalier adroit, mais la nature lui avoit donné tous les talens d'un bon Général. Etant encore Cornette, il montra en 1740, dès la premiere action où il put affifter, de fi bonnes difpofitions & tant de bravoure, que le Roi, quoique Seidlitz eût été fait prifonnier par l'ennemi très-fupérieur en force, le fit capitaine dans le régiment des huffards de Natzmer, malgré qu'il n'eût encore, à fon retour, que 21 ans. Deux ans après il devint major dans le même régiment; & il montra la plus grande bravoure à la bataille de Sorr, où il fut bleffé au bras gauche. En 1752, il fut fait Lieutenant-Colonel; & bientôt après, il quitta les huffards, pour commander le régiment des cuiraffiers de Rochaw, dont il obtint la poffeffion en 1757. Comme nous avons rendu compte de fes exploits, dans l'hiftoire de la guerre de fept ans, nous nous bornerons à en donner un réfumé fort-concis. Ce fut Seydlitz, qui, à la bataille de Kollin, couvrit la retraite des Pruffiens, vaincus alors pour la premiere fois. En récompenfe de fon courage & des bonnes difpofitions qu'il avoit faites, le Roi l'éleva au rang de Major-Général. A Zittau, il s'étoit vu enveloppé avec un régiment de dragons; mais, à l'entrée de la nuit, il le ramena heureufement par une route que l'ennemi avoit négligé de garnir, & il rejoignit, fans perte, l'armée du Roi. A Gotha, il furprit les Généraux François lorfqu'ils alloient prendre un grand repas: on a lu quelle part Seydlitz eut à la victoire de Rosbach. Il étoit alors le cadet des Majors-Généraux Pruffiens: néanmoins le Roi lui avoit confié le commandement de toute fa cavalerie, & en récompenſe des exploits qu'il avoit opérés avec elle, il le nomma Lieutenant-Général, & lui conféra les marques de l'Ordre de l'Aigle-Noir, quoiqu'il n'eût alors que 35 ans. Il montra, à Zorndorf, que, ſous ſes ordres, la cavalerie pouvoit exécuter tout ce que juſqu'alors on avoit cru pouvoir n'attendre que de l'infanterie. Il attaqua, avec ſon régiment, le ſabre à la main, une formidable batterie Ruſſe dont il s'empara. On eut dit, ce jour, que la cavalerie ſous ſes ordres avoit des ailes. Car on le voyoit vaincre avec elle, tantôt à l'aile droite, puis à l'aile gauche, & par-tout victorieuſe. Le Roi le remerciant ſur le champ de bataille, de cette victoire qu'il venoit de lui procurer, il eut la généroſité de porter l'attention du Monarque ſur un digne officier, mais qui avoit été moins remarqué. *Sire*, répondit-il, *votre cavalerie a fait ſon devoir. Mais celui qui a fait des merveilles, & que Votre Majeſté doit particuliérement récompenſer, c'eſt le capitaine de Wucknitz, du régiment des gardes-du-corps.* Le Roi, qui ne connoiſſoit point le mérite de cet officier, & jaloux peut-être de ce que Seidlitz eût un rival de ſa gloire, répartit : *Bon, je le ferai Major.* Seydlitz répliqua avec cette fermeté qui lui étoit naturelle : *Sire, il s'en faut bien que cela ſoit aſſez....* Quoi ! ſera-t-il *Lieutenant-Colonel !* dit le Roi, qui n'aimoit point qu'on lui preſcrivît ce qu'il avoit à faire. Seydlitz continua à ſoutenir, que cette récompenſe même ne ſeroit pas ſuffiſante. Le Roi ſe détourna, en diſant : *Enfin, je ne puis pas le faire Général.* Ce trait fait au moins autant d'honneur à Seydlitz, que les exploits héroïques qui l'avoient occafionné. A Hochkirch, il rendit aux Pruffiens le même fervice qu'à Kollin, & fans lui il eft probable que cette journée eût été bien plus malheureufe pour eux. A Künersdorf, il prit une pofition fi avantageufe, que le brave Laudon fut obligé de demeurer pendant plufieurs heures fimple fpectateur du combat, fans pouvoir rien entreprendre avec fa cavalerie. Enfin le Roi fit dire à Seydlitz, qu'il devoit attaquer une batterie ennemie, qui lui enlevoit beaucoup de monde. Seydlitz répondit à l'Aide-de-camp qui lui avoit apporté cet ordre, ,, qu'il falloit que ce ,, fût un méfentendu ; que le Roi, au lieu où il fe ,, trouvoit, ne pouvoit pas voir, qu'auffi-tôt que ,, lui, (Seydlitz) auroit abandonné fon pofte, ,, Laudon s'ébranleroit avec toute fa cavalerie, pour ,, tomber fur l'infanterie ; qu'ainfi il ne pouvoit ,, s'éloigner." L'Aide-de-camp rapporta cette réponfe au Roi. Le Prince, qui fe croyoit fûr de la victoire, auffi-tôt que cette batterie auroit été emportée, dit d'un air mécontent à cet officier : ,, Je faurai bien empêcher la cavalerie Autrichienne ,, de tomber fur moi. Dites-lui qu'il attaque la ,, batterie." Seydlitz étoit fi convaincu du danger de cette manœuvre, qu'il répliqua : ,, Dites au Roi ,, qu'il faffe reconnoître la pofition de l'ennemi, ,, par quelqu'un qui s'y connoiffe mieux que moi." Cette fermeté fâcha le Roi, qui lui fit dire, ,, qu'au nom du D.... il eût à attaquer cette ,, batterie." *He bien!* dit Seydlitz, *s'il le faut, cela sera bientôt fait.* En même-tems il enfonce son chapeau sur sa tête, & en criant: à moi, mes enfans, il éleve son épée, & s'elance contre la batterie qui vomissoit un feu effroyable de mitrailles. Une balle lui fracassa la coquille qui sert à garantir la main, & lui meurtrit si fort trois doigts, qu'il fut obligé de quitter le combat. Ainsi qu'il l'avoit promis, la batterie fut emportée; mais ce qu'il avoit prédit, ne se réalisa pas moins. A peine eût-il quitté son précédent poste, que Laudon, qui n'attendoit que ce mouvement, pénétra, par cette ouverture, dans l'infanterie Prussienne: le Roi ne put se débarrasser de lui, & la bataille fut perdue.

Après la fin de cette guerre, en 1763, le Roi nomma Seydlitz Général de la Cavalerie, & Inspecteur-Général de toute la Cavalerie dans la Haute-& Basse-Silésie. Dans cet emploi important, il ne rendit pas des services moins essentiels que ses exploits militaires, par le degré de perfection auquel il porta la cavalerie Prussienne. Dès la même année, les appointemens de ses diverses charges se monterent à 15000 écus; desorte que rien ne lui manquoit du côté de la fortune. Il étoit à la suite du Roi, lors de l'entrevue qu'eut ce Monarque avec l'Empereur actuellement régnant. L'Empereur, qui avoit été spectateur attentif des manœuvres des troupes Prussiennes, ordonnées en son honneur, lui dit, lorsqu'il prit congé de lui de la maniere la plus obligeante: ,,Si ma position me le permettoit, ,, Monsieur le Général, je viendrois volontiers ap,, prendre de vous le service de la cavalerie.''

Le Roi ne l'honora pas d'une maniere moins diftinguée : il vint fouvent le voir, pendant fa derniere maladie ; & il lui dit à diverfes reprifes, qu'il donneroit tout au monde pour le rétablir, & qu'il ne pouvoit *fe paffer* de lui. Il mourut en 1773, dans la 51me année de fon âge, d'une étifie, fuite d'une vie dont il s'étoit trop preffé de jouir. Le Roi, qui pleura fa perte, ordonna que tous les officiers de la cavalerie portaffent le deuil de leur chef, en attachant un crêpe à leur bras ; honneur qui jamais ne fut rendu à aucun Général Pruffien avant & après lui. Ses cendres repofent dans le jardin de fa terre de Minkowski, non loin de Namlau en Siléfie, fous un monument de forme ovale, furmonté d'une urne. L'année même de fon décès, le Roi lui a fait ériger une ftatue de marbre blanc de Carrare. Elle fut faite par Jaffard, &, fi je ne me trompe, c'eft la premiere de ce genre où l'on ait hazardé le coftume de notre fiecle. Seydlitz n'a point laiffé d'héritier mâle, qui pût propager fon nom. Mais par fes actions, il a fuffifamment pourvu à ce que fe nom parvint jufqu'à la derniere poftérité.

JEAN-JOACHIM de ZIETHEN naquit le 18 May 1699, à Waftrau, dans le diftrict de Ruppin. À l'âge de quinze ans, il entra au fervice de Pruffe, comme Caporal-volontaire, dans le régiment d'infanterie qui eut enfuite pour Chef le Feld-Maréchal de Schwerin, &, après la mort de celui-ci, le Duc LÉOPOLD de Brunswick. Il y demeura jufqu'à ce qu'il fût devenu premier Enfeigne ; mais comme

Schwerin, pour remplir une place de Lieutenant, lui avoit préféré, quatre fois de suite, des parens qu'il avoit amenés du pays de Mecklenbourg, il demanda sa démiſſion, qui lui fut auſſi-tôt accordée. Il demeura quelques années dans ſa terre, & en 1726, il fut fait Lieutenant dans le régiment des dragons de Wathenow. Il s'y vit dans le cas déſagréable, d'être obligé d'appeller ſon Commandant en duel. Celui-ci, au lieu d'accepter le défi, ſut faire enſorte que le brave Ziethen fût enfermé, pour ſix mois, dans une forterefſe. A ſon retour, les autres officiers refuſerent de ſervir ſous le Commandant, s'il perſiſtoit à ne vouloir pas ſe battre. Mais Ziethen, fatigué de ſa priſon, évita le combat avec ſoin, juſqu'à ce qu'enfin il fût ſurpris à l'improviſte, & obligé de ſe défendre. Pendant le combat, la lame de ſon épée vint à ſe rompre: il en jeta donc la garde à la tête de ſon ennemi, & le ſerra de près avec une buche. L'un & l'autre furent arrêtés: le Commandant fut puni par les arrêts dans une forterefſe, & Ziethen caſſé. On n'avoit cependant puni que le manque de ſubordination du jeune Ziethen, ſans méconnoître ſon mérite ni le tort qu'on lui avoit fait. Pour preuve de cela, en 1733, le Roi lui donna un eſcadron, lorſqu'on voulut augmenter le régiment des huſſards de Venecke, qui dans la ſuite a porté ſon nom. Deux ans après, il ſe rendit, comme volontaire, à la tête de cent hommes à cheval, dans l'armée de l'Empire qui combattoit alors contre la France, & que le Roi FRÉDERIC-GUILLAUME avoit augmentée de 10,000 hommes. Il en revint en 1763, avec le grade de Major. Dans les trois guerres de Siléfie, Ziethen fut toujours à l'armée du Roi FRÉDÉRIC le GRAND, & eut part à toutes les opérations importantes. En 1741, il affifta à la bataille de Molwitz, ainfi qu'aux prifes de Brieg, Neiffe & Olmütz. Le 16 May de la même année, le Roi le nomma Lieutenant-Colonel. Dès le lendemain, comme pour remercier le Roi de cet avancement, il fit prifonnier un régiment entier de cavalerie Autrichienne, en récompenfe de quoi, le même jour encore, il fut fait Colonel. Environ 15 jours après, il fit réuffir, par fa préfence d'efprit & fa bravoure, une action dont le fuccès eût été fort-malheureufe, par la faute du Colonel de Wurmb, Chef de fon régiment. Le Roi l'ayant appris, il plaça Wurmb dans un régiment de garnifon, & le 6 Juin, il lui fubftitua Ziethen. Ainfi, dans l'efpace de trois femaines, il avança, du grade de Major, jufqu'à celui de Chef de régiment.

Lors de la feconde guerre de Siléfie, Ziethen obtint, le 5 Octobre, la patente de Major-Général; & le Roi ordonna expreffément qu'elle fût datée du mois de Février de la même année. Il combattit, dans cette guerre, près de Neuftadt en Siléfie, ainfi qu'à la bataille de Hohenfriedberg, où, dans la pourfuite, il augmenta confidérablement les pertes des Autrichiens. Il n'affifta point à la bataille de Sorr, parce qu'il avoit été détaché vers Schatzlar. À l'explofion de la guerre de fept ans, avant que l'armée Pruffienne fe mit en marche, il fut créé

Lieutenant-Général. Il fe diftingua beaucoup à l'affaire de Reichenberg : quelques femaines après, favoir le 5 May, il reçut le cordon de l'Aigle-Noir ; & le 6, jour où fe donna la bataille de Prague, il mit en fuite, avec la premiere ligne de la cavalerie, celle des Autrichiens que la premiere ligne de la cavalerie Pruffienne avoit attaquée trois fois inutilement. Immédiatement après, il battit & repouffa le Général Nadafty, qui devoit couvrir les magazins Autrichiens, dont les Pruffiens purent maintenant s'emparer. Il le battit encore à la bataille de Kollin, quoique cet exploit n'ait pas décidé du fort de cette journée. Dans la même année, le même Général Nadafty fut contraint de fuir devant lui pour la troifieme fois : cependant les Pruffiens n'en remporterent pas plus d'avantage qu'à Kollin ; parce que leur aile droite, commandée par le Duc de Bevern, fut repouffée ; ce qui obligea Ziethen de la fuivre. Pendant la marche de Rosbach à Leuthen, Ziethen joignit le Roi près de Parchwitz : de là il conduifit l'avant-garde, fit prefque chaque jour des prifonniers, & contribua le plus à compléter la victoire de Leuthen, en s'emparant du village de ce nom. Il pourfuivit enfuite l'ennemi, enfeignes déployées, lui enleva plus de 3000 chariots, & fit plus de 9000 hommes prifonniers. L'hyver fuivant, il couvrit, avec un corps à fes ordres, les contrées entre Landshut & Braunau. Ce fut dans l'été de 1758, qu'il efcorta un tranfport de 3000 chariots de Troppau à Olmütz. Il fe vit attaqué chaque jour, dans cette marche, par les Autrichiens. Mais il défendit son train prodigieux de chariots jusqu'au 3me jour, où, avec 25000 hommes, Laudon & Siskowitz l'attaquerent, & fracasserent à coups de canons la plupart de ses chariots. Mais là il montra ce que peut effectuer la prudence réunie à la bravoure, même contre des forces très-supérieures. Il brûla ses chariots liés les uns aux autres, fit sauter en l'air ceux chargés de munitions, & sauva ceux qui portoient de l'argent & des vivres. À la bataille de Liegnitz, tandis que le Roi battoit Laudon, Ziethen, à la tête de l'aile droite des Prussiens, tint en respect le Général Daun, qui commandoit la grande armée Autrichienne. En récompense, le Roi le nomma, sur le champ de bataille, Général de la cavalerie. À la bataille de Torgau, ce fut Ziethen qui arracha la victoire des mains de Daun. Secondé par le feu Général de Saldern, & par le Général de Möllendorf, il passa sur un pont qu'avoit découvert l'Aide-de-camp, maintenant Général de Thadden, & que les Autrichiens avoient négligé de rompre: il les chassa des hauteurs de Siptitz, & décida par cette manœuvre le sort de cette journée à l'avantage des Prussiens. Le reste du tems que dura cette guerre, il fut chargé d'observer d'abord l'armée Russe, & ensuite la grande armée Autrichienne, avec lesquelles il n'osa engager une action, à cause de la foiblesse du Corps à ses ordres.

Ziethen étoit un homme du caractere qu'on attribue aux anciens Germains; integre, pieux, & réunissant à la sévérité nécessaire, un amour &

des foins paternels pour fes foldats. Avec ce coup-d'œil jufte & prompt, fi important dans un Chef d'armée, avec fa préfence d'efprit, fon fang-froid, & fa bravoure perfonnelle, il n'avoit pas befoin d'une grande théorie dans l'art militaire : il combattoit & repouffoit l'ennemi, quand il le rencontroit, fans avoir fait préalablement de favantes difpofitions.

Le Roi honora la glorieufe vieilleffe de ce héros de la maniere la plus marquée. Dans fa 64me année, il s'étoit marié pour la feconde fois ; & à la naiffance de fon fils, en 1765, FRÉDÉRIC voulut tenir l'enfant fur les fonts de baptême. Pour rendre cette faveur encore plus éclatante, le Roi arriva en caroffe devant la maifon de Ziethen à Berlin, & immédiatement après la cérémonie, il s'en retourna à Potzdam, fans s'arrêter davantage dans fa capitale. Immédiatement après le baptême, il nomma le jeune Ziethen Cornette; mais le pere ne voulut point confentir à ce que fon fils pût avancer, avant qu'il fût en âge de fervir. Il eft parvenu maintenant au grade de Lieutenant, & n'attend affurément que l'occafion de fe montrer digne d'un tel pere. À l'explofion de la guerre de Baviere, Ziethen étoit un vieillard de 80 ans. Malgré cette haute vieilleffe, il fallut une efpece de contrainte, pour l'empêcher de faire la campagne. Ce fut par un effet de ce même zele, que ni fon âge ni les défagrémens du fervice, ne l'empêcherent jamais d'affifter à la parade ni aux revues. On fait que, dans la derniere année de fa vie, étant venu au château à

Berlin, où le Roi étoit alors, FRÉDÉRIC lui fit donner une fauteuil, & l'obligea de s'asseoir en présence de tous les Princes & de tous les officiers de la garnison de Berlin. Quelque-tems après, Ziethen s'étant endormi à la table du Roi, ce Monarque fit signe aux autres convives de parler bas, & leur dit: *laissons le dormir: il a assez veillé dans sa vie.* Sa veuve lui a fait ériger, dans sa terre de Wustrau, un monument en pierre; & par ordre & aux frais du Roi, Mr. Schado, jeune & excellent artiste de la plus grande espérance, travaille à sa statue, que Sa Majesté destine à orner Berlin, comme le font celles de Schwerin, de Winterfeld, de Seydlitz & de Keith.

ERRATA.

Page 4, ligne 16, au lieu de *des grands tréfors*, lifez *de grands tréfors*.

— 8, — 28, au lieu de *tranfportés*, lifez *tranfportées*

— 10, — 5, au lieu de *envifagé*, lifez *envifagée*

— 17, — 1, au lieu de *de vainqueur*, lifez *du vainqueur*

— 20, — 4, au lieu de *neceffaires*, lifez *néceffaires*

— 23, — 15, au lieu de *d'un Miniftre*, lifez *de Miniftre*

— 27, — 27, au lieu de *les canons*, lifez *des canons*

— 31, — 31, au lieu de *de l'Européennes*, lifez *Européennes*

— 36, — 13, au lieu de *héroïfine*, lifez *l'héroïfine*

— 45, — 12, au lieu *des leurs*, lifez *de leurs*

— 47, — 31, au lieu de *& Autrichiens*, lifez *& les Autrichiens*

— 50, — 8, aux mots, *marquées*, *par*, fupprimez la virgule

— ibid. — 26, au lieu de *la victime*, lifez *les victimes*

— 60, — 9, au lieu de *leur &*, lifez *leur*

— 75, — 31, au lieu de *amas*, lifez *ramas*

ERRATA.

Page 92, ligne 22, au lieu de *le cavalerie*, lisez *la cavalerie*

— — 98, — — 26, au lieu de *cel ennemi*, lisez *cet ennemi*

— — 102, — — 31, au lieu de *que d'un coup*, lisez *que de la portée*

— — 104, — — 4, au lieu de *Ordonnel*, lisez *O'Donel*

— — 130, — — 31, aux mots, *purent affoiblir*, ajoutez *ce mépris*

— — 133, — — 8, au lieu de *forti*, lisez *fortis*

— — 141, — — 14, au lieu de *qu'il ne passât*, lisez *qu'ils ne passassent*

— — 148, — — 31, au lieu de *Europe*, lisez *l'Europe*

— — 172, — — 29, au lieu de *l'étant*, lisez *s'étant*

— — 175, — — 19 & 20, au lieu de *de les recevoir ces soldats*, lisez *de les recevoir*

— — 180, — — 2, au lieu de *Cunersdorf*, lisez *Kunersdorf*

— — 197, — — 9, au lieu de *grande partie*, lisez *en grande partie*

— — 198, — — 1, au lieu de *qui n'eut*, lisez *qui n'en eut*

— — 199, — — 26, au lieu de *à laquelle*, lisez *auquel*

— — 205, — — 21, au lieu de *les menaçoient*, lisez *les menaçoit*

— — 229, — — 21, au lieu de *de boulets rouges, &c.* lisez *à boulets rouges & à grenades*

— — 241, — — 9, au lieu de *il y a*, lisez *il y en a*

ERRATA.

Page 249, ligne 10, au lieu de *amenoient*, lisez *amenoit*

— 252, — — 22, au lieu de *défiloient*, lisez *défiloient*

— 254, — — 1, au lieu de *l'on en avoit*, lisez *l'on avoit*

— ibid. — — 7, au lieu de *subalternes. Elle*, lisez *subalternes, elle*

— 257, — — 4, au lieu de *jusqu'au*, lisez *jusqu'aux*

— 265, — — 14, supprimez le mot *on*

— 277, — — 9 & 10, au lieu de *l'enchaînure*, lisez *les chaînons*

— 318, — — 1, au lieu de *contribuerent*, lisez *contribua*

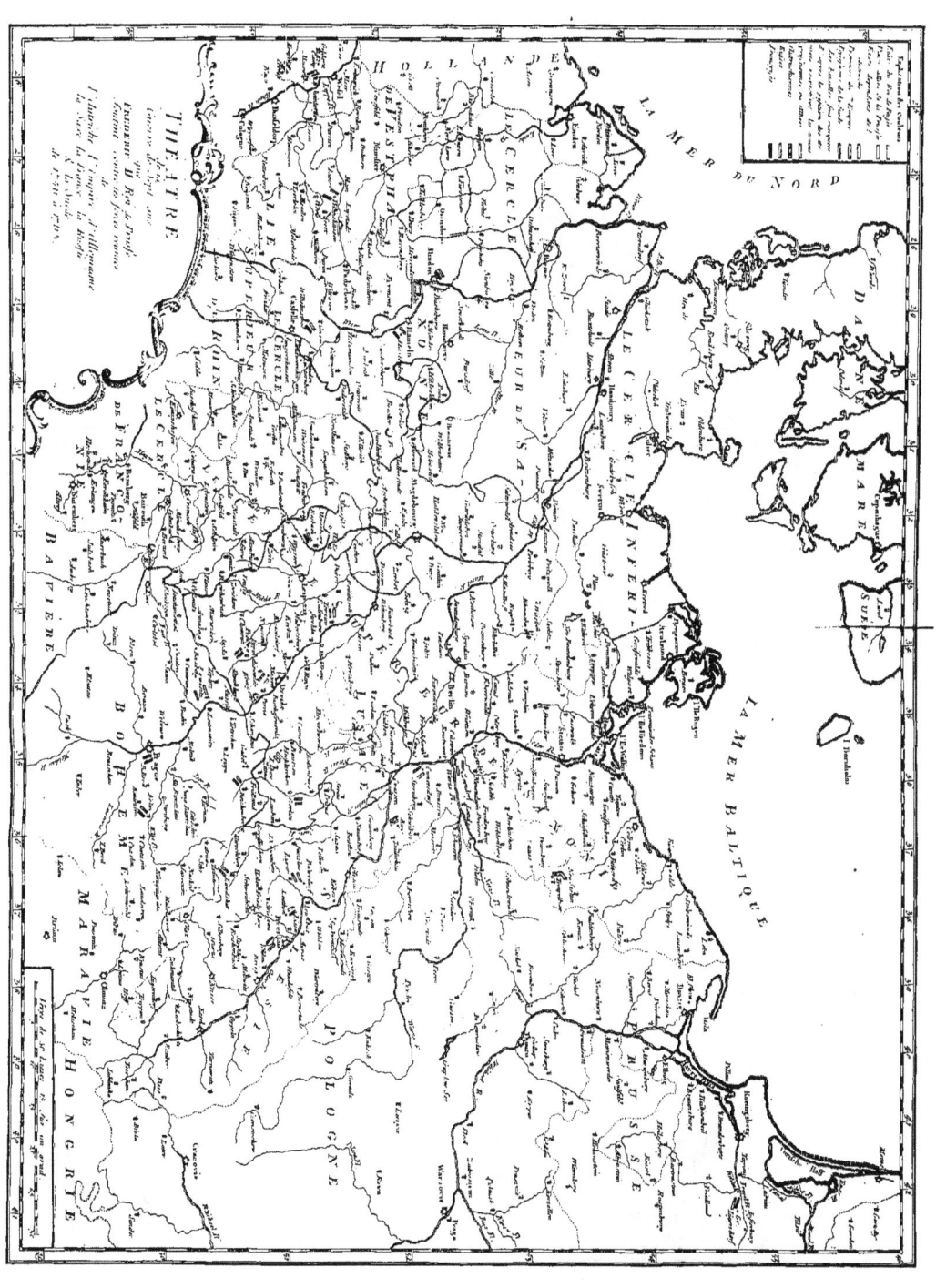

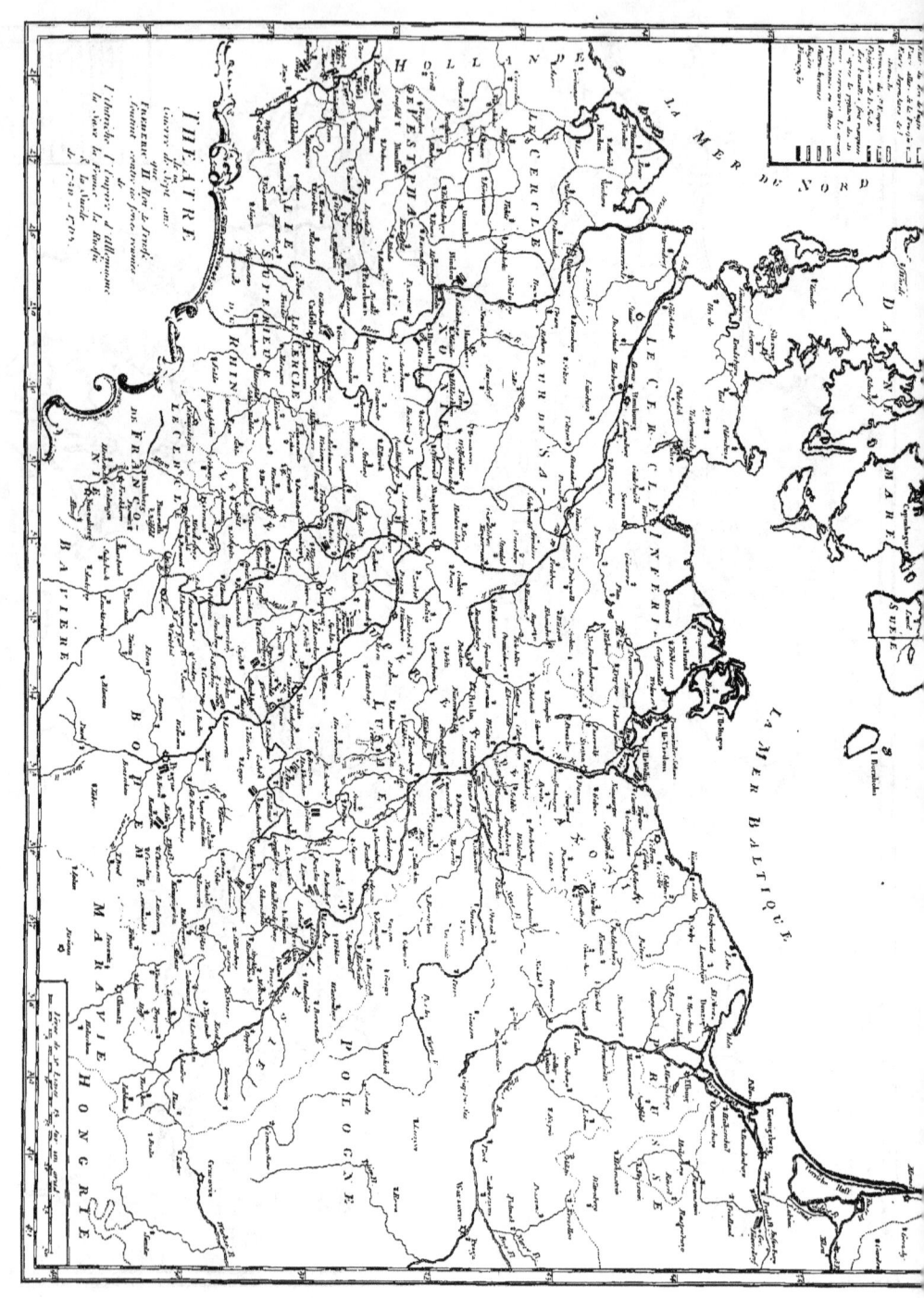

www.ingramcontent.com/pod-product-compliance
Lightning Source LLC
Chambersburg PA
CBHW070457170426
43201CB00010B/1376